寫給未來社會的新帳本——

# 區 塊 鏈

人類的新型貨幣、終極信任機器與分散治理革命

Decoding Global Blockchain and Investment Cases

龔鳴（暴走恭親王）■著

區塊鏈技術的出現並不是來自空中樓閣，……隨著電腦技術以驚人的速度向前推進，也許我們接近人工智慧的奇點也越來越近。

有些人擁抱發展，推動發展，也有些人害怕發展，拒絕發展，認為任何的變化都是洪水猛獸，但技術發展的步伐是誰也不能阻止的。

推薦序

# 區塊鏈：數位另類資產的新大陸

／肖風（南開大學經濟學博士，中國萬向控股有限公司副董事長，萬向區塊鏈實驗室和分散式資本的創始人）

　　你一定知道美國著名高等學府耶魯大學。如果你對它稍有瞭解，你一定也聽說過「耶魯大學基金會」。如果你對基金投資稍有瞭解，你一定看到過耶魯大學基金會過去幾十年驚人的投資業績。作為大學捐贈基金，由於資金的長期性，它的投資目標第一是要打敗通脹，第二是要戰勝基準，第三是要力爭絕對收益。可喜的是，這三條耶魯大學基金會都做到了！尤其第一條和第二條目標，更是大大超越！

　　研究早已表明，超過 90% 的投資業績的取得，來自於資產配置，而不是來自於個股或個券的選擇。耶魯大學基金會幾十年的驚人投資業績，就來自於他們在資產配置模式上的大膽創新。據耶魯大學基金會 2015 年年報披露，該基金截至 2015 年 6 月的資產組合中，大宗商品占比 6.7%，私募股權占比 32.5%，房地產占比 14%，合計超過資產組合的 50%。在全球資產管理界的經典教科書上，我們一般把股票、債券、現金歸為傳統資產類別，而把大宗商品、對沖基金、PEVC（PE：Private Equity ／私募股權投資；VC：Venture Capital ／風險投資）、房地產歸於另類資產類別。人們把這種以另類資產作為組合核心資產來配置的新模式，叫作「耶魯模式」，以區別於以股票、債券、現金等傳統資產為組合核心資產來進行配置的資產配置模式。耶魯大學基金會超越同行、超越基準目標的大部分秘密就在這裡。

　　從耶魯大學基金會的案例裡，我們可以得到三點啟示：第一，要得到比別人更高的投資回報，就不能只在傳統資產類別裡打轉，要另闢蹊徑；第二，資產類別不是一成不變的，新技術、新經濟、新模式會創造出新的資產類別，

要有獨到眼光;第三,如何對新的資產類別進行評估分析,進行風險定價,要有新框架、新方法。誰比別人更快更好地掌握了新方法,誰就可以飲到「頭啖湯」(第一碗湯)!

我們知道,15 至 16 世紀的地理大發現,奠定了歐洲大陸近幾百年在人類社會的領先地位,為歐洲大陸創造了至今仍然可觀的物質財富。而自從互聯網技術於 20 世紀 90 年代初成熟以來,人類社會又開始了一次新的地理大發現運動。這次不再是物理空間的大發現,而是網際空間的大發現。20 世紀 90 年代中,MIT(麻省理工學院)媒體實驗室負責人尼葛洛龐帝出版的《數位化生存》,是這場數字地理大發現的行動宣言。傳統依靠土地、設備、勞動力創造財富的模式,因為資源的有限性,已經無以為繼。而網際空間的無限可擴展性、比特結構的無限可複製性、虛擬世界的多維可塑造性可能意味著蘊藏在這裡面的待開發的財富,會數十倍於物理世界。

這些新財富的表現形式就是數位資產。


什麼是數位資產?我認為數位資產有五個屬性:第一,數位資產是登記在區塊鏈帳本或分散式帳本上的資產,那些登記在工商局的股權,登記在房產局的房產一定不是數位資產;第二,數位資產是以比特結構存在的虛擬資產,不是像黃金那樣具有原子結構的實物資產;第三,數位資產是一段電腦程式,不再是一行數位記號,可以對它進行程式設計,資產之間的交換是代碼與代碼的交換,不是數位之間的增減;第四,數位資產因為可程式設計性,可以在區塊鏈上,通過編製智能合約程式,完全去仲介化地自主、自治地進行點對點交易,不需要人工干預;第五,數位資產大部分情況下都是以「Coin」(數位代幣)的形式存在的,數位資產跨越了資產證券化的階段,直接達到了資產貨幣化的階段。

比特幣、乙太幣等數位貨幣是目前最為人們熟悉的一類數位資產。各色各

樣的數位貨幣大概有 300 多種，市值約 120 億美元。但數位資產的範圍比這要大得多。歐美主流金融機構幾乎都成立了自己的區塊鏈實驗室，正在各種金融場景中，試驗運用區塊鏈技術，來創設發行智慧股票、智慧債券。所謂智慧，其實就是利用區塊鏈的資料不可更改性和可程式設計性，在區塊鏈上登記發行股票或債券，使得這些數位化了的股票或債券，可以依靠智能合約點對點自主交易，自我結算。

在另一條跑道上，還有許多推崇完全去中心化，希望在數字世界裡建立一個完全自由、自主、自治的體系的技術極客們，也在嘗試推出形形色色的數位資產。根據 IBM（國際商業機器公司）於 2014 年發佈的物聯網白皮書《設備民主》預測，到 2050 年將會有 1000 億台設備連網線上，屆時在區塊鏈的管理下，將可以實現「設備對設備」的金融交易（M2M），這更是一個創設、發行、交易數位資產的更大的機會。

在這裡，我可以做一個樂觀的展望：十年之後，數位資產整體的市值預計可以達到 1 萬億美元！到那時，數位資產必將成為另類資產中的一個舉足輕重的類別。誰忽略數位資產，誰不把數位資產列入自己的資產組合，那誰的業績回報就難以超越基準、超越同行。我們也許可以大膽預言：從資產組合回報的角度來看，未來十年，如果你的組合資產配置當中沒有納入數位資產，也許你就真的輸在起跑線上了！

我想，我們一定可以在未來十年中的某一年，在耶魯大學基金會的年報上，看到數位資產作為另類資產的新類別，加入到基金的資產組合中。

本書作者龔鳴（網名「暴走恭親王」）先生是中國最早一批數位貨幣和區塊鏈技術的研究者和實踐者之一。近年來，他致力於在中國推廣、傳播、培訓區塊鏈的理論知識、行業資訊和創業資訊，無遠弗屆。為中國區塊鏈行業的發展做出了突出貢獻！他自己還身體力行，創辦了中國第一家專注於區塊

鏈技術的媒體——區塊鏈鉛筆，成為中國區塊鏈行業的創業者之一，膽識可佩，勇氣可嘉！

　　欣聞他撰寫的著作《寫給未來社會的新帳本——區塊鏈》出版，著實令人高興！借為這本書寫推薦序的機會，有幸提前拜讀了書稿。這也許是全球第一本全景式介紹區塊鏈行業情況，尤其是創業公司情況的書籍；龔鳴先生毫無保留地把他過去幾年對全球區塊鏈行業的觀察和研究心得，幾乎是和盤托出。因此，這本書可以幫助我們認清數位資產的性質內容、看清數位資產的形成過程、把握數位資產的投資機會、形成數位資產的投資方法。

　　在此，作為一個區塊鏈技術的中國信徒，我要感謝他的付出！

# 繁體中文版序

／龔鳴

「區塊鏈」在 2016 年獲得了廣泛的認同，無論是在兩岸三地，還是在整個亞洲和歐美，都可以看到非常多的企業和機構意識到區塊鏈技術可能帶來的巨大顛覆作用，已經投入到巨大的力量在其中，希望自己在今後能夠在區塊鏈全面崛起的時候掌握先機。

特別是，可以看到英國和新加坡的金融管理機構在其中非常活躍，不僅連續發佈了多個與區塊鏈未來發展相關的監管研究報告，並且還先後提出了沙盒機制（Sandbox）來促進各種金融創新。因此，在他們本地不僅出現了多個極富創新精神的區塊鏈初創企業，並且還有一些基於區塊鏈的 DAO（Distributed Autonomous Organization）基金會紛紛搬到了倫敦或者新加坡。

這是一個全新的現象，因為由於區塊鏈技術的出現，導致公司的形式都可能發生巨大的變化，在本書也特別闡述了，由於 DAO 的崛起，甚至可能會解構了我們商業社會中已經存在了上百年的公司形式。而面對這種巨大的變化時，我們有理由相信在未來將會在出現許多全新的機會。

儘管很多人對於全球的金融行業發展抱著較為悲觀的看法，特別包括臺灣在內的整個亞洲地區，很多都在大陸各行業全面崛起的大背景下，面臨著巨大的壓力。但如果能夠深入研究區塊鏈後，卻往往會對於金融科技抱著非常樂觀的看法。特別是隨著數字貨幣的崛起，全球金融資金和資產的流動速度可能會進一步加快，而全球金融的體量可能會再擴大數十倍，甚至是數百倍。

我們可以注意到非常多的區塊鏈項目，天生就是全球化的，不僅僅是指他們的開發團隊不在特定的國家或者地區內，而且其應用區域和對象沒有任何

國家地區的限制。其中「以太坊」就是一個非常典型的例子，他們的開發者來自於全世界各地，並且通過 ICO（Initial Crypto-Token Offering）的方式，在全球募集了價值約 1800 萬美元的比特幣。並且該項目獲得了全世界很多大型機構的認可。很顯然，這種方式啟發了很多創業靈感，有越來越多的區塊鏈項目開始採用類似的方式來進行發展。而這種跨越地域性的方式，對於類似於臺灣這樣自身相對市場較小的地區就能夠獲得了極佳的機會。我想這也是為什麼，英國和新加坡會在這次全新的技術革命中，站在前列的部分原因，甚至能夠看到英國的財政大臣明確表示，金融科技將讓我們重回全球金融中心的位置。

很多人看到區塊鏈技術的去中心化或者去中介化的特徵，但更可以看到區塊鏈是一個無縫鏈接所有人和事物的技術。它能夠在非信任環境內建立一個可信數據記錄的方式，是一個極其強大跨地域協作工具。因此，我覺得區塊鏈技術對於臺灣而言，顯然也是一次巨大的機會。如果能夠抓住被《經濟學人》稱為自互聯網誕生以來，最大的一次變革的機會，相信對於臺灣在未來金融發展，甚至在物聯網和人工智能方面，都會有極大的幫助。在臺灣，我也看到許多傑出的區塊鏈創業者，比如我朋友劉世偉在這方面就做了非常傑出的工作，他創辦的區塊鏈企業 AXIS 和微軟、工研院合作，建構臺灣首個基於聯盟區塊鏈技術的帳聯網系統，並且與富邦、國泰等六家金控企業交流合作，推動臺灣開創區塊鏈商機。此外，臺灣大學的廖世偉教授在這方面也做了很多教育和普及工作，他曾在美國矽谷科技巨擘 Google 任職多年，在區塊鏈領域有非常深厚的技術積澱，除了能夠在前瞻技術有所突破，亦具有完整跨領域整合的實力。

但相對於大陸目前在金融科技的發展，臺灣顯然在這方面仍舊略顯保守。也可能是因為我關注不多，並沒有看到臺灣科技界在這方面出現非常廣泛的討論，相關將官機構也沒有出現明顯的鼓勵或大力推動的政策。在這些方面，

和我在新加坡所看到的情況完全不相同，這也許是臺灣政學界可以重新討論的。而我在臺灣政治大學的演講和討論中，感覺到許多朋友目前還是對於區塊鏈技術抱著猶豫和疑問的態度，而與此同時，我們卻看到新加坡的全新政策已經在吸引以太坊基金會從瑞士搬到新加坡了。

我本人作為區塊鏈行業的媒體人和創業者，非常願意推動區塊鏈技術在兩岸的傳播，在推動區塊鏈發展的過程中，也獲得了非常多朋友和長輩的幫助。我從 2013 年就開始撰寫和翻譯了大量相關資料和論文，所以非常高興能夠看到區塊鏈在今天的大陸地區已經獲得熱烈的討論和極大的發展，相信這其中應該也由我貢獻的一份小小力量。和我一樣，還有著許多努力推動區塊鏈在全球發展的推廣者。其中，特別是萬向區塊鏈實驗室和萬向控股副董事長肖風博士，對於區塊鏈技術在大陸發展也起到了極大的推動作用。

這次也非常感謝臺灣大寫出版社的幫助，讓本書能夠在臺灣進行出版，讓幫助更多臺灣的朋友能夠瞭解區塊鏈技術和區塊鏈行業的發展，並且推動區塊鏈技術在臺灣的普及。

目 錄 _____

前言 |
# 終將改變全球人類的協作模式

　　自從 2015 年我參與翻譯了《區塊鏈：新經濟藍圖及導讀》（Blockchain: Blueprint for a New Economy）一書之後，到現在為止，「區塊鏈」這三個字已經從極小的「極客」（Geek）圈中走出，開始變成一個越來越火熱的概念。無論是國內還是國外，都掀起了對區塊鏈技術普及和探索的新高潮，越來越多的人開始注意到這個新技術可能產生的巨大影響。但也有更多的人，表現出了極大的困惑，因為往往在看介紹區塊鏈相關文章的時候，覺得這個技術似乎可以徹底顛覆世界，但是如果真的在現實世界中試圖探尋可落地的應用案例，卻又似乎很難找到身邊有價值的案例。我在許多場合中發現，很多試圖瞭解區塊鏈行業的人最容易產生的疑惑就是，區塊鏈，究竟是真的會成為改變許多商業模式的神奇工具，還是僅僅是又一個包裝出來的全新概念。

　　而本書，就試圖針對這個疑惑給出一個我的答案。相對而言，國外在區塊鏈技術上，已經完全走出了普及階段，而早已是真金白銀的大量投入。不僅僅可以看到許多大型金融機構和央行對其投入巨大的人力和物力，而且許多有趣的創業公司開始興起。除了比特幣和乙太坊之外，區塊鏈已經在非常多的領域開始大規模嘗試，在本書中你可以看到非常多的有趣的項目案例。除了經常能夠看到的金融行業案例之外，還包括物聯網、公證、醫療、保險、能源等非常多的領域。其中的許多嘗試，恐怕會徹底顛覆一些傳統商業模式的思維。無論是能夠提供按分鐘跨國工資發放方案來徹底杜絕拖欠工資可能

性的 BitWage，建設完全去中心化的自治電子商務市場 OpenBazaar，或者是提供錨定 SDR（特別提款權）來實現穩定數位貨幣的 Maker 專案，以及登記全球鑽石資訊防止血鑽交易的 Everledger 專案，都讓人有耳目一新的感覺。如果有時間深入研究這其中許多案例的話，最終都可以得出同樣的結果，即區塊鏈的本質是一個大規模協作工具，絕不僅僅是改變一兩個行業，而是最終會改變我們全球所有人的協作模式。

但是也有許多朋友經常問我，究竟目前有哪些領域有落地的區塊鏈項目開始大規模應用和部署？非常遺憾，現在可能還沒有任何區塊鏈計畫開始廣泛應用或部署。事實上，就像互聯網初期，在 1995 年、1996 年的時候，互聯網似乎除了看新聞之外並沒有太大的作用。特別是互聯網開始發展階段出現大量燒錢的行為，儘管不斷有新的模式出現，但始終無法盈利，讓很多人最終開始懷疑互聯網究竟是不是就是噱頭而已，並且導致了互聯網第一次泡沫的破裂。而到了今天，應該沒有任何人再會懷疑互聯網是不是只能用來看新聞。

同樣，區塊鏈也在經歷一樣的過程，儘管我們的直覺告訴我們，這似乎是一個具有極大潛力的工具，但是現在除了比特幣之外，我們並沒有看到非常廣泛的落地應用出現。事實上，區塊鏈作為一個行業崛起，在初期還有大量的基礎工作要做。就如同在 1995 年、1996 年，如果你期盼馬上看到淘寶、京東未免還太早，更不用說微信這樣的應用了。這都需要整個生態環境逐漸建立起來，才能夠開始出現一些能夠改變我們生活的應用。而又要經過相當一段的普及時間，才能夠讓更多人開始意識到生活逐漸被技術所改變。不過，需要注意的是，技術始終是以加速度而不是均速來發展的，也許不需要再等五六年就可以看到第一次高潮的來臨，也許對於區塊鏈行業而言，再有兩三年的時間就可以完成第一次的技術積累。

本書在介紹區塊鏈世界中的眾多案例時，試圖讓大家能夠注意到這個行業中始終有兩條路線的鬥爭正在進行。

　　第一條路線是自上而下的路線，我們所能看到的類似於 R3 CEV、HyperLedger 這樣的聯盟，這都是大型金融機構為了確保自己在這場未來變革中的既得利益者位置，而付出的努力。在今天的世界中，金融行業內聚集了全世界最聰明的一群人。不同於互聯網初期，全球郵政機構不願意接受電子郵件，從而最終成為互聯網變革中第一個倒下的「恐龍」。而今天的金融行業，已經從區塊鏈技術的發展中嗅到了一絲危險的味道，他們並不像傳統郵政系統拒絕變化，而是願意擁抱變化，甚至是主導變化。但他們的要求就是，在未來的世界中，依舊獲得足夠的主導權，並且由他們來決定技術的發展方向。

　　另外一條路線是一條自下而上的路線，從比特幣開始，到 Ethereum（乙太坊）、BitShares 都顯然是其中的代表。由於區塊鏈技術本身是來自比特幣，似乎始終能從區塊鏈技術中感受到一股桀驁不馴的力量。這條自下而上的路線中的許多項目，完全無視現有的商務邏輯和既定的商業模式，用一種完全不同于過去的思路在快速發展，並且顛覆了許多人對很多傳統商業模式原有的思考方式。更進一步的是，這條路線甚至徹底顛覆了融資方式，不同於雲計算、大資料，甚至是今天火熱的 VR（虛擬實境）、AR（增強現實技術）這樣的技術變革，因為他們最終會需要通過 VC、PE 的傳統方式來進行融資。而作為一種極具生命力的方式，區塊鏈自下而上的路線中的許多項目選擇了 ICO（Initial Coin Offering）的方式來進行融資，從而形成了一個完整且自給自足的資金循環體系。而這也是讓許多傳統金融機構和監管機構深感不安的地方，而本書也有專門的章節（書末的附錄 1）會對 ICO 方式進行詳細的介紹。

　　此外，許多區塊鏈項目究竟是如何獲利也經常困擾剛剛開始瞭解這個行業的人們，由於許多 ICO 的區塊鏈項目通常使用燃料貨幣來運作，因此已經完全沒有了盈利、利潤這樣的概念，甚至不再有公司的概念。這讓許多人一時間完全無法轉換自己的思維模式。本書也會針對燃料貨幣理論，首次進行深

入的剖析和講解。

　　縱觀整個 IT（資訊技術）行業的發展，技術路線的選擇往往有許多的偶然性，所以現在我們也難說是哪條路線會贏得最終的勝利，抑或是兩種技術最後會互相妥協和相互融合。但是，正是由於每條路線都感受到了對方所帶來的巨大壓力，從而自身也催生出巨大的發展動力。我們相信無論最終結果如何，這個世界終將被區塊鏈所徹底改變。

　　**許多人問我如何看待比特幣的未來發展，以及比特幣和區塊鏈之間的關係。**比特幣目前是整個區塊鏈行業中最重要的部分，其市值占區塊鏈世界中所有數位資產近 90% 的份額。但很明顯，隨著區塊鏈技術的發展和層出不窮的區塊鏈應用項目，比特幣這樣的中心化地位肯定會被進一步削弱。但這不代表比特幣本身不再發展，比特幣依舊會繼續完善其自身的生態環境，並且會變得越來越實用，有更多的人會開始使用比特幣，相關的應用也會越來越多。只不過，其他不同的區塊鏈項目相對比特幣而言發展得更快，並且會擴展到越來越多的領域中，區塊鏈世界中比特幣一家獨大的局面很可能會一去不返。

　　在大陸早期介紹和宣傳區塊鏈時，往往也會面臨許多的不理解，甚至被很多人指責為騙局。在 2013 年前後，我還專門成立過以志願者為主的翻譯小組，翻譯來自互聯網上與數位貨幣和區塊鏈相關的各類資訊。其中有許多人在開始翻譯時，對行業充滿熱情。但是，儘管是在為大家免費翻譯資料，還是經常會飽受各種指責和攻擊，因此許多人也陸續離開了翻譯團隊。

　　本書在寫作時也參考了互聯網上的一些相關資料，其中有些資料並不能一一指明出處，據我所知，也有部分資料的翻譯者已經離開了這個社群，我也借本文再次感謝這些曾經在互聯網上為大家免費翻譯的貢獻者。我本人在宣傳區塊鏈的幾年裡，也不時受到一些苛責，但有幸從未放棄過讓更多人瞭解區塊鏈的初心，並且現在還營運一個名為「區塊鏈鉛筆」的區塊鏈行業網

站和微信公眾號，就是為了讓更多的人可以有機會來瞭解行業的最新動態。

最後，我非常感謝本書在寫作時，許多人給予我的幫助，特別是萬向區塊鏈實驗室和分散式資本的許多領導和朋友給予我的指導和支持，以及互聯網金融協會區塊鏈小組的領導們對本書的支持。我們區塊鏈鉛筆的同人也參與了本書的校對，也非常感謝我的家人在我寫作時對我的支持。最為感謝的還是許多關心區塊鏈的朋友一直努力在微信群裡對我的支持和鼓勵，是大家一如既往的支持讓我有源源不斷寫作的動力。

龔鳴

# 1 區塊鏈：
# 信任的機器

DECODING GLOBAL BLOCKCHAIN AND INVESTMENT CASES

區塊鏈技術適用於一切缺乏信任的領域，也許在未來會成為全球人類文明信任的基石，並有可能徹底改變全球的社會結構。

## (1) 為什麼會出現區塊鏈？

　　區塊鏈是比特幣的一個重要概念，其初始使命是為了支持比特幣的形成和流通。在比特幣誕生之前，互聯網的 TCP/IP（傳輸控制協定／網際網路互聯協定）協定，基本實現了全球資訊傳遞高速低成本的傳輸，而有一類特殊的資訊──貨幣則無法在上面進行高速傳輸。本質原因在於，傳統互聯網是資訊互聯網，而不是價值互聯網。

　　互聯網誕生之初，最先解決的核心問題是資訊製造和傳輸。1992 年，時任美國副總統的高爾（Albert Amold Gore Jr.）提出「美國資訊公路」的想法。1993 年 9 月，美國政府宣佈實施一項新的高科技計畫──國家資訊基礎設施（National Information Infrastructure，NII），旨在以當時簡單互聯網為雛形，建設資訊時代的高速公路──資訊公路，使所有的美國人可以方便地共用海量的資訊資源。

　　隨著該項計畫的發展，我們現在所熟悉的網路世界逐漸形成。在這個「高速公路」上，我們能夠將資訊快速生成並且複製到全世界每一個有網路的角落，這也是我們現在的互聯網網路最擅長的事情，所以也可以將其稱為「**資訊互聯網**」。在這個「資訊互聯網」上，所有傳遞的資訊都是可以高效傳播和複製的，從而構成互聯網的基礎協議── TCP/IP。在容許一定錯誤率的情況下，以最快的速度把資訊傳遞或者複製到目標位址。而當時我們正處於一個非常「渴求」資訊的時代，只要能將資訊快速傳播和複製就實現了我們最基本的需求。從此，我們通過「資訊互聯網」進入到一個「資訊爆炸」的時代。整個互聯網上的資訊開始以幾何式的速度增長，資訊的複製和分享成為這個時代的主流。

　　然而，隨著互聯網開始進入人類生活的各個層面，我們發現有些資訊是無法複製的，或者說複製是沒有意義的。比如貨幣支付，我們不能把要支付的

錢直接複製到對方帳戶上，而是一定要在付款帳戶上減去若干資金，然後在收款帳戶上增加若干資金。只有這樣，這個支付行為才是有意義的，而不像新聞類資訊，我們複製一份到新的網站上，就有了兩份資訊，可以讓更多的人來進行分享。而這些不能分享，只能轉移的資訊，往往具有更大的價值，在它的背後需要有信用作背書，從而產生價值。因此，可以發現，我們的「資訊互聯網」非常善於處理「資訊分享」，而不能解決「價值轉移」或者說「信用」這件事情。

這裡所謂的「**價值轉移**」是指，在網路中以每個人都能夠認可和確認的方式，將某一部分價值精確地從某一個位址轉移到另一個位址，而且必須確保當價值轉移後，原來的位址減少了被轉移的部分，而新的位元址增加了所轉移的價值。這個「價值」可以是貨幣資產，也可以是某種實體資產或者虛擬資產（包括有價證券、金融衍生品等）。而這種操作的結果必須獲得所有參與方的認可，且其結果不能受到任何某一方的操縱。

從以上的定義可以發現，目前互聯網本身的協定並不支援這個「價值轉移」功能。互聯網 TCP/IP 協定無法確認當資訊發出去後本地的資料是否會精確改變，而某單點的資料篡改在現有的互聯網系統中是很難被全網發現的。但是「價值轉移」是金融系統的基礎，而金融系統是人類生活的核心之一，因此下一代全球性互聯網發展的核心問題就是要解決「價值轉移」的問題。

## (2)「價值轉移」的本質

在沒有解決這個問題之前，我們必須使用仲介系統來完成這樣的「價值轉移」行為，於是我們看到了類似於支付寶、Paypal 的協力廠商支付工具開始崛起。而在跨國匯款領域，大家更多的是通過類似於 SWIFT（環球同業銀行金融電訊協會）這樣的仲介機構來完成跨國匯款結算和清算。

　　互聯網中也有各種各樣的金融體系，也有許多政府銀行或者協力廠商提供的支付系統，但是它還是依靠中心化的方案來解決。所謂中心化的方案，就是通過某個公司或者政府信用作為背書，將所有的價值轉移計算放在一個中心伺服器（集群）中，儘管所有的計算也是由程式自動完成的，但是卻必須信任這個中心化的人或者機構。事實上，通過中心化的信用背書來解決，也只能將信用局限在一定的機構、地區或者國家的範圍之內。由此可以看出，要解決這個根本問題，就必須建立「信用」。所以價值轉移的核心問題其實就是跨國信用共識問題。

　　但根據歷史經驗來看，**整個系統中往往最不可信任的就是人，或者由人組成的機構或政府，歷史往往最終被證明，那些違反原規則的人就是規則制定者，而從工業革命到互聯網革命，技術發展的潮流也是通過取代人這個最不可靠、最脆弱且效率最低的環節來實現生產力大發展的**。所以，歸根究底，要真正完成以信用共識為基礎的價值轉移，需要一個能夠取代協力廠商仲介的方式，一個能夠自動運行的方式，且具備去信任的機制（不需要依靠相信環節中的任何人或機構）的機制來完成價值的轉移。

　　在如此紛繁複雜的全球體系中，要憑空建立一個全球性的信用共識體系是很困難的，由於每個國家的政治、經濟和文化情況不同，兩個國家的企業和政府建立完全互信幾乎是不可能做到的，這也就意味著無論是以個人或以企業、政府的信用進行背書，對於跨國的價值交換即使可以完成，但也需要很長的時間和高昂的經濟成本。

　　但是在漫長的人類歷史中，無論每個國家的宗教、政治和文化如何不同，唯一能取得共識的是數學（基礎科學）。因此，可以毫不誇張地說，數學（演算法）是全球文明的最大公約數，也是全球人類獲得最多共識的基礎。如果以數學演算法（程式）作為背書，讓所有的規則都建立在一個公開透明的數學演算法（程式）之上，那麼就能夠讓所有不同政治文化背景的人群獲得共識。

# (3) 什麼是區塊鏈

　　區塊鏈本質上是一個**去中心化的資料庫，是一連串使用密碼學方法產生相關聯的資料塊，每一個資料塊中包含了一段時間內全網交易的資訊，用於驗證其資訊的有效性（防偽）和生成下一個區塊**。所以說區塊鏈是以**去中心化**和**去信任化**的方式，來集體維護一個可靠資料庫的技術方案。

　　通俗地說，其實區塊鏈可以稱為一種全民記帳的技術，或者說可以理解為一種**分散式總帳技術**。

　　「資料庫」是大家都熟悉的概念，任何的網站或者系統背後都有一個資料庫，我們可以把資料庫想像為一個帳本，例如支付寶資料庫就像是一個巨大的帳本，裡面記錄每個人帳上有多少錢。當 A 發送給 B 一元錢，那麼就要把 A 帳上的錢扣除一元，在 B 的帳上增加一元，這個資料的變動就可以理解為一種記帳行為。對一般中心化的結構來說，如「微信」軟體背後的資料庫由騰訊的團隊來維護，「淘寶」背後的資料庫由阿里的團隊來維護，這是很典型的中心化資料庫管理方式，也是大家認為順理成章的事情。

　　但是區塊鏈完全顛覆了這種方式。一個區塊鏈系統由許多節點構成，這些節點一般就是一台電腦。在該系統中，每個參與的節點都有機會去競爭記帳，即更新資料庫資訊。系統會在一段時間內（可能是十分鐘，也可能是一秒鐘），選出其中記帳最快最好的一個節點，讓它在這段時間裡記帳。它會把這段時間內資料的變化記錄在一個資料區塊（block）中，我們可以把這個資料區塊想像成一頁紙。在記完帳以後，該節點就會把這一頁的帳本發給其他節點。其他節點會核實這一頁帳本是否無誤，如果沒有問題就會放入自己的帳本中。

　　在系統裡面，這一頁帳本的資料表現形式，稱為區塊，該區塊中就記錄了整個帳本資料在這段時間裡的改變。然後把這個更新結果發給系統裡的每一

個節點。於是，整個系統的每個節點都有著完全一樣的帳本。

我們把這種記帳方式稱為區塊鏈技術或者分散式總帳技術。

## ▨ 安全性

那麼，為什麼要採取這種方式？它有什麼優勢？因為通常大家的直覺是，這種方式似乎會較為浪費頻寬和存儲空間，並不是一個可取的方案。但是，區塊鏈就是通過這種**高冗餘的方式來構建極高的安全性**。

首先，每個節點的權利是一樣的，任意節點被摧毀都不會影響整個系統的安全，也不會造成資料的丟失。每個節點在系統中的權重都是一致的，系統每次都在鏈入這個系統的節點中選擇記帳者，於是，即使某個或者部分節點被摧毀、宕機都不會影響整個系統運作。

其次，每個節點的帳本資料都是一模一樣的，也就意味著單個節點的資料篡改是沒有任何意義的。因為如果系統發現兩個帳本對不上，它就認為擁有相同帳本數量較多節點的版本才是真實的帳本資料。那些少部分不一致的節點帳本不是真實的，而是被篡改的資料帳本。系統會自動捨棄這部分認為被篡改過的帳本，也就意味著如果你要篡改區塊鏈上的資料內容，除非能夠控制整個系統中的大部分節點。這也就是常說的「51% 攻擊」，即必須要控制整個系統 50% 以上的節點，才能發動對資料帳本的篡改。

但是，當整個系統中的節點數量高達成千上萬個，甚至是數十萬個時，那麼篡改資料的可能性就會大大降低。因為，這些節點很可能分佈在世界上每個角落，理論上說，除非你能控制世界上大多數電腦，否則你沒有機會去篡改區塊鏈上的資料。

此外，另一個 51% 攻擊的方法就是構建出和原來系統一樣多節點（算力）的方式來攻擊這個區塊鏈系統（儘管重要的是要構建足夠大的算力，而不僅僅是節點數量，但考慮到算力概念理解更加複雜，這裡就以節點數量來做比

喻）。比如，該系統原來有 10000 個節點，那攻擊者部署另外 10001 個節點，然後加入到這個區塊鏈系統中。由於攻擊者已經獲得了超過 50% 的控制權，就能夠發動攻擊。顯然，這種攻擊所付出的成本也取決於系統原來的大小。原來系統節點越多，攻擊者付出的成本也越大。由於比特幣是目前最龐大的區塊鏈網路，據統計要構建出一個和現有比特幣同樣大型的網路系統，所付出的成本會高達 270 億美元。

但是攻擊者還面臨著另一個困境，一旦它成功發動攻擊後，就會造成該系統的價值瞬間歸零。也就是說，一旦攻擊者成功篡改帳本，由於全網能夠立刻識別出帳本資料不一致，導致所有人都意識到該系統帳本已經是不可靠的帳本，那麼就意味著該帳本所記錄的資料變得沒有價值，該系統中的代幣也會變得毫無價值。也就是說，如果攻擊者付出了超過 270 億美元的代價，成功發動了對比特幣的攻擊後，比特幣價格瞬間歸零，那麼攻擊者也無利可圖。而對於國家而言，似乎也沒有必要通過這種方式來攻擊比特幣這樣的網路，國家完全可以通過直接宣佈比特幣違法來更簡單地達到禁止比特幣這一目的。

## 起源

大多數人都知道區塊鏈和比特幣關係密切，甚至有些人會把區塊鏈等同於比特幣技術。事實上，區塊鏈技術僅僅是比特幣的底層技術，是在比特幣運行很久之後，才把它從比特幣中抽象地提煉出來。從某種角度來看，也可以把比特幣認為是區塊鏈最早的應用。

比特幣的創造者──中本聰（Satoshi Nakamoto）在其 2008 年發表的經典論文《比特幣：一種點對點網路中的電子現金》中明確指出：傳統的金融體系不可避免地要依賴「協力廠商」機構（傳統銀行），這種傳統的中心化金融結構是很難讓貨幣像其他資訊那樣免費地進行傳輸。正是為了解決這些問題，中本聰創造性地提出了通過區塊鏈技術建立一個去中心化、去協力廠

商、集體協作的網路體系設想，而無需中心化平臺做信任的橋樑，區塊鏈通過全網的參與者作為交易的監督者，交易雙方可以在無須建立信任關係的前提下完成交易，實現價值的轉移。如果說互聯網 TCP/IP 協定是資訊的高速公路，那麼區塊鏈的誕生意味著貨幣的高速公路第一次建設已經初步形成。

就像核工程的研究最初是為了製造原子彈，而後人們才意識到其更大的社會價值是對於全球能源體系的改造。近年來，全球開發者、金融機構、企業乃至政府發現區塊鏈的意義不僅局限於支援比特幣交易，通過區塊鏈技術所打造的成本極低的、去中心化、去協力廠商、集體協作的網路體系本身還具有巨大的社會價值。

《經濟學人》把區塊鏈技術形象地比喻為「**信任的機器**」，即可以在沒有中央權威的情況下，對彼此的協作創造信任。區塊鏈技術適用於一切缺乏信任的領域，也許在未來會成為全球人類文明信任的基石，並有可能徹底改變全球的社會結構。目前，隨著區塊鏈技術的成熟和演進，區塊鏈的應用場景不再局限於比特幣，以「乙太坊」為代表的新一代區塊鏈技術正在開始構建一個全新的去中心化互聯網架構，試圖徹底顛覆所有的互聯網中心化架構平臺（如支付寶、銀行、保險等）。

## ⑷ 比特幣的底層技術

在過去的一年中，儘管比特幣本身受到質疑，然而人們開始從比特幣的支付領域逐漸轉移到了比特幣底層協定——區塊鏈技術上，越來越多的投資者及普通民眾接受了區塊鏈的概念。我們可以通過瞭解比特幣的生成與交易等一系列過程來理解區塊鏈技術。

### ▨ 比特幣的交易

比特幣使用整個 P2P（互聯網金融點對點借貸平臺）網路中眾多節點構成的分散式資料庫，來確認並記錄所有的交易行為。在資訊傳遞過程中，發送方通過一把金鑰將資訊加密，接收方在收到資訊後，再通過配對的另一把金鑰對資訊進行解密，這就保證了資訊傳遞過程的私密性與安全性。比特幣的交易並非簡單的支付貨幣本身。以圖 1.1 中的交易為例，如果 B 想支付 100 個比特幣給 C，那麼不僅 B 需要在交易單上注明金額，而且需要注明這 100 個比特幣的來源。由於每筆交易單都記錄了該筆資金的前一個擁有者、當前擁有者以及後一個擁有者，就可以依據交易單來實現對資金的全程追溯。這也是比特幣的典型特徵之一。最後，當每一筆交易完成時，系統都會向全網進行廣播，告訴所有使用者這筆交易的實施。

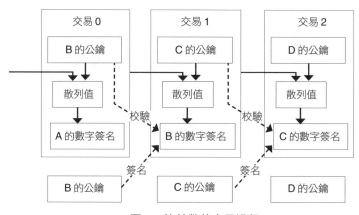

圖 1.1 比特幣的交易過程

由於每筆交易是相對分散的，為了更好地統計交易，比特幣系統創造了區塊這一概念。每個區塊均包含以下三種要素：一是本區塊的 ID（散列），二是若干交易單，三是前一個區塊的 ID。比特幣系統大約每 10 分鐘創建一個區塊，其中包含了這段時間裡全網範圍內發生的所有交易。每個區塊中也包含了前一個區塊的 ID，這種設計使得每個區塊都能找到其前一個節點，如此

可一直倒推至起始節點,從而形成了一條完整的交易鏈條。因此,從比特幣的誕生之日起,全網就形成了一條唯一的主區塊鏈,其中記錄了從比特幣誕生以來的所有交易記錄,並以每 10 分鐘新增一個節點的速度無限擴展。這條主區塊鏈在每添加一個節點後,都會向全網廣播,從而使得每台參與比特幣交易的電腦上都有一份拷貝。在現實世界中,每筆非現金交易都由銀行系統進行記錄,一旦銀行電腦網路崩潰,所有資料都會遺失。而在互聯網世界中,比特幣的所有交易記錄都保存在全球無數台電腦中,只要全球有一台裝有比特幣程式的電腦還能工作,這條主區塊鏈就可以被完整地讀取。如此高度冗餘的交易資訊存儲,使得比特幣主區塊鏈完全遺失的可能性變得微乎其微。

　　每個人在對交易的有效性進行驗證後都可以根據這些交易資料生成新區塊。為了避免虛假交易或重複交易,使這一新區塊被信任,需要構建工作量證明機制。如果想要修改某個區塊內的交易資訊,就必須完成該區塊及其後續連接區塊的所有工作量,這種機制大幅提高了篡改資訊的難度。同時,工作量證明也解決了全網共識問題,全網認可最長的鏈,因為最長的鏈包含了最大的工作量。

## ▨ 比特幣與區塊鏈

　　綜上所述,區塊鏈是一串使用密碼學方法相關聯產生的資料塊。在比特幣

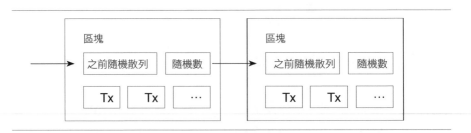

圖 1.2 區塊鏈的局部結構

(資料來源 :Bitcoin:A Peet to Peer Electronic Cash System)

的應用中，整個區塊鏈就是比特幣的公共帳本，網路中的每一個節點都有比特幣交易資訊的備份。當發起一個比特幣交易時，資訊被廣播到網路中，通過算力的比拚而獲得合法記帳權的礦工將交易資訊記錄成一個新的區塊連接到區塊鏈中，一旦被記錄，資訊就不能被隨意篡改。比特幣是區塊鏈的一個「殺手級應用」，區塊鏈是比特幣的底層技術，且作用絕不僅僅局限在比特幣上。因此，儘管比特幣與區塊鏈經常被同時提及，但二者並不能畫上等號。

## (5) 區塊鏈的模型架構

區塊鏈系統由自下而上的資料層、網路層、共識層、激勵層、合約層和應用層組成（如圖 1.3 所示）。

資料層封裝了底層資料區塊的鏈式結構，以及相關的非對稱公私密金鑰資料加密技術和時間戳記等技術，這是整個區塊鏈技術中最底層的資料機構，其中大多數技術都已被發明數十年，並在電腦領域使用了很久，無須擔心其中的安全性，因為如果這些技術出現安全性上的巨大漏洞，則意味著全球

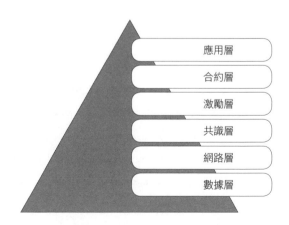

圖 1.3：區塊鏈系統資料層

金融技術都會出現嚴重的問題。中本聰在設計比特幣時，為每個區塊設置了 1MB（兆）大小的容量限制，但由於目前比特幣的交易量迅速提升，1MB 的區塊空間能容納的交易數量有限，所以要考慮擴容區塊鏈來突破這個限制。

## 網路層

網路層包括分散式組網機制、資料傳播機制和資料驗證機制等，由於採用了完全 P2P 的組網技術，也就意味著區塊鏈是具有自動組網功能的。這種 P2P 組網技術，在早先應用於 BT（位元流）和 eMule（電驢）之類的 P2P 下載軟體中，也是一種相對來說非常成熟的技術。

## 共識層

共識層主要封裝網路節點的各類共識機制演算法。共識機制演算法是區塊鏈技術的核心技術，因為這決定了到底由誰來進行記帳，記帳者選擇方式將會影響到整個系統的安全性和可靠性。目前已經出現了十餘種共識機制演算法，其中最為知名的有工作量證明機制（Proof of Work，PoW）、權益證明機制（Proof of Stake，PoS）、股份授權證明機制（Delegated Proof of Stake，DPoS）等。在下一節中將會詳細介紹這些共識機制。

## 激勵層

激勵層將經濟因素集成到區塊鏈技術體系中來，主要包括經濟激勵的發行機制和分配機制等，該層主要出現在公有鏈（Public Blockchain）中，因為在公有鏈中必須激勵遵守規則參與記帳的節點，並且懲罰不遵守規則的節點，才能讓整個系統朝著良性迴圈的方向發展。所以激勵機制往往也是一種博弈機制，讓更多遵守規則的節點願意進行記帳。而在私有鏈（Private Blockchain）中，則不一定需要進行激勵，因為參與記帳的節點往往是在鏈外完成了博弈，也就是可能有強制力或者有其他需求來要求參與記帳。

## ▧ 合約層

合約層主要封裝各類腳本、演算法和智能合約，是區塊鏈可程式設計特性的基礎。以乙太坊為首的新一代區塊鏈系統試圖完善比特幣的合約層。比特幣儘管也包含了腳本代碼，但是並不是圖靈完備的，即不支持迴圈語句；乙太坊在比特幣結構的基礎上，內置了程式設計語言協定，從而在理論上可以實現任何應用功能。如**果把比特幣看成是全球帳本的話，那麼就可以把乙太坊看作是一台「全球電腦」**——任何人都可以上傳和執行任意的應用程式，並且程式的有效執行能夠得到保證。

## ▧ 應用層

應用層則封裝了區塊鏈的各種應用場景和案例。比如搭建在乙太坊上的各類區塊鏈應用就是部署在應用層，所謂可程式設計貨幣和可程式設計金融也將會搭建在應用層。

該模型中，基於時間戳記的鏈式區塊結構、分散式節點的共識機制、基於共識機制的經濟激勵和靈活可程式設計的智能合約是區塊鏈技術最具代表性的創新點。其中資料層、網路層和共識層是構建區塊鏈應用的必要因素，否則將不能稱為真正意義上的區塊鏈。而激勵層、合約層和應用層則不是每個區塊鏈應用的必要因素，有部分的區塊鏈應用並不完整地包含著這三層結構。

# (6) 區塊鏈的共識機制

區塊鏈透過的數學共識機制是**非對稱加密演算法，即在加密和解密的過程中使用一個「金鑰對」**，「金鑰對」中的兩個金鑰具有非對稱的特點：一是用其中一個金鑰加密後，只有另一個金鑰才能解開；二是其中一個金鑰公開後，根據公開的金鑰其他人也無法算出另一個金鑰。在區塊鏈的應用場景中，

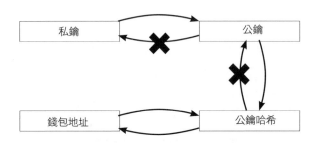

圖 1.4 私密金鑰、公開金鑰間的關係
（資料來源：巴比特、興業證券研究所）

一是加密時的金鑰是公開的、所有參與者可見的（公開金鑰），每個參與者都可以用自己的公開金鑰來加密一段資訊（真實性），在解密時只有資訊的擁有者才能用相應的私密金鑰來解密（保密性），用於接收價值。二是使用私密金鑰對資訊簽名，公開後通過其對應的公開金鑰來驗證簽名，確保資訊為真正的持有人發出。非對稱加密使得任何參與者更容易達成共識，將價值交換中的摩擦邊界降到最低，還能實現透明資料後的匿名性，保護個人隱私（如圖 1.4 所示）。

所謂工作量證明機制，是指一方（通常為證明者）提交已知難以計算但易於驗證的計算結果，而其他任何人都能夠通過驗證這個答案就確信證明者為了求得結果已經完成了大量的計算工作。

現代最早工作量證明應用是亞當‧巴克（Adam Back）於 1996 年提出的以基於 SHA256 的工作量證明為反垃圾郵件手段的「Hashcash」（哈希現金，另有譯為「雜湊現金」）。系統通過要求所有郵件發送時都必須完成高強度的工作量證明，這將使垃圾郵件發送者發大量電子郵件變得很不划算，卻仍允許使用者們在需要時向其他使用者正常發送郵件。現在比特信為了同樣的目的使用了一個類似它的系統，而 Hashcash 的演算法也已經被改造為以「挖

礦」為形式的比特幣安全的核心。

比特幣在區塊鏈的生成過程中使用了 PoW 機制，一個符合要求的 Block Hash（區塊鏈散列值）由 N 個前置字元為零構成，零的個數取決於網路的難度值。要得到合理的 Block Hash 需要經過大量嘗試計算，計算時間取決於機器的哈希運算速度。當某個節點提供出一個合理的 Block Hash 值，說明該節點確實經過了大量的嘗試計算。當然，這並不能得出計算次數的絕對值，因為尋找合理的 Hash 是一個概率事件。當節點擁有占全網 n% 的算力時，該節點即有 n/100 的概率找到 Block Hash。

PoW 看似很神秘，其實在社會中的應用非常廣泛。例如，一個人具有的一些技能，如外語口語、樂器或是運動技巧，通常也是一種工作量證明。不用檢查特定的證書，一個人就能流利地說外語或者演奏樂器，那麼他一定在這些技能上投入了足夠的工作量，而且這個工作量與技能的熟練程度是呈正相關的。如四、六級證書（大陸的職業技能檢定），一般認為在這種不能作弊的考試裡採用足夠多的客觀題（如選擇題），也可以做到證明工作量的效果，因為一個人從概率上不可能連續矇對大量的客觀題。因此一般認為文憑也是有說服力的。同樣地，飛行員的飛行小時數也說明問題，如果你飛了一萬小時還活著，大概就不是靠運氣。

在一些其他場合也可以見到 PoW 的蹤影，比如電子遊戲裡的勝率、K/D 比率，在大量的交戰中一定的勝率能說明玩家的實力。同樣有些遊戲裡的成就系統、裝備體系也是 PoW，一般認為成就點數高的玩家在遊戲裡投入更多，更不容易詐騙，有時候交易點卡要求裝備等級或者成就點數也是這個道理。

有些人認為這種方法存在缺陷，即工作量代表了浪費資源，截至 2016 年 4 月，比特幣網路的算力達到 1300PHS，即每秒完成 13331 兆億次 SHA256 運算，而最終這些計算沒有任何實際意義或科學價值。美國科技網站 Vice 曾撰文認為這種方式非常不環保，由於多方面原因，比特幣網路消耗的能源正日益增長。在最不樂觀的情況下，到 2020 年，比特幣網路的耗電量將達到丹

麥整個國家的水準。

但是也有觀點認為由於需要巨大的投入，促使攻擊比特幣區塊鏈將會是異常艱難的事情，從而確保了比特幣巨大的安全特性，同時也是人類目前構建的最安全的資料庫。

## ▨ 權益證明機制

權益證明機制是一種 SHA256 的替代方法，從根本上解決了工作量計算浪費的問題，它不要求證明者完成一定數量的計算工作，而是要求證明者對某些數量的錢展示所有權，通過每一筆交易銷毀的**幣天數**（coin days）來實現，幣天數代表一個特定的幣，距離最後一次在網路上交易的時間。在給定的時間點內，只存在有限幣天數，它們在那些長期持有大量貨幣結餘的人手中持續增加。所以幣天數可被視為在網路中權益的代表（proxy，代理伺服器）。每當這些幣有交易時，幣天數即被銷毀，因此不能被重複使用。

簡單地說，PoS 就是把 PoW 由算力決定記帳權變成由持有幣數（以及持有的時間）來決定記帳權。在 PoW 中，是按照算力佔有總算力的百分比，從而決定你獲得本次記帳權的概率。在 PoS 中，持有幣數占系統總幣數的百分比（包括你佔有幣數所持有的時間），決定著獲得本次記帳權的概率。

這就類似於現實世界中的股票制度，在一個公司中，大家是按照持股比例來獲得分紅，持有股權相對較多的人獲得更多的分紅權。這種安全機制的理由在於利益捆綁，即大股東比小股東更加關注系統的安全性，所以發動攻擊的話，大股東損失更加慘重。在這個模式下，不持有 PoS 的人無法對 PoS 構成威脅。PoS 的安全取決於持有者，與其他任何因素無關。

反對者認為 PoS 會加大整個系統中的貧富差距，持有更多幣的人更容易挖到新幣，即持有股份更多的人會獲得更多的分紅，從而導致系統內貧富差距拉大。但是，擁護者認為，區塊鏈沒有理由去解決系統內的貧富差距問題，

而且股份持有者獲得相同比例的分紅也是現實世界中的原則，並沒有人對此有太多的異議。並且在 PoW 中，那些擁有礦機更多、算力更大的人，也將獲得更多的幣，因此，PoW 也同樣存在這樣的問題。

### ◢ 股份授權證明機制

DPoS 是一種新的保障區塊鏈網路安全的演算法。它在嘗試解決比特幣採用 PoW 以及 PoS 問題的同時，還能通過實施去中心化的民主方式，用以抵消中心化所帶來的負面效應。

**在系統中，每個幣就等於一張選票，持有幣的人可以根據自己持有幣的數量，來投出自己的若干張選票給自己信任的受託人。**這些受託人可以是對系統有貢獻的人，也可以是投票者所信賴的人，並且受託人並不一定需要擁有最多的系統資源。投票可以在任意時間進行，而系統會選出獲得投票數量最多的 101 人（也可以是其他數量）作為系統受託人，他們的工作是簽署（生產）區塊，且在每個區塊被簽署之前，必須先驗證前一個區塊已經被受信任節點所簽署。

這種共識機制模仿了公司的董事會制度，或者是議會制度。能夠讓數位貨幣持有者將維護系統記帳和安全的工作交給有能力有時間的人來專職從事該項工作。由於受託人進行記帳也能夠獲得新幣的獎勵，所以他們會努力拉票，並且維護好與投票者的關係及試圖通過參與系統的發展，從而吸引更多人給他投票。

這解決了 PoW 中的一個主要問題，即在比特幣的 PoW 系統中，持有比特幣的人對於系統沒有發言權，他們不能參與記帳決定權，也不能左右系統的發展，因為系統發言權主要掌握在礦工和開發者手中。而如果礦工或者開發者做出了對比特幣持有者不利的決定，比特幣持有者除了自己離開系統之外，沒有任何可以做的。而在 DPoS 中，持有者對於記帳者擁有足夠的選舉權，

任何試圖對系統不利或者作惡的人都隨時可能被投票者從受託人的位置直接拉下。

DPoS 另外一個巨大優勢就是由於記帳人數量可控，並且輪流進行記帳，能夠通過提供更好的軟硬體環境來構建效率極高的區塊鏈系統。目前看來，DPoS 似乎是效率最高的區塊鏈系統，在理想環境下，能夠實現每秒數十萬筆的交易數量。

### ⬙ 混合證明機制

由於不同共識證明機制有著不同的優劣勢，有些系統選擇採用多種共識機制的方式來取長補短。較為典型的就是乙太坊採用了 PoW+PoS 的共識機制。

## （7）區塊鏈的類型

### ⬙ 公有鏈

所謂公有鏈，是指全世界任何人都可以在任何時候加入、任意讀取資料，任何人都能發送交易且交易能獲得有效確認，任何人都能參與其中共識過程的區塊鏈——共識過程決定哪個區塊可被添加到區塊鏈中和明確當前狀態。作為中心化或者準中心化信任的替代物，公有鏈的安全由「共識機制」來維護——「共識機制」可以採取 PoW 或 PoS 等方式，將經濟獎勵和加密演算法驗證結合了起來，並遵循著一般原則：每個人從中可獲得的經濟獎勵與對共識過程做出的貢獻成正比。這些區塊鏈通常被認為是「完全去中心化」的。

在公有鏈中，程式開發者無權干涉使用者，所以區塊鏈可以保護使用他們開發的程式的使用者。從傳統的經濟學角度來看，的確難以理解為何程式開發者會願意放棄自己的許可權。然而，隨著互聯網崛起，協作共用的經濟模

式為此提供了兩個理由：借用學人湯瑪斯・謝林（Thomas Schelling）的話，即妥協是一種力量。首先，如果你明確地選擇做一些很難或者不可能的事情，其他人會更容易信任你並與你產生互動，因為他們相信那些事情不大可能發生在自己身上。其次，如果你是受他人或其他外界因素的強迫，無法去做自己想做的事，你大可說句「即使我想，但我也沒有權力去做」的話語作為談判籌碼，這樣可以勸阻對方不要強迫你去做不情願的事。程式開發者們所面臨的主要壓力或者風險主要是來自政府，所以說「審查阻力」便是公有鏈最大的優勢。

## ▧ 私有鏈

所謂私有鏈，是指其寫入許可權由某個組織和機構控制的區塊鏈。讀取許可權或者對外開放，或者被進行了任意程度的限制。相關的應用可以包括資料庫管理、審計甚至是一個公司，儘管在有些情況下希望它能有公共的可審計性，但在很多的情形下，公共的可讀性似乎並非是必需的。

大多數人一開始很難理解私有鏈存在的必要性，認為其和中心化資料庫沒有太大的區別，甚至還不如中心化資料庫的效率高。事實上，**中心化和去中心化永遠是相對的，私有鏈可以看作是一個小範圍系統內部的公有鏈**，如果從系統外部來觀察，可能覺得這個系統還是中心化的，但是以系統內部每一個節點的眼光來看，其實當中每個節點的權利都是去中心化。而對於公有鏈，從某種程度來看也可以看作是地球上的私有鏈，只有地球人的電腦系統才可以接入。因此，私有鏈完全是有其存在價值的。

私有鏈的巨大優勢就是，由於對於 P2P 這樣的網路系統而言，系統內部的處理速度往往取決於最弱的節點，而私有鏈所有的節點和網路環境都是完全可以控制的，因此能夠確保私有鏈在處理速度方面遠遠優於公有鏈。

私有鏈和公有鏈另外一個巨大的區別就是，一般公有鏈肯定在內部會有某種代幣（token），而私有鏈卻是可以選擇沒有代幣的設計方案。對於公有鏈

而言,如果要讓每個節點參與競爭記帳,必定需要設計一種獎勵制度,鼓勵那些遵守規則參與記帳的節點。而這種獎勵往往就是依靠代幣系統來實現的。但是對於私有鏈而言,基本上都是屬於某個機構內部的節點,對於這些節點而言,參與進行記帳本身可能就是該組織或者機構上級的要求,對於他們而言本身就是工作的一部分,因此並不是一定需要通過代幣獎勵機制來激勵每個節點進行記帳。所以,我們也可以發現,代幣系統並不是每個區塊鏈必然需要的。

因此,考慮到處理速度及帳本訪問的私密性和安全性,越來越多的企業在選擇區塊鏈方案時,會更多地傾向於選擇私有鏈技術。

### 聯盟鏈

聯盟鏈(Consortium Blockchain),是指其共識過程受到預選節點控制的區塊鏈。例如,可以想像一個由 15 個金融機構組成的共同體,每個機構都運行著一個節點,而且為了使每個區塊生效需要獲得其中 10 個機構的確認。區塊鏈可能允許每個人都可讀取,或者只受限於參與者和走混合型路線,例如區塊的根哈希及其 API(應用程式介面)對外公開,API 可允許外界用作有限次數的查詢和獲取區塊鏈狀態的資訊。這些區塊鏈可視為「部分去中心化」。比如 R3 CEV 就是一個典型的聯盟鏈系統。

### 許可鏈

許可鏈(Permissioned Blockchain),是指每個節點都是需要許可才能加入的區塊鏈系統,私有鏈和聯盟鏈都屬於許可鏈。

### 混合鏈和複雜鏈

隨著區塊鏈技術變得越來越複雜,區塊鏈的技術架構開始不僅僅簡單地分

為公有鏈、私有鏈等架構，而是這之間的界限逐漸開始模糊。在區塊鏈的系統中，不再是所有節點都有著簡單的一模一樣的許可權，而是開始有不同的分工。有些節點可能只能查看部分區塊鏈資料，有些節點能夠下載完整的區塊鏈資料，有些節點負責參與記帳。而隨著系統日益複雜，其中不同的角色，以及不同的許可權等級會變得更多。其實我們在 DPoS 這樣的共識機制中，已經能夠看到這種趨勢開始出現，並不是每個節點都參與記帳，而是獲得投票數量最多的受託人（Delegated）才開始進行記帳，這樣的受託人就是典型的角色劃分。比如今後政府的中央銀行採用區塊鏈技術發行人民幣，肯定會選擇類似於混合鏈這樣的技術。

## (8) 區塊鏈的發展脈絡

區塊鏈開始引人注目與比特幣的風靡密切相關。直至今日，如「萊特幣」、「狗狗幣」等類型的比特幣層出不窮，人們對於電子錢的關注已經轉向了對區塊鏈的深入研究。區塊鏈強大的容錯功能，使得它能夠在沒有中心化伺服器和管理的情況下，安全穩定地傳輸資料。從誕生到現在，區塊鏈專家梅蘭妮·斯沃恩（Melanie Swan）將區塊鏈發展劃分為三個階段：區塊鏈 1.0、區塊鏈 2.0、區塊鏈 3.0。

### ▨ 區塊鏈 1.0：以比特幣為代表的可程式設計貨幣

**比特幣設計的初衷，是為了構建一個可信賴的、自由、無中心、有序的貨幣交易世界**，儘管比特幣出現了價格劇烈波動、挖礦產生的巨大能源消耗、政府監管態度不明等各種問題，但可程式設計貨幣的出現讓價值在互聯網中直接流通交換成為可能。可程式設計的意義是指「通過預先設定的指令，完成複雜的動作，並能通過判斷外部條件做出反應。」可程式設計貨幣即指定

某些貨幣在特定時間的專門用途，這對於政府管理專款專用資金等有著重要意義。

　　區塊鏈是一個全新的數位支付系統，其去中心化、基於金鑰的毫無障礙的貨幣交易模式，在保證安全性的同時也大大降低了交易成本，對傳統的金融體系可能產生顛覆性影響，也刻畫出一幅理想的交易願景——全球貨幣統一，使得貨幣發行流通不再依靠各國央行。區塊鏈 1.0 設置了貨幣的全新起點，但構建全球統一的區塊鏈網路卻還有很長的路要走。

## ▨ 區塊鏈 2.0：基於區塊鏈的可程式設計金融

　　數位貨幣的強大功能吸引了金融機構採用區塊鏈技術開展業務，人們試著將「智能合約」加入區塊鏈形成可程式設計金融。目前，可程式設計金融已經在包括股票、私募股權等領域有了初步的應用，包括目前交易所積極嘗試用區塊鏈技術實現股權登記、轉讓等功能；華爾街銀行通過聯合打造區塊鏈行業標準，提高銀行結算支付的效率，降低跨境支付的成本。

　　目前商業銀行基於區塊鏈的應用領域主要有：一是點對點交易。如基於P2P 的跨境支付和匯款、貿易結算以及證券、期貨、金融衍生品合約的買賣等。二是登記。區塊鏈具有可信、可追溯的特點，因此可作為可靠的資料庫來記錄各種資訊，如運用在存儲反洗錢客戶身份資料及交易記錄上。三是確權。如土地所有權、股權等合約或財產的真實性驗證和轉移等。四是智慧管理。即利用「智慧合約」自動檢測是否具備生效的各種環境，一旦滿足了預先設定的程式，合約會得到自動處理，比如自動付息、分紅等。目前，包括商業銀行在內的金融機構都開始研究區塊鏈技術並嘗試將其運用到實踐中，也許現有的傳統金融體系正在逐漸被區塊鏈技術所顛覆。

## ▨ 區塊鏈 3.0：區塊鏈在其他行業的應用

　　除了金融行業，區塊鏈在其他領域也開始應用。在法律、零售、物聯、醫療等領域，區塊鏈可以解決信任問題，不再依靠協力廠商來建立信用和資訊共用，提高整個行業的運行效率和整體水準。極高的生產力會將這個星球上所有的人和機器連接到一個全球性的網路中，人類向商品和服務近乎免費的時代加速邁進，也許到了 21 世紀下半葉，資本主義走向沒落，區塊鏈的去中心化協同共用模式將取而代之，成為主導經濟生活的新模式。

　　區塊鏈是這種新興協同共用模式的最佳技術手段。區塊鏈的基礎設施以去中心化的形式配置全球資源，使區塊鏈成為促進社會經濟發展的理想技術框架。區塊鏈的運行邏輯在於能夠優化點對點資源、全球協作和在社會中培養並鼓勵創造社會資本的敏感程度。建立區塊鏈的各類平臺能夠最大限度地鼓勵協作型文化，這與原始共有模式相得益彰，將使其成為 21 世紀決定性的經濟模式。

　　現在我們所說的區塊鏈 1.0、區塊鏈 2.0、區塊鏈 3.0，也許感覺這是一種遞進的演化，但事實上僅僅是應用範圍的不同而已，從區塊鏈 1.0 到區塊鏈 3.0 都是平行的發展階段，在各自的領域內發揮應有的作用。通過區塊鏈技術，能夠讓人類生活在許多應用和工具中，進入「可程式設計」狀態和智慧狀態，完成非常複雜的操作。

　　20 世紀 90 年代，資訊技術的飛速發展變革了現代社會，資料計算、資料庫應用等為互聯網技術應用打下了基礎，在深度和廣度拓展了人們的世界觀。人們從對比特幣的關注，到區塊鏈技術在金融領域大顯身手，進入 2015 年，區塊鏈建立去中心化信用的嘗試，已經不限於金融界，而被社會各個領域關注，特別是在中國，目前社會的公信力普遍不足的情況下，區塊鏈更能為社會管理提供一種全新的思路和技術選項。比特幣的成功和金融領域的嘗試性運用，使社會對區塊鏈的關注度和投資熱度急劇提升，區塊鏈技術的發展進入黃金時期。

　　區塊鏈飛速發展描繪了世界基於技術的統一願景，整個社會有望進入智慧

互聯網時代，形成一個可程式設計的社會。

　　在這個信用已經成為緊缺資源的時代，區塊鏈的技術創新作為一種分散式信用的模式，為全球市場的金融、社會管理、人才評價和去中心化組織建設等提供了一個廣闊的發展前景。

# 2

## 智能
## 合約

DECODING GLOBAL BLOCKCHAIN AND INVESTMENT CASES

智能合約並不是意味著能夠實現一切所不能做到的事情，事實上，它們能夠以最大限度地減少信任的方式來解決一些普通事情。最小化信任能夠讓事情變得更加便捷，因為其通過全自動執行替代了人的自主判斷。

智能合約是能夠自動執行合約條款的電腦程式。未來的某一天，這些程式可能取代處理某些特定金融交易的律師和銀行。**區塊鏈之所以被認為是一種顛覆性的技術，主要就是因為區塊鏈上能夠實現智能合約。**

智能合約的潛能不只是簡單的轉移資金。一輛汽車或者一所房屋的門鎖，都必須被連結到物聯網上的智能合約才能被打開。但是與所有的金融前瞻技術類似，智能合約的主要問題是：它怎樣與我們目前的法律系統相協調呢？會有人真正使用智能合約嗎？

## (1) 什麼是智能合約

智能合約的理念可以追溯到 1994 年，它幾乎與互聯網同時出現。曾經為比特幣打下基礎，從而備受廣泛讚譽的密碼學家尼克·薩博（Nick Szabo）首次提出了「智能合約」（smart contract）這一術語。他對於智能合約的定義是：「一個智能合約是一套以數位形式定義的承諾（promises），包括合約參與方可以在上面執行這些承諾的協議。」

從本質上講，這些自動合約的工作原理類似於其他電腦程式的「if then」語句（如果…就…）。智能合約只是以這種方式與真實世界的資產進行交換。當一個預先編好的條件被觸發時，智能合約便執行相應的合約條款。

這裡的「智慧」，在英語中對應的單詞是「smart」，而不等同於「人工智慧」（Artificial Intelligence，AI）。Smart 代表的意思是聰明的，能夠靈活多變的，但還沒有能夠達到「人工智慧」這樣的級別。所以有些人僅僅從中文字面上理解，認為必須要達到「人工智慧」才能算是智能合約，其實就和「智慧手機」一樣，這裡的「智慧」僅僅是指可以靈活定義和操作。

## (2) 智能合約的三要素

　　薩博關於智能合約如何工作的理論，到目前為止還沒有實現，因為直到今天，還沒有天生能夠支援可程式設計交易的數位元金融系統。因為，如果銀行仍然需要手動批准資金的轉移，那麼智能合約的目標就無法實現。所以我們可以這麼說：**實現智能合約的一大障礙是現在的電腦程式不能真正地「觸發支付」。**

　　而比特幣的出現及廣泛應用，正在改變阻礙智能合約實現的現狀，從而讓薩博的理論有了重生的機會。智能合約技術現在正建立在比特幣和其他數位貨幣——有些人將它們稱為「區塊鏈 2.0」平臺之上。因為大多數基於區塊鏈技術的數位貨幣本身就是一個電腦程式，智能合約能夠與之進行交換，就像它能與其他程式進行交換一樣。所以，隨著區塊鏈技術的誕生，這些問題正逐步被解決，已經可以通過電腦程式來觸發支付。

　　類似於比特幣基於區塊鏈技術的密碼學數位貨幣已經準備就緒，能夠幫助智能合約成為現實，而最終將可能會實現數位貨幣和智能合約的雙贏。智能合約能夠向人們說明數位貨幣獨特的益處，而這將為數位貨幣吸引更多的使用者。從這一點來看，也許智能合約就是數位貨幣的真正「殺手級應用」。

　　在區塊鏈的環境下，合約或者智能合約意味著區塊鏈交易將會遠不只簡單的買賣貨幣這種交易，還將會有更加廣泛的指令可以嵌入區塊鏈中。在更正式的定義中，一個合約就是通過區塊鏈使用比特幣和某人形成某種協定。

　　其實，傳統意義上的合約，就是雙方或者多方協議做或不做某事來換取某些東西。合約中的任何一方必須信任彼此並履行義務。智能合約的特點是，同樣是彼此之間同意做或者不同意做某事，但是無須再信任彼此。這是因為智能合約不但是由代碼進行定義的，也是由代碼（強制）執行的，完全自動而無法干預。

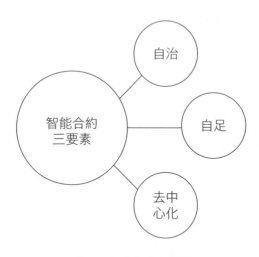

圖 2.1 智能合約三要素

　　事實上，智能合約之所以能達到這種境界是因為三個要素：自治、自足和
去中心化。自治表示合約一旦啟動就會自動運行，而不需要它的發起者進行
任何的干預。其次，智能合約能夠自足以獲取資源，也就是説，通過提供服
務或者發行資產來獲取資金，當需要時也會使用這些資金。最後，智能合約
是去中心化的，這也就是説它們並不依賴單個中心化的伺服器，而是分散式
的，通過網路節點來自動運行。

　　讓我們用一個具象的説法來比喻智能合約，即可以把它看成一部「**由代碼
編寫，而且能自動運行的自動販賣機**」。

　　不同於人的行為，一台自動售賣機的行為是可以計算的；相同的指令行為
總是會得到相同的結果。當你塞入一些錢並做出選擇後，你選擇的物品就會
掉出。機器絕不可能違反預定程式來執行，也不會僅僅執行一部分（只要它
沒有被損壞）。一個智能合約也同樣是如此，一定會按照預先設定的代碼來
制定。在區塊鏈和智能合約的世界中，「代碼即法律」，無論怎麼編寫，它
都會被執行。在某些情況下，這可能是好事也可能不是；無論是與不是，都

將會是一種全新的情況，而我們的社會在智能合約普及之前還有一段較為漫長的適應階段。

這種基於加密演算法的智能合約及其相關體系，如果要能夠啟動資產，還有許多細節需要考慮。也許我們還需要全新的法律和相關規定，來區別於那些通過代碼來建立的合約與通過人來建立的具有司法約束力的合約之間的異同。只有基於通過人來約定建立的合約才會有遵守或者違反合約的情況，而基於區塊鏈以及任何基於代碼的合約都不存在這樣的問題。此外，智能合約將不僅僅會影響到合約法，而且可能會影響整個社會中的其他社會性契約。

需要確定和界定何種社會契約會更需要「**代碼法律**」，即根據代碼來自動執行且無法阻止運行。因為基於目前所頒佈施行的法律，幾乎不可能讓智能合約強制執行（例如一個去中心化的代碼樣本在事後將難以控制、監管或者要求賠償損失），現有的法律框架本質上要把這種行為下降到人為合約的水準。當然，代碼法律最終的目標將不是沒有法律或是無政府狀態，而是讓法律框架變得可以根據具體情況而更加精細化和個性化。各方可以通過協商來選擇某個法律框架以建立一個合約然後將它寫入代碼中。這樣根據大家都已知的、審核過的且「陳舊」的法律框架，類似於「**創作共用許可證**」（Creative Commons Licenses），這樣用戶可以選擇某個法律框架作為智能合約的框架。因此，可能會有許多類型的法律框架，就像會有許多貨幣一樣。

智能合約並不是意味著能夠實現一切所不能做到的事情，事實上，它們能夠以最大限度地減少信任的方式來解決一些普通事情。最小化信任能夠讓事情變得更加便捷，因為其通過全自動執行替代了人的自主判斷。

## (3) 智能合約的範例

### ▧ 博彩交易

讓我們舉一個簡單的例子，就以美式足球的「超級盃」冠軍賽為例。假如你賭 Patriots（新英格蘭愛國者隊）贏，下注 500 美元，或者一個比特幣；你的朋友賭 Packers（綠灣包裝工隊）贏，下同樣的注。第一步，你和你的朋友將你們的比特幣發送到一個由智能合約控制的中立帳戶。當比賽結束時，智能合約能夠通過 ESPN（娛樂與體育節目電視網），路透社或者其他媒體確認 Patriots 戰勝了 Packers，智能合約就將自動地將你的賭金和從朋友那裡贏得的錢發送到你的帳戶。

因為智能合約是電腦程式，所以很容易增加更加複雜的賭博元素，例如賠率和分差。儘管現在有處理這種交易的服務，但是都會收取相應費用。智能合約與這些服務的不同之處在於，智能合約是任何一個人都可以使用的去中心化系統，不需要任何仲介機構。

## ░ 網路購物

一個更加常見的例子是網上購物。如果你從網上購買了某物品，你可能不想立即付款，想等到賣家發貨後再付款。所以你可以很容易地創建一個合約，該合約通過查詢如「順豐速運」這類物流業者的物流資料進行，這份智能合約只有確認你購買的商品已經發往你的地址時，才會發送貨款給賣家。這樣，你是不是可以發現，我們所用的「支付寶」這種仲介功能也可以被程式自動替代？

## ░ 抵押貸款

還有許多常規的金融交易，以及律師和銀行業的工作歸根到底是「重複性地處理平凡的任務」。但是我們還不得不向律師提供管理遺囑或者向銀行提供抵押貸款的工作支付大量的報酬。而智能合約能夠使得這些處理過程自動化和非神秘化，節省人們的時間和金錢。

儘管可以透過一家銀行獲得抵押貸款，但一般而言，銀行不會持有長達 30

年的貸款，這些抵押貸款將被轉移給投資者。但是，你繼續向銀行還款，而不是持有你的貸款的投資者。銀行只是你每月還款的處理者，向投資者支付其中的大部分，小部分繳稅，更小部分用於房主的保險。這其實只是一個非常簡單的操作任務，但是銀行經常需要一個季度到半年的時間來處理抵押貸款的還款問題。他們只是從貸款者手裡接收還款，將還款轉交給投資者，只是憑此服務來向人們收費。然而，理論上，智能合約能夠非常容易地處理這種業務。如果貸款還款由智能合約處理，那麼「貸款處理費用」將被取消，省下來的錢可以給消費者，最終的結果是獲得房屋所有權的成本更低。

## 遺產分配

雖然智能合約仍處於初始階段，但是其潛力顯而易見。想像一下一個分配遺產的場景，通過智能合約會讓「決定誰得到多少遺產」這件事變得非常簡單。如果開發出足夠簡單的使用者交互介面，它就能夠解決許多法律難題，例如更新你的遺囑。就像賭博或者順豐速運的例子，一旦智能合約確認觸發條件——你已經死亡——合約就將開始執行，你的財產將被立即分割。

或者，當某個孫輩到了 18 歲或者祖父母死亡的某天，通過智能合約執行繼承財產。這個交易事件可以寫入區塊鏈中，而到未來某個事件發生或者到未來某個時間點時，交易被觸發。需要設置的第一個條件——孫輩在 18 歲時收到一份繼承資產，程式需要設置執行交易的具體日期，包括還要檢查該項交易是否已經被執行。還需要設置的第二個條件——程式需要掃描一個線上的死亡登記資料庫，或預先指定的某個線上報紙的訃告區，也可能是某種「預言」資訊來證明祖父輩已經過世。當智能合約確認了死亡資訊，它就能夠自動發送資金。

## 物理世界

想到用智能合約管理遺囑並不難。如果你能想像你的所有資產都是比特

幣，用智能合約管理遺囑的方式就可行。但是，如果你像我們大多數人一樣，生活在物理世界中，擁有實體資產，那該怎麼辦呢？**智慧財產**也可以解決這些問題。

物聯網正在不斷發展，每天都有越來越多的智慧設備連接到網路上。一些思想超前的開發者已經開始著手將物聯網和區塊鏈技術結合在一起，所以像許多基於區塊鏈的數位貨幣或者數位資產實際上就可以代表一個物體。這種通常以「代幣」形式出現的就是所謂的智慧財產（smart property）。

但是比「代表」一些物體更為重要的是，這些新的智慧財產代幣實際上允許取得對一個聯網物體的控制權和所有權，無論它是一台電腦、一輛汽車還是一所房子。

讓我們先釋放一下想像力，假設所有的門鎖都是連接在互聯網上的。當你為租房進行了一筆數位元貨幣交易時，你我達成的智能合約將自動執行為你打開房門。你只需要用存儲在智慧手機中的鑰匙就能進入房屋。並且，一個智能合約也將使得當這些數字鑰匙到期時，設置日期更加容易。這聽起來有點像已經不需要 Airbnb（空中住宿）的私人房屋出租服務。

如果你考慮到這一點，這就是智能合約追求的根本性變革。Airbnb 提供的服務被人們需要的原因是，它使得房東和租房者不需要互相信任彼此——他們只需要信任 Airbnb。如果租房者不向房東付錢，或者房東不給租房者鑰匙，他們都可以上訴到 Airbnb 來解決。

使用智能合約進行房屋出租，將取代像 Airbnb 這樣的商業模式。房東和租房者仍然不需要信任彼此——他們只需要信任智能合約。智能合約將使得以前需要信任的商業模式去中心化。如此一來，它將消除像 Airbnb 這樣的仲介所收取的高額費用。

智能合約不僅能顛覆現有的商業模式，它們也能夠完善現有的商業模式。薩博在他 1994 年的論文中已經預想到了「智能財產」，並寫道：「智慧財產

可能以將智能合約內置到物理實體的方式，被創造出來。」當時他舉的一個例子是汽車貸款，如果貸款者不還款，智能合約將自動收回發動汽車的數位鑰匙。毫無疑問，智能合約這種用途對未來的汽車經銷商很有吸引力。

## (4) 智能合約的應用案例

著名的 Visa 信用卡系統正在努力使用全新區塊鏈技術來徹底變革汽車購買和使用流程。希望購買一輛車很快就會變得和網上訂購一個比薩那麼簡單。

這個原型應用程式已經在 2015 年 10 月拉斯維加斯召開的 Money 20/20 支付會議上進行了介紹，正在一間 DocuSign 實驗室裡被開發中。試想一下，如果你走進一家汽車銷售店，並且你已經知道了自己想要的汽車、顏色以及在選擇範圍之內的兩三個特性。隨著手指的輕觸和滑動，在選擇了每年的里程之後，一個客戶就可以直接從銷售店租借出一輛車，整個過程不到五分鐘。而這一切僅僅是開始。

Visa 和 DocuSign 的工程師們通過創建的 APP（手機軟體）能夠讓你同樣快速和簡單地購買汽車保險。不需要更多的傳真文檔，以及數小時來等待保險員處理。隨著 DocuSign 獨有的數位元交易管理平臺和電子簽名，並且集成了 Visa 支付技術的發展，汽車將能夠在比特幣區塊鏈上進行車輛登記。

類似於 Visa 把信用卡技術集成進入蘋果手錶（提供 Apple Pay 的手腕支付方式，Apple Pay 即蘋果支付），這就如同把信用卡放入到你的車輛中。車輛能夠成為一種智慧資產，並且為方便消費者實現雙向通信。

從此，汽車將可以自動完成很多事情，包括支付過路費，購買比薩餅，或者建立一個銀行帳戶。這類應用只要花數個星期來創建，如需要，也可以很快整合到車輛內。這個 APP 能夠監視經銷店的折扣情況，當所有者駕駛的里程少於原來約定的里程，還能夠重新進行註冊、支付停車費，或者是為汽車

訂購衛星廣播等，甚至車輛都可以自己「擁有」自己。

對於車主而言，汽車能夠實現的能力似乎變得無窮無盡。你所在的地區，所有和汽車相關的服務都將被集成進去，並且通過 APP 來競標為你服務。

汽車商店的服務人員將會知道你汽車的所有狀況，以及在你上路之前汽車需要什麼，或者在你家附近的加油站會通過反向競標來獲得你這單生意，當你把車開過去停下來時，你甚至不用掏出你的錢包。

類似於這樣的應用程式，顯示了在物聯網世界中，通過整合電子設備、區塊鏈和智能合約所產生的巨大潛力。根據一些分析師估計，從門鎖到相機，可能會有多達 500 億個物體連接到網路上，到 2020 年將有 2.5 億輛汽車會接入物聯網。

## (5) 智能合約可能面臨的威脅

從某種程度上說，智能合約可以成為犯罪行為的完美載體，因為，它要在難以達成信任的情況下創造出信任。我們也可以嘗試舉出一些非法的「智能合約」的例子。這些合約就可以在最近上線的智能合約平臺上實現。其中的一份合約是，如果某人能夠「駭掉」某個特定網站，那麼，他能夠獲得數位貨幣的獎勵。通過平臺，合約的一方可以控制這份獎勵，只將其提供給那些有證據完成此項工作的人。

研究人員認為，智能合約可以用於許多形式的犯罪。為此，他們舉出了一個更為大膽的例子。例如，某人可以設計一份合約，要求刺殺一個公共人物。如果有人想要酬金，他可以提前提供資訊，包括刺殺的時間和地點。然後，當這些細節在可信任的新聞網站得到證實時，酬金會支付給這個人。

智能合約完全有可能被犯罪分子利用，這應該不會讓人感到奇怪。做違法

生意的人通常首先採用新技術，因為他們沒有什麼可失去的。與傳統的基於現金的犯罪相比，利用比特幣或者智能合約的犯罪，在目前看來不會有太大規模。與比特幣交易相比，智能合約更為複雜，而且撰寫、理解合約都需要特殊的程式設計技巧。

儘管如此，但這也是新技術令人感興趣的地方。檔案分享上的侵權行為迫使娛樂和科技界做出改變，平臺上的違法行為也可能會改變世界。智能合約平臺可能對社會產生重大的影響，它可能成為各種社會變化的技術基礎。

我們可以想像一下，通過智能合約平臺完全可以用於創造去中心化的 Uber（優步）服務。這種服務可連接司機和乘客，並且輕易處理支付問題，而不需要中間公司的存在。如果這樣的話，反對 Uber 的執法者會發現，他們失去了打擊的對象。通過智能合約可以實現任何形式的網路服務，背後不需要有法律實體，使某些東西成為法律無法禁止的，這也許是一個非常大膽和危險的想法。

## (6) 智能合約的未來展望

智能合約有利的一面是，它將使得金融機構更加樂意接受窮人帶來的風險，如果沒有智能合約他們可能得不到貸款。因為，在遇到最壞的情況下，如果某人不能償還貸款，對銀行而言，收回資產並不是件輕而易舉的事。

除了增加獲得信用貸款的機會外，智能合約也有潛力為沒有優勢的人打開接觸司法系統的大門，沒有智能合約，這些人就沒法獲得應有的收益。智能合約將有利於那些不能支付法律費用的人使用司法系統。

雖然，理論上法律平等地對待每一個人，但當合約的另一方違約時，你到法庭上控告他們是需要的。而現實情況大多如此，只有你能花錢請得起律師執行協議時，正義才能得到伸張。而智能合約是能夠自動執行協議的，它將

改變原有的遊戲規則。

這聽起來好像我們將不再需要律師，但是事實上，**智能合約應該被視為法律系統的進化**，而不是消除。只不過，未來律師的職責可能完全不同於現在。在未來，律師的職責不是裁定個人合約，而是在一個競爭市場上生產智能合約範本。合約的賣點將是它們的品質，即定制性如何，易用性如何。這聽起來有點像是一個交易網站範本的市場，但事實上就是如此。以後許多律師將會創建出不同事情的法律智能合約，他們可以將合約賣給其他人使用。所以，如果有律師製作了一個非常完美的、具有不同功能的權益協議，那麼就可以收費許可別人使用。當然，這些合約很有可能是需要通過程式語言來實現的，也就是未來律師的主要工作是會寫程式，這對於現在的律師而言，可能是一個非常有趣的挑戰。

有一件事確定無疑：智能合約已經紮下根了。它們是全球經濟真正的基本構件，任何人都可以接觸到這一全球經濟，不需要事前審查和支付高昂的預付成本。它們從許多經濟交易中，移除了對協力廠商的信任必要，在任何情況下，將信任轉移到可以信任的人和機構。

當然，智能合約在現實中可能不像剛才所說的那樣明確。儘管在理論上，智能合約聽起來非常美好，但是現在還不可能預測它如何在法庭上起作用。沒有律師或者法律仲裁者的願景十分吸引人，但是我們真的能夠冒險用代碼法律取代文本法律嗎？這些還有待觀察。

此外，智能合約是完全可以與現有的各種合約法規共存的。本質上，它們是解決相同問題——以一種方式形成一種關係，使得承諾可以執行的兩種不同方法。就這一點而言，智能合約似乎是更好的解決方案，即智能合約事前執行，不像法律系統的事後執行。

# 3 DAO 和 DAC

DECODING GLOBAL BLOCKCHAIN AND INVESTMENT CASES

通過 DAO 和 DAC，很多原本沒有任何交集的人都可以抱著同樣的目的進行協作。他們之間可能永遠都不認識，但是卻可以為了同一個 DAO 和 DAC 而付出努力，並且伴隨 DAO 和 DAC 的成長獲得相應的回饋。這在過去是難以想像的。

# (1) 關於 DAO 和 DAC

DAO（Distributed Autonomous Organization，分散式自治組織）和 DAC（Distributed Autonomous Corporation，分散式自治機構）也許是自比特幣誕生以來，區塊鏈技術基礎之上最重要的概念之一。我們相信 DAC 將會變得越來越重要。

DAO 和 DAC 現在已經被越來越多地提到，甚至還有一個基於區塊鏈投資基金項目的名字就是 DAO（這個 DAO 是項目的名稱，和我們現在所說的分散式自治組織沒太大的關係）。DAO 和 DAC 這兩個概念並沒有太大的區別，在早期更多地使用 DAC 概念，而在 2016 年，越來越多的人開始使用 DAO 這個術語。

所謂 DAO 和 DAC，就是通過一系列公開公正的規則，可以在無人干預和管理的情況下自主運行的組織機構。這些規則往往會以開源軟體的形式出現，每個人可以通過購買股份或者提供服務的形式獲得股份來成為公司的股東。機構的股東將可以分享機構的收益，參與機構成長，並且參與機構的營運。

### ░ 三定律

在具體實踐 DAO 和 DAC 時，以下三個定律應該被認真地放入 DAO 和 DAC 的系統準則中，並且能夠讓所有股東檢驗這三條定律是否得到了嚴格的執行。通過這三條定律，將可以監控系統中股東權益的保護以及其他的規則如何被更改，但它們自己永遠不可以自主更改這些規則。

**第一定律：誠信機制。**

靠多個 DAO 和 DAC 節點來對每一個 DAO 和 DAC 節點的行為進行互相審查，來確保所有的規則能夠被強制實施。而單個節點的無賴行為則會被集體簡單封鎖。即使是系統的製造者不遵守規則也是無效的，而有敵意的高壓控

制也將會是無效的。

**第二定律：不可侵犯機制。**

能夠確保在沒有多數股東同意的情況下，對任何 DAO 和 DAC 規則（原始程式碼）的更改都是不被執行的，沒有集體一半以上的投票來同意採納，對極少數節點的侵犯也是不會成功的。

**第三定律：自我保護。**

能夠讓整個系統採取更多的手段，以抵擋對 DAO 和 DAC 生存造成任何威脅因素的能力。前兩個定律已經降低了引入壞的節點的可能。一個公開的系統或者是開源軟體，能夠通過上述手段來避免由於引入不良節點而造成整個系統崩潰的可能。

### ▨ 簡單模型

我們可以設想建立一個 DAO 和 DAC 化的「微博」，這個微博系統沒有中央化伺服器，而是提供一個用戶端（網路用戶端端、軟體也可能包括 APP）。該微博 DAO 和 DAC 會提供和新浪微博類似的微博功能，每個人可以在系統中免費發佈微博，系統每 10 分鐘將最新微博打包後，將微博資訊整理後放入區塊鏈的新塊中，而這個新塊會發送到各個節點中。許多新的參與者貢獻自己的電腦和硬碟當作系統中的一個節點，作為回報，系統會給提供算力和硬碟的節點以微博幣（簡稱為 WBB，WBB 開始每個小時發送 100 個，以後每年減半），每個微博幣將自帶一個比特幣位址。而系統除了提供發佈微博功能，也會提供一些特殊的收費功能，比如可以將微博置頂或者在微博進行一定範圍的廣播，而這些功能每次使用時，需要支付 0.0001 比特幣。另外，還提供廣告介面，需要在微博中發佈廣告的廣告商需要預先向系統支付一定的廣告費用（通過內置的比特幣地址），然後按照點擊量或者瀏覽數，系統會自動扣除相應的比特幣。而系統每 24 小時，會將所收取的比特幣，以

當前已經發放的 WBB 總量，發送到持有 WBB 的個人帳戶中。

　　這樣，就構建了一個簡單的微博 DAO 和 DAC，在這個 DAO 和 DAC 中，一開始也許參與的人不太多，很可能在小範圍內進行交流，但如果開發團隊對這個 DAO 和 DAC 有著很大的信心，可以在最初發佈後，自己成為節點開始挖礦，然後不斷地進行優化和推廣，只要該微博開始有一定的收入，就會有人加入系統成為節點，來獲得 WBB 以獲得相應的回報。同時由於每個 WBB 本身具有能夠獲得比特幣的功能，這就意味著市場將會對 WBB 本身有一個估值，而每個 WBB 也將可以自由交易。隨著 WBB 估值越來越高，會有越來越多的人貢獻自己的算力和硬碟，而由於使用者體驗越來越好，也會有更多的人使用微博。由此便可以形成一個良性的迴圈。

　　整個微博 DAO 和 DAC 是完全開源的系統，同時它也是完全去中心化的，這就意味著該微博 DAO 和 DAC 將處於比較難以被攻擊和監管的位置。簡單的電子商務 DAO 和 DAC 模型也可以構建一個類似於淘寶的電子商務 DAO 和 DAC。同樣也是讓買賣雙方進行交易，當然一開始這個 DAO 和 DAC 可能只能接受比特幣作為唯一一貨幣。然後系統將會從交易中收取 1% 的手續費，然後同樣按照比例發放給系統提供計算力和資料存儲的節點。同樣，它也可以發放某種數位貨幣作為對於貢獻的標識，而這個數位貨幣可能接近於公司的股份。事實上，目前已經有了 Openbazaar 這樣的去中心化的電子商務系統，在後面的章節我們會詳細介紹它的模型。

　　顯而易見，這樣的 DAO 和 DAC 也是全球化、去中心化進行發展。而整個系統也能夠構建一個良性迴圈並且對於每個參與者都有著持續貢獻自身能力的驅動力。

　　而對於非 DAO 和 DAC 而言，如果讓你參與到像淘寶這樣的項目是非常困難的，但是對於 DAO 和 DAC 而言，每個人都可以隨時參與，並且隨時根據自身的能力來選擇投入的資源和精力。通過 DAO 和 DAC，很多原本沒有任何交集的人都可以抱著同樣的目的進行協作。他們之間可能永遠都不認識，

但是卻可以為了同一個 DAO 和 DAC 而付出努力，並且伴隨 DAO 和 DAC 的成長獲得相應的回饋。如果沒有 DAO 和 DAC，這在過去是難以想像的。

前文僅僅舉了兩個很簡單的設計模型，其實在虛擬空間或者現實社會中能夠找到的所有模型（無論是商業還是非商業的），似乎都有可能進行 DAO 和 DAC 化，這取決於設計者的奇思妙想，即是否能夠構建出一個自我監督並且自我完善和發展的 DAO 和 DAC 體系。當然，可以預料到 DAO 和 DAC 能夠變得越來越複雜，甚至其結構遠遠超出我們現在的想像範圍。

感謝區塊鏈技術帶來的革命，使 DAO 和 DAC 的成功變得如此真實。這並不只是用於數位貨幣，這是建立幾乎所有種類的不可侵犯的商業關係的一種方法，採用這種新的方式所帶來的不同，就像是選擇平面還是球體作為模型來規劃你的全球航海線路一樣。當我們在吸取以往那些由市場驅動的公司是如何在真實世界裡運作的經驗時，各種各樣的靈感就會產生。在設計時可以分兩步走，首先，盡力想像你能設計的一個**機器人化的公司實體**，若它需要的是對客戶和股東利益有著不可侵蝕的忠實，那麼它應該具有何種價值；其次，讓我們考慮如何讓它像一個出色的傳統公司一樣運作，從而能夠與善變的人類對手競爭。

只有當軟體能做一些有用的事情時，能夠徹底誠實且不受情緒影響的軟體技術才是有價值的。一個 DAO 和 DAC 是一個可以以很多種方式運作的公司，如同那些由磚頭和人組成的公司一樣真實。因為一個 DAO 和 DAC 提供了忠實的有價值的服務，它產生了可以以其股份形式被保存和轉讓的真實財富。

但我們也必須知道 DAO 和 DAC 的局限性，一個獨立自主的 DAO 和 DAC 沒有辦法在不依賴於外力的情況下接受、持有或移交物理商品或法幣。一個開源的 DAO 和 DAC 無法保守秘密。它可以安全地為他人保有加密資料，但卻無法為自己存一把私密金鑰。因此，一個 DAO 和 DAC 不能擁有自己的裝

滿數位資產的加密錢包。

## (2) 燃料貨幣理論

### ▧ DAO 是如何盈利的

由於區塊鏈最顯著的特性是去中心化，沒有任何中心化的個人或者組織能夠完全控制區塊鏈專案，因此很多人都無法理解區塊鏈項目本身是如何盈利的。

通常情況下，區塊鏈專案往往就是一個程式，而且是開來源程式，這就意味著任何人都可以進行複製和修改。而在所有的區塊鏈項目中，名聲最大的是比特幣，其創始人儘管擁有巨大的財富，卻從來沒有現身過，更沒有從中獲取過任何利益。這讓許多人都認為，開發區塊鏈項目是不是都是為了興趣和理想，完全無私奉獻的人。對於那些從來沒有參與區塊鏈項目，特別是沒有參與過除了比特幣之外的人，很難去理解為什麼有人會去開發區塊鏈技術。

如果這些人都是為了理想而參與，那就讓人頗有憂慮，因為一個行業需要得到最廣泛的支援，必定需要以商業利益為訴求。而如果沒有商業利益來驅動，僅僅是依靠所謂的理想或者興趣，是很難支撐一個巨大行業向前發展的。

事實上也是如此，比特幣創始人中本聰僅僅是一個特例，儘管區塊鏈的許多其他項目的創始人也充滿著理想和激情，但他們從來沒有否認過自己的商業意圖，並且很多人就是為了這個意圖而努力奮鬥的。

但是開源軟體如何賺錢真的是一個令人費解的問題。所謂開源軟體，就是原始程式碼開放的軟體，任何人都可以下載查看其全部原始程式碼，並且可以在無條件或者有條件的情況下進行修改和重新編譯。自從有了程式那一天，

應該就有了開源軟體，這經常被認為是一種自由的象徵，標誌著共用的精神。但是，一般情況下，這也意味著不是商務軟體，考慮到商務軟體的目標是為了盈利收費，而開源軟體既然任何人都可以免費下載和研究，自然沒有多少人會為之付費。所以，只要是開源軟體一般預設就是非營利性的軟體。

區塊鏈專案往往都是開源軟體，比特幣就是一種典型的開源軟體，有許多人可以免費下載，並且也有不少人對它進行修改和重新編譯，變成一些全新的其他數位貨幣軟體。大多數其他純粹的區塊鏈項目也是開源的，既然開源軟體天生就和非商務軟體聯繫在一起，難免讓很多人對於類似於 DAO 這樣的區塊鏈專案是如何盈利的產生疑問。

但是，事實上就是因為區塊鏈技術的出現，第一次讓開源軟體有了盈利的途徑。這個途徑就是燃料貨幣方式，燃料貨幣方式開創了軟體的全新盈利模式，甚至可能會改變公司盈利的方式。

## 燃料貨幣方式

所謂燃料貨幣理論，就是在一個純區塊鏈項目，也就是形式類似於 DAO 和 DAC 這樣的區塊鏈項目中都有一種代幣，任何人在使用該專案提供的服務時都會被要求使用這些代幣支付一定的費用（往往是較小的數額）。隨著使用者越來越多，就會對這些代幣產生更多的需求。因為在某一個時刻，代幣的數量肯定是有限的（在 DAO 中，沒有任何人能夠隨意修改代幣數量），從而使代幣價格升值。而這些代幣往往在項目的開發者手中，以及早期的投資者手中。那些開發者為了讓自己持有的代幣增值，自然就有動力把專案開發得更加完善，來吸引更多的人使用。

而那些早期投資者，為了讓自己持有的代幣增值，也就有動力自願推廣這些項目，讓更多的人來使用該區塊鏈專案。因為只要有越多的人來使用該專案，也就能讓代幣需求越多，從而使得開發者和早期投資者獲利。如此看來，

每次支付一定的費用來讓系統提供一定的服務，有些像給汽車加油，汽車不斷地運行的前提是需要不斷添加像汽油這樣的燃料。所以，一般將這種方式稱為燃料貨幣方式。

正是由於燃料貨幣方式的出現，基於區塊鏈技術的開源軟體也能夠使開發者和投資者盈利，只不過不同於傳統的賣軟體或者賣許可證的方式，而是必須以讓更多的人使用為前提，讓最初的開發者有動力不斷地提升整個系統的品質，而投資者也有動力成為一個義務的銷售者，努力地推廣該系統的使用範圍。從這一點來看，這已經完全構成了一個正向迴圈。

乙太坊就是燃料貨幣方式的典型案例。我們可以把乙太坊想像成區塊鏈世界中，類似於 Windows（視窗作業系統）和 Android（安卓）這樣的底層作業系統。而在乙太坊中的許多計算機組成的節點來負責進行各種智能合約的計算。在乙太坊之上，會搭建各種各樣的應用，而這些應用在執行各種任務，提供各種服務時就需要調用乙太坊底層的計算資源來執行智能合約。那些提供計算服務的節點並不是免費的，他們是要收取費用的，收取的就是乙太坊的代幣──乙太幣（Ether），因此那些使用調用資源應用的使用者就需要支付乙太幣。在乙太坊中，許多乙太幣就在那些乙太坊開發者，以及早期投資者手上（乙太坊是通過眾籌來獲得早期資金的，他們按照投資者參與眾籌的資金，按比例發送一定數量的乙太幣）。**在乙太坊中，這種用於獲得服務而支付的代幣就被稱為 Gas（汽油）。**

在乙太坊上搭建的應用越多，那些自然應用所調用的資源也就越多，從而需要支付的乙太幣需求也就越大，從而必然會造成乙太幣需求越來越大，使得在市場上流通的乙太幣的價格越來越高。從乙太坊發佈第一天開始，截至目前，儘管乙太幣價格一直在波動，但是的確能發現，隨著乙太坊得到越來越多的認可，乙太幣價格也在逐步升高。

比特幣也是類似於這樣的方式，在傳輸比特幣時，如果支付極小數量的比特幣，就能夠提高比特幣交易確認的速度。從這一點來看，這種方式也算是

一種通過支付費用來獲得快速交易的服務。但是，比特幣作為一種支付手段，它本身提供的服務就是把自身（比特幣）進行傳輸，那麼只有使用比特幣的人群越來越大，對於比特幣本身需求才會越大，從而才能造成比特幣價格的不斷升高。每個比特幣從最早的不到一美元，到今天價值數百美元（截至 2016 年 5 月，其價格在 400 美元左右進行浮動），很大一部分原因也是對比特幣需求變得越加廣泛。儘管我們相信比特幣的創始人中本聰應該是一位不在意金錢的君子，但是他持有的那些比特幣，卻已價值高達數億美元。

## ▨ 顛覆公司制度

公司是現代商業社會中非常重要的組織形式，是構成現代整個商業社會的基礎。儘管目前公司制度已經可以發展為非常複雜的形式，但基本上都可以把公司視為一種通過提供某種商品或者某種服務，從而營利的組織形式。如果從這個定義出發，無論是 DAO 還是 DAC，都可以被視為一種公司，只不過這種公司的內部運作方式已經完全不一樣。

我們目前的公司，一般由投資者、管理者、生產者和銷售者來構成。投資者用資金投入來創建企業和維持運作，管理者負責指定公司運行規則並維護公司運作，生產者為消費者製造產品或者服務，而銷售者把這些產品和服務推廣給消費者。消費者支付的費用成為公司的收益，去除公司成本後，剩下的都是公司的利潤。而任何人無論是要成為某個企業的投資者、管理者、生產者還是消費者，只要該企業不是只有一個人，一般都必須要經過一些複雜的流程，得到現有其他人的認可，特別是要獲得管理者的認同。這是每個加入或者創辦過公司的人都非常熟悉的內容。

在區塊鏈的世界，卻可以把這一切極度簡化。首先管理者消失了，已經變成了能夠自動運行的程式，我們可以把這個程式看作預先設定好的企業公司運作規則，由於 DAO 都是開來源程式，所以這些預先設定的公司規則人人都可以瞭解。而這段程式由於並不是控制在一個人手上的，而是分佈在不同的

節點，所以除非大多數人都完全認同，否則這些原則是無法被修改的。

　　生產者則是那些系統的開發者，他們通過設計不同的應用來為潛在的消費者提供其可能需要的服務。當然，他們也能夠通過編寫程式來定義各種系統規則，但是不像傳統的管理者，這些定義的規則必須得到大部分參與者的認同，否則大家完全可以忽視他們制定的規則，或者重新修改的新規則。所以說，從某種程度而言，他們更接近於提供建議的人，而不是決策者。

　　投資者仍通過投入資金獲得公司的股份，只不過在區塊鏈的世界裡，股份以代幣的形式出現。所以，我們完全可以把每個比特幣視為比特幣系統中的股份。不像傳統企業那種非常複雜的方式，消費者支付貨幣來獲得某種產品和服務，公司通過獲得更多的收入讓公司變得越來越有價值，從而使公司股份的價格變得更高。因此，在區塊鏈行業裡，消費者直接通過購買企業股份（代幣）來獲得產品或服務，從而造成股份價格升高。在這個過程中，貨幣這個環節就直接被忽略了，也讓系統變得更加有效率。

　　同時投資者為了讓自己的股份更有價值，也很有可能成為一個義務的銷售者，試圖通過讓更多的消費者購買公司的產品或服務，來讓自己的股份變得更有價值。考慮到這些股份可以在很多數位資產交易所進行交易，具有極高的流動性，就等於是一個已經上市的企業。

　　於是，我們發現通過 DAO 和 DAC 的方式，公司被簡化成只有投資者和生產者，而消費者直接通過支付股份來消費，使投資者和生產者獲利。更為有趣的是，投資者和生產者是完全可以自由加入和退出的，即不需要任何煩瑣的程式，也不需要任何人的批准。一個人可以隨時成為這個公司的投資者、生產者以及消費者等任意一種角色或者全部角色。比如購買乙太幣，使用了乙太坊上應用的乙太坊開發者就扮演了全部的角色。

　　而這樣的區塊鏈企業模式，讓如收入、利潤等傳統的一些概念徹底消失了，在沒有收入概念的情況下，依舊能夠讓投資者和生產者獲利，能促使他們的

企業變得越來越好，還能促使更多人使用企業的產品或服務。更簡單的關係、更高的流動性讓他們比傳統企業變得更加有活力，也更加高效。

傳統的公司模式起源於中世紀的歐洲，所以它肯定不是一個為互聯網設計的模式。而今天互聯網已經徹底地改變了這個世界的運作模式，也許也會改變公司的運作模式。

從運作方式來看，區塊鏈公司才是真正為互聯網設計的公司模式。儘管我們還不知道它是否有機會在未來成為主流的企業形式，但是很有可能會有更多的人意識到，這種公司也許有可能會徹底改變現有的商業社會。

# 4 各種區塊鏈 計畫項目

DECODING GLOBAL BLOCKCHAIN AND INVESTMENT CASES

當今世界，跨國銀行之間的轉帳
需要兩三天的時間……，而比特
幣的技術可以讓匯款瞬時、安全
地在個人端之間完成。

# (1) 區塊鏈項目的基礎架構

## ◈ 基礎架構

### 乙太坊的概念

Ethereum 是一種新的去中心化帳本協議，不是一種競爭幣。乙太坊的理念基因中不僅含有比特幣基因，還含有 BitTorrent、Java 和 Freenet 的基因。從產品的角度而言，它是一個通用的全球性區塊鏈，可以管理金融和非金融類型應用的狀態。

本質上，乙太坊促成去中心化的商業邏輯（business logic）——也被稱為智能合約，它是一個包含價值，當特定條件滿足會被自動打開的加密「箱子」（boxes）。商業邏輯在區塊鏈雲上（不需要伺服器）執行，在多方之間自動執行給定協議的條款。它們是「去中心化應用」（DApp）的基本構件。從前端角度而言，乙太坊擁有一個強大的專用瀏覽器，使用戶可以方便地安裝和使用 DApp。

這一新技術將促成 Web3.0 的基礎設施的建立，將會建立在三層部件之上：作為用戶端的先進瀏覽器，共用資源的區塊鏈帳本，以及以去中心化方式運行智慧商業邏輯程式的電腦虛擬網路。

與比特幣相比，乙太坊建立了一種新的密碼學技術基礎框架，在其上開發應用更加容易，同時允許應用共用一個可行的經濟環境和可靠安全的區塊鏈。

它具有多種意義。對於開發者來說，寫新的軟體應用時，將極大地節約成本和更加高效。對於非技術人員來說，通過分拆中心化的功能，並將它分散到去中心化結構中，提供一個重新想像現有商業，或者創建新機會的可能。乙太坊幫助任何希望完全借助區塊鏈開發去中心化應用、編碼任意複雜商業邏輯、發佈自治代理和管理關係的人。

乙太坊是一種特殊的雲計算，不僅高效、節省成本，也非常安全和可靠。同時，它還擁有一套完整的創建應用的工具。乙太坊系統可以用於安全地執行多種服務，包括：投票系統、功能變數名稱註冊、金融交易所、眾籌平臺、公司管理、自我執行的合約和協議、智慧財產權、智慧財產和分散式自治組織。

乙太坊正在全球範圍內激發商業和社會創新，為前所未有的應用打開了大門。從長期來看，它所引致的結果將影響經濟和控制結構。數以千計的企業家和開發者正在創建和實施基於乙太坊的新理念、新項目和創業公司。為了在未來保持競爭力，現有的組織、商業和 IT 領導者應該探索如何利用乙太坊重構現有服務或者在現有服務上進行創新。

### 乙太坊 VS 比特幣

作為起點，可以對乙太坊和比特幣進行比較，因為比特幣似乎已經被理解了，至少被那些希望理解它的人所理解了。

初看起來，比特幣和乙太坊都是開源平臺，具有四項共同點：底層的密碼學貨幣、區塊鏈、去中心化的共識證明機制和維護網路的礦工。這一切使人們容易混淆比特幣和乙太坊，覺得它們肯定是類似的事物。但是，當你深入探究時，會發現兩者的不同點多於相同點。四項共同點的每一項在乙太坊和比特幣中的作用和目的都是不一樣的，出於這個原因，乙太坊會朝著一個不同於比特幣的方向發展。

比特幣最初被設計成一個**用於交易貨幣價值的去中心化密碼學貨幣網路**，比特幣區塊鏈的主要目的是：為這些金融交易提供信任支撐。只是到了最近，比特幣區塊鏈才開始在非金融應用中被發現使用的情景。因此，比特幣區塊鏈的可程式設計性只是事後的想法，並不是最初就有的設計，雖然側鏈的提議希望讓程式設計更加容易。與比特幣相反，**乙太坊從第一天起就被構想為一個去中心化應用軟體發展平臺**，它的區塊鏈被設計為支援去中心化應用的

運行。所以，乙太坊的設計有幸從比特幣的經驗中學習，並改進了比特幣的缺點。例如，與比特幣 10 分鐘的區塊確認時間相比，乙太坊區塊鏈執行確認的速度更加快速，確認時間在 5 至 30 秒範圍內。

乙太坊的目標是實現大規模的去中心化應用，這需要乙太坊成為一個確定的、可審計的和可預測的計算平臺。這不同於比特幣的本質——其計算是以貨幣為中心的。因此，為了全面理解乙太坊，不能盲目地將比特幣的挖礦、密碼學貨幣用途和可程式設計性推及至乙太坊。

首先，乙太坊的密碼學貨幣（被稱為乙太幣）並不類似於比特幣，因為**它的主要目的不是用於商品或者服務的支付，也不是「數位黃金」。這是比特幣的重要特性，但乙太坊志不在此。乙太幣更像一種「加密燃料」（crypto-fuel）形式的激勵**，支付運行各種智慧商業邏輯程式所需的交易費用（關於「燃料貨幣」相關知識，請參見後面章節）。除了作為網路燃料以外，乙太幣也將作為一種數位元貨幣在交易所交易，但是它的價值更多地受交易需求量影響，而不是貨幣投機者。

乙太幣類似於雲計算費用。當你在雲中運行一個應用時，基於你的執行時間、佔用的存儲空間、資料轉移和計算速度，你需要向雲計算公司支付相應的費用。乙太幣費用的新穎之處在於你為運行在區塊鏈上的商業邏輯付費。

其次，乙太坊區塊鏈被設計為完全可程式設計，比比特幣更具有經濟效率。它具有更大的可擴展性，對於用戶可以低成本地使用區塊鏈而言，這是非常關鍵的要求。因為乙太坊不只關注于實現金融交易，所以乙太坊區塊鏈的目的不同於比特幣。從技術上而言，乙太坊的區塊大小沒有上限，它可以動態地調整。另外，乙太坊正在繼續致力於提高可擴展性（scalability），這將有益於降低整體的交易成本。

一般而言，當我們思考一個區塊鏈的優良特性時，會考慮到以下的特性，這也是乙太坊所擅長的：

- ‧可程式設計性（Programmability）；
- ‧可擴展性（Scalability）；
- ‧可升級性（Upgradability）；
- ‧交易可管理性（Transactions Manageability）；
- ‧可見性（Visibility）；
- ‧可購性（Affordability）；
- ‧安全性（Security）；
- ‧速度／性能（Speed/Performance）；
- ‧高可靠性（High Availability）；
- ‧可延展性（Extensibility）。

再次，儘管工作量證明是乙太坊目前所選擇的共識機制，但是它打算進化到更加節省能源的共識機制——**權益證明**。權益證明已經被證明是一種高效和可行的共識方式，運行的成本更低，攻擊的成本更高。

最後，乙太坊的挖礦可以由常規電腦完成，不需要比特幣那樣的專門化挖礦設備，因此乙太坊挖礦能夠讓更多的人參與。任何在自己的電腦上運行乙太坊挖礦用戶端軟體的使用者都可以成為礦工，就像 BitTorrent 允許任何用戶公開分享自己的檔一樣。這是一個好策略，因為它使普通使用者用得起乙太坊，不需要過度依賴昂貴的挖礦。這也意味著，與比特幣不同，乙太坊不需要依靠積累挖礦算力來運行。它更加傾向於通過可負擔的挖礦與支付所需計算費用之間的平衡來實現自我平衡。

### 開發語言

乙太坊的軟體發展語言是其最大特性之一，因為對區塊鏈進行程式設計是

一項首要目標。乙太坊具有四種專用語言：Serpent （受 Python 啟發）、Solidity （受 JavaScript 啟發）、 Mutan （受 Go 啟發） 和 LLL （受 Lisp 啟發），都是為面向合約程式設計而從底層開始設計的語言。

作為乙太坊的高級程式設計語言，Serpent 的設計非常類似於 Python。它的設計目標為最大可能的簡潔和簡單，將低階語言的高效優勢與程式設計風格中的易用性相結合。

Solidity 是乙太坊的首選語言，它內置了 Serpent 的所有特性，但是語法類似於 JavaScript，這降低了學習門檻，易於被掌握和使用，因為 JavaScript 是 Web 開發者的常用語言。因此，Solidity 充分利用了現有數以百萬程式師已掌握 JavaScript 這一現狀。

乙太坊區塊鏈的另一關鍵特徵是它的「圖靈完備性」，這保證了乙太坊可以解決必需的計算問題。更加準確地說，它是「半」圖靈完備的，因為通過對計算量設置上限，避免了完全圖靈完備語言存在的無法停機問題。

此外，因為乙太坊的語言是為區塊鏈專門設計的，他們在交易的視覺化和活動性上不可思議地提供了在即時性上的細微性。這是一個受人歡迎的功能，但對比特幣而言實現起來具有一定的挑戰。在比特幣上，你需要導入區塊鏈資料庫，解析所有的交易，並為了抽取出區塊鏈上的活動情報而查詢交易。而用乙太坊，你可以在活動的區塊鏈上即時發起一個特定的位址要求。

**去中心化應用**

乙太坊支援多種開發語言是非常重要的，因為這使得開發者可以選用自己喜歡的語言，可以更加容易和高效地寫去中心化應用。

一個 DApp 是由智能合約和用戶端代碼構成的。智能合約就像加密的「箱子」，包含價值，只有當特定條件被滿足時，它才能被打開。它封裝了一些邏輯、規則、處理步驟或者雙方間的協定。當它們被發佈在乙太坊上時，網路會執行它們的分支（ramification）。

從架構角度而言，DApp 非常類似於傳統的 Web 應用，主要區別是：在傳統 Web 應用中，用戶端有 Javascript 代碼，由用戶在自己的瀏覽器中執行，伺服器端的代碼由公司的主機運行；但是在一個 DApp 中，你的智慧邏輯運行在區塊鏈上，用戶端代碼運行在特殊瀏覽器—— Mist 裡面。

另外，DApp 可以與其他 Web 應用或者去中心化技術相交互或者連接。例如，一個 DApp 可以使用去中心化的消息服務（例如 Whisper），或者去中心化的檔（例如 IPFS）。從 Web 應用的角度而言，例如谷歌這樣的公司可能打算從一個去中心化的信譽服務中獲取資料，或者 Bloomberg（彭博）的資料來源種子可能打算與一個金融 DApp 進行交互。

### 乙太坊用戶端

乙太坊包括一個專用的用戶端瀏覽器，使用戶可以運行各種各樣的 DApp 和發佈智能合約。這一瀏覽器（乙太坊瀏覽器被稱為 Mist）易於使用，所以 DApp 和智能合約能夠被大量用戶使用。從降低用戶使用門檻角度而言，Mist 是一項突破性成就。它的作用等同於瀏覽器之於互聯網，或者 iTunes（蘋果公司一款數位媒體播放應用程式）之於數位化內容下載。Mist 具有特殊的安全層、金鑰管理、去中心化帳戶管理（即用戶帳戶由用戶擁有並控制，而不是協力廠商機構），以及與區塊鏈相關的元件，這一切使 Mist 成為普通用戶運行或者管理區塊鏈去中心化應用不可或缺的工具。普通使用者不需要理解技術方面的東西。

從用戶體驗角度而言，你可以在 Mist 中使用 DApp，就像你通過常規瀏覽器與網站進行交互一樣。例如，一個純 DApp（例如預測市場 Augur）就在乙太坊 Mist 瀏覽器中。然而，這些服務也可以通過一個常規瀏覽器以更加傳統的 Web2.0 的方式實現。

### 乙太坊虛擬機器

當你想到這些自足的邏輯腳本——運行在區塊鏈上，在其上存儲資料，向

發起人返回一些值時，就像運行在雲中的程式。簡單地說，這些智能合約就是運行在乙太坊虛擬機器（EVM）上的代碼。因此，這類似於一個去中心化的虛擬計算服務，但是它不存在網站伺服器這樣的負擔，它被設計成點對點網路，所有參與者都可以運行，可以安全地（通過加密和數位簽章）向區塊鏈寫入資料和代碼，讀取上面的資料和代碼。

乙太坊虛擬機器概念是非常重要的，因為它是乙太坊專案的另一個主要創新。如果你不理解 EVM，那你就不理解乙太坊。

EVM「位於區塊鏈之上」，但是，實際上它是由許多互相連結的計算機組成的，任何人都可以上傳程式，讓這些程式自我執行，保證現在和所有以前每個程式的狀態總是公共可見的。這些程式運行在區塊鏈上，嚴格地按照 EVM 定義的方式繼續執行。這使任何人都可以為所有權、交易格式和狀態轉換函數創建商業邏輯。

### 乙太坊核心和生態系統

在最底層，乙太坊是一個多層的、基於密碼學的開源技術協議。它的不同功能模組通過設計進行了全面的整合，作為一個整體，它是一個創建和部署現代化的去中心化應用的綜合平臺。

它被設計為一個通用的去中心化平臺，擁有一套完整的，可以擴展其功能的工具。

雖然，乙太坊看起來像由多個互相聯繫的開源項目構成的混合體，但是它的進化一直被明確目標引導著，以此保證各個元件可以協同地組裝在一起。

像大多數軟體平臺一樣，乙太坊核心的週邊是一個由合作者、技術交互擴展（interchange extensions）、應用和輔助服務組成的豐富的生態系統，用於增強乙太坊的核心地位。從功能角度而言，我們可以將乙太坊生態系統拆分成三塊：

第一，核心協議技術，點對點共識、虛擬機器、合約、金鑰、區塊鏈、軟體語言和開發環境、貨幣（燃料）、技術整合和仲介軟體服務（middleware services）。

第二，應用，用戶端軟體（Mist 或者 AlethZero）、挖礦、監控服務（monitoring services）、去中心化應用和其他協力廠商應用。

第三，輔助服務，主要通過維琪、論壇、乙太坊學院、網站、賞金激勵、未來的開發者會議實現的教育、研究、學習和支持。

在應用方面，截至 2016 年 4 月，已經有近 200 個協力廠商專案、產品、技術擴展和完全或者部分基於乙太坊的成熟商業。這些應用包括：預測市場、去中心化交易所、眾籌、物聯網、投票和管理、賭博、信譽系統、社交網路、聊天消息系統、保險、醫療保健、藝術、交通工具共用、分散式自治組織、交易（金融工具或者商品）、會計、社區、電子商務、物理安全、檔存儲、所有權登記、內容、小微交易、社區管理、雲計算、匯款、智能合約管理、智慧資產、錢包、食品、製造業、資料存儲、供應鏈等。

所有這些生態系統的組成部分促成了乙太坊進入金融和非金融領域。乙太坊的可程式設計特性提供了超越比特幣指令碼語言更加強大的功能，因為它具有圖靈完備性、價值知曉（value-awareness）、區塊鏈知曉（blockchain-awareness）和狀態轉換邏輯能力。

### 乙太坊主要的進展

2013 年 11 月：當時在加拿大的 18 歲俄羅斯少年、科技奇才維塔利克·比特林（Vitalik Buterin）創建了初始的乙太坊概念和基本代碼，乙太坊的核心理念開始有了一個明確的提法。

- 2013 年 12 月：維塔利克·比特林發佈了原始概念白皮書。

- 2014 年 9 月：乙太坊為期 42 天的乙太幣預售結束，一共籌集到 31529.36369551 個比特幣，一共售出 60102216 個乙太幣，價值約 1800 萬美元。

- 2014 年 11 月：維塔利克・比特林擊敗 Facebook（臉書）創始人馬克・祖克伯格（Mark Zuckerberg），獲得 2014 年 IT 軟體類世界技術獎。這個獎項表彰了維塔利克・比特林設計發展比特幣 2.0 平臺乙太坊的突出成就。

- 2015 年 7 月 31 日：歷經 18 個月的等待，終於迎來了其 Frontier 版本平臺的正式推出，Frontier 階段只有命令列用戶端，下一階段將推出易用的用戶端 Mist 和 AlethZero。

- 2015 年 9 月 30 日：維塔利克・比特林宣佈，乙太坊得到了中國跨國巨頭萬向集團的資金支援，該集團已推出了一個非營利性的區塊鏈實驗室（Blockchain Labs）。萬向集團代表方證實了這一消息，區塊鏈實驗室最近購買了 50 萬美元的乙太幣，作為支援該技術的部分嘗試。

- 2016 年 1 月 21 日：全球最大的區塊鏈聯盟 R3 CEV 已發佈了首個分散式總帳實驗，其使用了乙太坊和微軟 Azure 的區塊鏈即服務（BaaS），並涉及其 11 家成員銀行。這個由 R3 管理的私有點對點分散式總帳，連接了巴克萊銀行、BMO（蒙特利爾）銀行金融集團、瑞士信貸銀行、澳大利亞聯邦銀行、滙豐銀行、法國外貿銀行（Natixis）、蘇格蘭皇家銀行、道明銀行、瑞士聯合銀行、義大利聯合信貸銀行以及富國銀行。

- 2016 年 3 月 12 日：乙太坊發展達到新的里程碑。格林尼治時間上午 3 時 15 分，該項目總市值達到 10 億美元。Homestead 進入測試階段的聲明之後，乙太坊市值開始了爆炸式增長。單日活動節點增加 22%，之後一直呈平穩增長態勢。乙太幣持續一個月成為交易量第二

大數位元貨幣。這個新的里程碑明顯拉近了乙太坊與比特幣的差距。後者最高市值為 63 億美元。

- 2016 年 3 月 15 日：發佈了 Homestead，公司第一款軟體應用。上一個版本 Frontier 的唯一特徵是命令列介面，Homestead 會對使用者平臺搭建功能進行擴展，提供建立概念證明機制的便利以及保證最少可用產品數量。

## Hyperledger

2015 年底，IBM 宣佈參加由 Linux 基金會領頭的開源區塊鏈項目開放式帳本項目（Open Ledger Project），後來更名為**超級帳本**（Hyperledger）專案。該計畫一經公佈便受到了金融、科技行業和區塊鏈行業的廣泛關注，除了 IBM 以外，該項目的參與者來自在金融科技行業和銀行業頗具影響力的企業如英特爾、思科、倫敦證券交易集團、摩根大通、富國銀行、道富銀行。

至 2016 年 2 月，該專案的參與者已經增加到了 30 家，包括荷蘭銀行、紐約梅隆銀行、芝加哥交易所集團、ConsenSys、NTT 資料、Red hat、Symbiont 等。在 2016 年 4 月，又有 10 個新公司加入該項目並注資，這 10 家新公司分別是 Blockstream、Bloq、eVue Digital Labs、Gem、itBit、Milligan Partners、Montran Labs、Ribbit.me、Tequa Creek Holdings 和 Thomson Reuters。

Linux 基金會是全球頂級開發人員和公司首選，通過組建一個生態系統，能夠加速推動技術開發和商業吸取。與全球開源社區一起，通過創建投資歷史上最大的共用技術，解決了最難的技術問題。成立於 2000 年的，Linux 基金會今天提供了工具、交易和所有開源專案，沒有任何一家公司能夠達到這樣的經濟影響力。Linux 基金會（Linux Foundation）和 Linux 標準庫（Linux Standard Base）都是 Linux 基金會的商標。Linux 是 Linus Torvlds 的商標。

自成立以來，超級帳本項目已經收到來自多個企業的代碼和技術，其中包括 Blockstream、Digital Asset、IBM 和 Ripple。其他社區成員也在考慮如何貢獻他們自己的力量。就如同其他的開源項目一樣，歡迎來自任何時間、任何人的技術貢獻，並將會由新組成的技術指導委員會（Technical Steering Committee，TSC）進行審核，該委員會是由行業中領先的技術專家組成的。TSC 致力於開放和透明的討論、流程和決策。這個小組將負責該專案的技術方向，工作小組會管理多個代碼庫的各種貢獻。TSC 將會評估貢獻提議，並且通過一個開放社區流程，來打造出最初和統一的代碼庫。

由數位資產控股捐獻的商標「超級帳本」，把它送給 Linux 基金會。該商標將會完全交給超級帳本專案理事會進行管理，並且需要 Linux 基金會的審批。

超級帳本專案公開宣佈了它的治理結構。董事會將會指導企業決策、市場行銷，確保技術社區和成員之間的一致性，目前 TSC 成員進行公開提名。

超級帳本項目是讓成員共同合作，專注於開放的平臺，將會滿足來自多個不同行業各種用戶案例，以簡化業務流程。由於點對點網路的特性，分散式總帳技術是完全共用、透明和去中心化的，因此非常適合在金融，以及製造、銀行、保險、物聯網等無數個其他行業的應用。通過創建分散式總帳的公開標準，實現虛擬和數位形式的價值交換，例如資產合約、能源交易、結婚證書、能夠安全和高效低成本地進行追蹤和交易。

Linux 基金會執行董事吉米·策姆林（Jim Zemlin）表示，超級帳本專案已經以驚人的速度在進行，也證明有許多被壓抑的興趣和潛力正期待被釋放，現在全球企業需要一個分散式總帳技術的跨行業開放標準。

## R3 CEV

創立於 2015 年 9 月的 R3 公司專門負責合成銀行業區塊鏈技術開發的行

業標準以及用例，致力於為銀行提供探索區塊鏈技術的管道以及建立區塊鏈概念性產品。首席執行長大衛·魯特（David Rutter）表示，長久以來 R3 公司一直堅信，分散式總帳技術可能會像互聯網改變媒體和娛樂業那樣改變金融服務業。該聯盟成立之後，召開了一系列的研討會。儘管有關該專案的細節還很稀少，但專案代表都表示 R3 希望建立稱為「全球金融結構」的東西，或者說是針對銀行業需求的區塊鏈和分散式分類帳，並且精心製作它的輸入。

大衛·魯特在行業內有著廣泛的人脈網路和在華爾街頂級機構超過 30 年的領導經驗，以及對市場的深度瞭解，這使他有獨特的方式接觸和洞察到 R3 的客戶。他早期在全球最大的交易經紀商 ICAP(Internet Content Adaptation Protocol)，擔任電子經紀首席執行長，並且還領導 BrokderTeck 固定收入和 EBS( 緊急燃油附加費 ) 外匯平臺，這是全球兩個最大的電子場外交易平臺。

儘管一開始 R3 區塊鏈被設計為一個開源形式，但是尚未決定最後的開放形式。目前也沒有確定是否會被限制在成員銀行中。這將會影響「節點」應該如何來確認每一筆交易的方式。這些成員銀行非常有興趣參與區塊鏈技術所提供的廣泛應用測試，包括金融交易、處理銀團貸款，對場外衍生品和市場借貸進行清算。一個在倫敦的開發團隊目前正在編寫一個開源、通用的「共用帳本」，將會讓銀行大幅度降低協調成本。

### 45 個聯盟成員

R3 公司在 2015 年 12 月 17 日宣佈，銀行「夢之隊」已經完成首輪團隊招募。R3 區塊鏈聯盟迎來了當年最後 12 個新成員，分別是桑坦德銀行、丹麥丹斯克銀行、義大利聖保羅銀行、法國外貿銀行、野村證券、北方信託、OP 金融集團、加拿大豐業銀行、三井住友銀行、美國合眾銀行、西太平洋銀行和 BMO 金融集團。此外，據稱這些銀行還將投資 R3 公司。

於是 R3 區塊鏈聯盟的成員從最初的 9 家銀行，擴大到目前的 42 家銀行。R3 表示，其允許銀行加入的「初始視窗」已經關閉，該聯盟將在 2016 年尋

求與非銀行金融機構和團體合作,擴大要整合的產業範圍。

儘管R3在2015年底曾表示,截至2015年12月就已經停止吸納更多會員,可是在2016年3月的採訪中,R3總經理查理·庫珀(Charley Cooper)宣佈第二輪合作已經開始了,並且日本SBI(Strategic Business Innovator)控股株式會社是第二輪合作第一個加入的企業。

日本SBI控股株式會社,即SBI集團,前身是「軟銀投資」(Soft Bank Investment),成立於1999年,現已發展為以投資和互聯網為平臺在全球展開業務的大型綜合金融集團。截至2013年9月末,SBI集團在全球擁有180家子公司(包括中國5家),其中6家在中國香港、日本、韓國上市,業務遍及北美、歐洲、南美、中東及東南亞各國。截至2013年9月,集團總資產達2.85萬億日元,資產管理規模為4800億日元。

在2016年4月,韓國金融機構韓亞金融集團(Hana Financial Group)和巴西銀行伊塔烏先後加入了R3區塊鏈聯盟,使得R3聯盟的成員擴充到45個。

2016年5月下旬,中國金融巨頭「中國平安」宣佈加入R3 CEV區塊鏈聯盟,有效地開啟了世界第二大經濟體的大門。中國平安的市值高達900億美元,有27家子公司,業務涉及很多行業,包括壽險、銀行和證券。

據稱2016年初,中國平安首席創新長丹尼爾·圖(Daniel Tu)致電R3 CEV全球執行董事克萊夫·庫克(Clive Cooke),表示希望加入R3。在克萊夫·庫克與中國平安首席執行長馬明哲初次會談之後說,中國平安在中國有很大的網路,是完整獨立的生態,是R3進入中國的最好契機,而且中國平安對待區塊鏈技術的態度很積極、實際,相信中國平安對區塊鏈的認識和開發以及與R3 CEV的合作會極大推進區塊鏈在中國的發展。丹尼爾·圖和中國平安區塊鏈倡議的主管潔西嘉·唐(Jessica Tang)成立了包含中國平安技術部和金融部的15個員工小組,還有集團子公司的首席技術長。儘管還

表 4.1 R3 CEV 區塊鏈聯盟主要成員

| 序號 | 英文名 | 中文名 |
|---|---|---|
| 1 | Banco Bilbao VizcayaArgentaria | 西班牙對外銀行 |
| 2 | Banco Santander | 桑坦德銀行 |
| 3 | Bank of America | 美國銀行 |
| 4 | Barclays Bank | 巴克萊銀行 |
| 5 | BMO Financial Group | 蒙特利爾銀行金融集團 |
| 6 | BNP Paribas | 法國巴黎銀行 |
| 7 | BNY Mellon | 美國紐約銀行梅隆公司 |
| 8 | Canadian Imperial Bank of Commerce | 加拿大帝國商業銀行 |
| 9 | Citigroup | 花旗銀行 |
| 10 | Commerzbank | 德國商業銀行 |
| 11 | Commonwealth Bank of Australia | 澳洲聯邦銀行 |
| 12 | Credit Suisse | 瑞士信貸銀行 |
| 13 | Danske Bank | 丹麥丹斯克銀行 |
| 14 | Deutsche Bank | 德意志銀行 |
| 15 | Goldman Sachs | 高盛集團 |
| 16 | Hana Financial Group | 韓亞金融集團 |
| 17 | Hongkong and Shanghai Banking Corporation | 滙豐銀行 |
| 18 | Internationale Nederlanden Group | 荷蘭國際集團 |
| 19 | Intesa Sanpaolo | 義大利聯合聖保羅銀行 |
| 20 | ItaúUnibanco Holding | 伊塔烏聯合銀行控股公司 |
| 21 | JPMorgan Chase | 摩根大通 |
| 22 | Macquarie Group | 麥格理集團 |
| 23 | Mitsubishi UFJ Financial Group | 三菱日聯金融集團 |
| 24 | AIA AIA Life Insurance Hong Kong | 香港人壽保險公司 |
| 25 | Mizuho Bank | 日本瑞穗實業銀行 |

**(續) 表4.1 R3 CEV區塊鏈聯盟主要成員**

| 序號 | 英文名 | 中文名 |
|------|--------|--------|
| 26 | Morgan Stanley | 摩根士丹利 |
| 27 | National Australia Bank | 澳洲國民銀行 |
| 28 | Natixis Bank | 法國外貿銀行 |
| 29 | Nomura Securities | 野村證券 |
| 30 | Nordea Bank | 瑞典北歐聯合銀行 |
| 31 | Northern Trust Bank | 美國北方信託 |
| 32 | OP Financial Group | OP金融集團 |
| 33 | Royal Bank of Canada | 加拿大皇家銀行 |
| 34 | Royal Bank of Scotland | 蘇格蘭皇家銀行 |
| 35 | Scotiabank | 加拿大豐業銀行 |
| 36 | Strategic Business Innovator | 日本SBI控股株式會社 |
| 37 | Skandinaviska Enskilda Banken | 瑞典北歐斯安銀行 |
| 38 | Societe Generale | 法國興業銀行 |
| 39 | State Street | 美國道富銀行 |
| 40 | Sumitomo Mitsui Banking Corporation | 三井住友銀行 |
| 41 | Toronto Dominion Bank | 多倫多道明銀行 |
| 42 | UniCreditSpA | 義大利聯合信貸銀行 |
| 43 | Union Bank of Switzerland | 瑞士銀行 |
| 44 | US Bancorp | 美國合眾銀行 |
| 45 | Wells Fargo | 美國富國銀行 |
| 46 | Westpac Banking Corporation | 西太平洋銀行 |
| 47 | Ping An Insurance (Group) | 中國平安 |
| 48 | Toyota Financial Services | 豐田金融 |

不知道中國平安內部區塊鏈小組的工作內容，但是有消息指出，中國平安在開發兩個概念證明機制，該公司內部在努力地學習區塊鏈技術。

在 6 月，香港人壽保險公司 AIA 和豐田金融（Toyota Financial Services）分別宣佈加入到 R3 聯盟中，其中豐田金融表示希望把分散式帳本技術應用於汽車供應鏈和互聯網汽車系統。

截至 2016 年 6 月，R3 CEV 的成員夥伴已經達到約 50 家，並且越來越多的亞洲大型機構加入其中，其影響力正在從歐美擴張到全球更多地區。

**五種技術路線和八個概念證明**

在 2016 年 3 月，R3 CEV 宣佈正在研究五種區塊鏈技術路線來提供金融服務，其中乙太坊位居清單榜首。乙太坊專案的創始人比特林表示，使用乙太坊正在積極研發的「代碼庫」，無論是私營區塊鏈企業還是財團均「拍手稱讚」。

以分散式總帳平臺以及專業應對成熟金融玩家的能力而聞名的 Chain 也是整個項目中頗有價值的一分子。其他參與者還包括 Eris Industries、IBM（通過自身區塊鏈服務部門）以及英特爾的新科技集團。所有參與方均同意 R3 CEV 的前行方式與通過展示而非主張的加速運用區塊鏈技術的途徑。

R3 CEV 的一位高管在 2016 年 4 月的區塊鏈和分散式總帳大會（Blockchain & Distributed Ledger Conference）上表示，目前 R3 CEV 正在以探索分散式總帳簡化華爾街眾多交易以及方便監管的途徑，測試至少八個概念證明，分別是互通性、支付、結算、金融交易、企業債券、回購、掉期和保險。

## Corda

到了 2016 年 4 月，R3 CEV 宣佈了它們首個分散式總帳應用 Corda，而非使用大家都認為的類似於比特幣的區塊鏈技術。R3 宣稱 Corda 與比特幣

的非許可型交易分散式總帳截然不同，是為金融機構量身定制的應用。這個應用唯一去中心化的資訊由銀行會員決定。在 R3 的博客文章中，該專案負責人兼集團首席技術官理查·布朗（Richard Gendal Brown）指出了 Corda 與大多數人眼中的區塊鏈的關鍵區別。

理查·布朗是聯盟在 2015 年 9 月從 IBM 挑選的專案領導人，他曾在一篇文章中這樣描述 Corda：我們需要簡化業務邏輯編寫並與現存代碼相容。我們需要注意系統可互通性，並在企業建立協定時，提供企業間協作流程支援。

不同於在系統節點間保存完整交易歷史的比特幣區塊鏈，布朗強調 Corda 只會傳播經過認證的交易記錄。Corda 會給監管機構提供「監管觀察員節點」，可以從這個節點監控系統運作。包括 Overstock 的 t0 平臺也在區塊鏈系統中搭建這個功能。R3 聯盟會在隨後幾周內進行 Corda 測試，並且在未來幾個月內公司還計畫發佈「作為公司諸多項目之一」的開源平臺核心內容。

布朗說，Corda 的名字來源有兩個：該名字前半部聽起來像「accord」（協定），後半部分來自「chord」（弦，圓上兩點間最短的直線）的定義。這個圓就代表 R3 網路中的銀行。

Corda 的主要特點包括：

· 沒有多餘的全球資料共用，只有有合法需求的參與方可以按照協定獲取資料；

· Corda 編寫和配置在企業間流轉，無中心控制者；

· Corda 在企業間單個交易水準達成共識，而不是在系統水準上；

· 系統設計直接支援監管觀察員節點；

· 交易直接由交易雙方驗證，而不是由一大群不相干的驗證者進行；

· 支持多種共識機制；

· 記錄了智能合約代碼和人類語言法律檔的清晰聯繫；

· 用行業標準工具創建；

· 沒有原始數位貨幣。

代碼完善之後，Corda 會採取開源形式。關於區塊鏈提供的服務，布朗的理解為，比特幣、乙太坊等其他變化版本底層的區塊鏈技術服務包括五個主要方面，即**共識、有效性、唯一性、不可更改性和認證**。

區塊鏈最重要的特性是共識。關於比特幣，大家共同的認知是比特幣有哪些沒被消費的收益以及消費比特幣需要的條件。這些認知是所有全節點用戶共有的。

有效性是與共識有關的特性，幫助人們瞭解更新建議是否合法，有效性定義了規則方向。

唯一性服務幫助使用者瞭解特定情況下，哪些共用資訊更新是有效的。區塊鏈的「反雙重支付」特性就提供了這個服務。

不可更改性意味著，一旦某個資料提交了就不能更改了。這個特性可能有點誤導性，因為資料實際上是可以更改的。其真正含義是，一旦提交資料，任何人都不能通過篡改其他權益人已經認可的資料來重新進行交易。區塊鏈的做法是：使交易遵循歷史交易結果，區塊遵循區塊鏈原始資訊內容。

認證是最後一個特性，一個私密金鑰對應一個系統行為，這與傳統企業系統的「超級使用者」帳戶不同。

分散式總帳的新功能是平臺的出現，參與網路的懷疑者們共用這個平臺，使他們達成共有資訊的共識。

金融業定義由共同針對某問題的企業協議確定，合約方在各自系統中記錄合約內容。當不同系統最終決定信任不同資訊，這時對資訊修改的需要會產生高額費用。兩個系統通過資訊交換進行交流，很多資源被用於合約方和解，

來確保合約方得出相同的結論。

　　系統記錄和管理企業間金融協定就是 Corda 需要解決的問題，因為這些協議是用行業標準工具建立的並受到必要的監管。該系統關注可互通性和增量部署，不對協力廠商洩露機密資訊。公司可以查看與對方達成的協議，並確保雙方看到的資訊一致並向監管機構報備。

## ▧ Digital Asset Holdings

　　數位資產控股（Digital Asset Holdings，DAH）是由掉期交易所 trueEX 創始人兼 CEO 蘇尼爾・希拉尼（Sunil Hirani）和自營交易公司 DRW Trading 創始人兼 CEO 道・威爾森（Don Wilson）共同創立的。其目標是成為金融資產交易場所，方便投資者以更低的價格成本和時間成本將傳統貨幣和數位資產進行轉換。

　　前摩根大通高管，全球大宗商品交易界「一姐」，外號「金融女皇」的布萊斯・馬斯特斯（Blythe Masters）在 2015 年 3 月加入了 DAH，正帶領團隊開發一種基於區塊鏈系統的證券和資金轉移系統。

　　沒有什麼比「CDS（信用違約掉期）女皇」轉投區塊鏈技術更有說服力了。倫敦《衛報》稱她是「發明大規模殺傷性金融武器的女人」，而《新聞週刊》的說法是這些武器「放出了惡魔」，摧毀了金融系統，引發了 2008 年全球金融危機。最終的結果是銀行在其資產負債表中隱藏了高達 55 兆億美元的有毒資產。布萊斯・馬斯特斯過去被人們稱為「CDS 之母」，在經濟危機後被稱為「世界摧毀者」。2014 年，摩根大通的大宗商品業務超越所有競爭者，成為華爾街的頭把交椅。但就在這一年，摩根大通迫於監管壓力以 35 億美元將該部門出售。馬斯特斯隨後也宣佈辭職。

　　離開摩根大通之後，馬斯特斯略微沉寂了一段時間，之後便加入了 DAH，重新回到了公眾的視野之中。2015 年 12 月，區塊鏈初創公司又在團隊中添

加了兩名在金融服務方面經驗豐富的人，吸收了來自軟體製造商 SunGard 和國際支付網路 SWIFT 的人才。前 SunGard 總裁兼首席執行長克裡斯托博坎德 · 康得（Cristóbal Conde）將出任執行董事。

SunGard 創建於 1982 年，最近被富達國民資訊服務公司（FIS）以 51 億美元的價格收購。而擔任美洲首席執行長及 SWIFT 證券部門負責人的克裡斯 · 丘奇（Chris Church）將成為 Digital Asset 公司的首席業務發展官。對於這兩位負責人的加入，馬斯特斯表示，克裡斯托博坎德和克裡斯在金融和科技領域有著超過 50 年的豐富經驗，他們不僅對市場有深刻的認識，而且對 Digital Asset 正在構建的東西有獨到的見解，他們的存在對公司不斷發展業務的價值是無法衡量的，馬斯特斯還表示在該初創公司的收購穩定下來之後，領導團隊會繼續擴建。

作為前摩根大通商品業務主管，馬斯特斯是使用信貸衍生品的先驅，她在摩根大通的成功就來自 20 世紀 90 年代她對這些產品將徹底改變銀行業的認識。而如今的馬斯特斯依然和以往一樣高調。她不僅警告美國可能在區塊鏈競爭中落後，而且信誓旦旦地告訴銀行業，區塊鏈將變革一切。她説銀行目前正在面對一個「收入越加困難的環境中」，並且打算通過裁員來降低成本。但是她認為，這不是一個可以持續的方式。

她指出，區塊鏈技術有足夠的潛力來降低成本和風險，它能夠幫助自動化來執行那些目前還是由人工來操作的，在後臺運行的複雜任務系統，並且有助於降低錯誤風險。人們應該嚴肅對待這個技術，它就像 20 世紀 90 年代初的互聯網，意味著財富在向你招手。華爾街最終將會接受比特幣底層的區塊鏈技術，即使這可能還需要 5 ～ 10 年的時間。

2015 年 10 月 20 日，在曼哈頓舉辦的《經濟學人》梧桐樹會議上，她這樣説道：「對於銀行而言，它們有擁抱新技術的動力……那就是恐懼和貪婪的結合。」這句話被許多人認為是銀行業對區塊鏈態度最好的描述。

## ▨ ChinaLedger

2016 年 4 月 19 日，由中證機構間報價系統股份有限公司等 11 家機構共同發起的區塊鏈聯盟——**中國分散式總帳基礎協議聯盟**（China Ledger 聯盟）宣告成立，上海證券交易所前工程師白碩出任了該聯盟技術委員會主任，聯盟秘書處則設在了萬向集團旗下的萬向區塊鏈實驗室。

白碩在發佈會上表示，中國不能在還沒有想清楚區塊鏈在中國金融領域如何落地的情況下，貿然與國際上的區塊鏈組織接軌，也不能讓每個金融機構各自為戰成為一盤散沙，而需要凝聚中國共識，開墾中國的區塊鏈試驗田。

該聯盟將致力於開發研究分散式總帳系統及其衍生技術，其基礎代碼將用於開源共用。主要有四個目標：

（1）聚焦區塊鏈資產端應用，兼顧資金端探索；

（2）構建滿足共性需求的基礎分散式總帳；

（3）精選落地場景，開發針對性解決方案；

（4）基礎代碼開源，解決方案在成員間共用。


目前該聯盟首批 11 家成員包括國企和民企，分別為中證機構間報價系統股份有限公司、中鈔信用卡產業發展有限公司北京智慧卡技術研究院、浙江股權交易中心、深圳招銀前海金融資產交易中心、廈門國際金融資產交易中心、大連飛創資訊技術有限公司、通聯支付網路服務股份有限公司、上海矩真金融資訊服務有限公司、深圳瀚德創客金融投資有限公司、樂視金融、萬向區塊鏈實驗室。

其中，中證機構間報價系統股份有限公司原名中證資本市場發展監測中心有限責任公司，是經中國證監會批准並由中國證券業協會按照市場化原則管理的金融機構。

據萬向區塊鏈實驗室透露，聯盟成立之後，11 家單位將各自派出區塊鏈的研究人員，共同開發中國的底層分散式總帳系統。成立 China Ledger 聯盟，期望能夠開發出符合中國政策法規、國家標準、業務邏輯和使用習慣的底層區塊鏈基礎設施。

萬向區塊鏈實驗室是由中國萬向控股出資成立的非營利性的專注於區塊鏈技術的前瞻研究機構。發起人為中國萬向控股有限公司副董事長兼執行董事肖風博士、乙太坊創始人比特林、BitShares 創始人沈波。實驗室將聚集領域內的專家就技術研發、商業應用、產業戰略等方面進行研究探討，為創業者提供指引，為行業發展和政策制定提供參考，促進區塊鏈技術服務於社會經濟的進一步發展。中國萬向控股也承諾每年向區塊鏈實驗室捐贈 100 萬美元，以資助相關產業研究及發展。

## (2) 支付匯款

### ⸜ Circle

傑瑞米・阿賴爾（Jeremy Allaire）在 2013 年 10 月創立了 Circle，旨在使比特幣「簡單易操作，類似 Gmail、Skype（網路電話）和其他客戶服務」，該公司迅速獲得大量融資。在 2014 年中旬從 Breyer Capital、Accel Partners、General Catalyst Partners 和 Pantera Capital 等投資商那獲得 2700 萬美元，成為數位貨幣領域資金最為充足的公司之一。而這批風投家又選擇在 2015 年重聚，進行另一輪融資。由高盛投資公司和總部位於中國的 IDG Capital Partners 共同主導，為 Circle 帶來了 5000 萬美元的資金，其總投資額達 7700 萬美元，Circle 總市值一躍升至 2 億美元。

高盛策略性投資小組的負責人湯姆・傑索普（Tom Jessop）表示，Circle

在全球支付業務中有著巨大的發展潛力。因為隨著金融業務行業不斷數位化和開放化，高盛在其中看到了許多發展的機會和可借鑒的思路，將全球市場通過技術創新來推動。高盛認為，Circle 的產品視野和非凡的管理團隊在眾多數位支付服務中脫穎而出，這點非常有吸引力。

預期 Circle 利用比特幣區塊鏈的超低息交易後，可以在世界範圍內提供即時免費的資金轉帳。就這點而言，該公司的負責人很好地將其發展圖景展示給了華爾街和海外的投資人。IDG Capital Partners 之前被中國公司百度和小米成功融資過，目前也準備幫 Circle 在亞洲開設分行。消費金融目前正處在一個深刻的轉型期，移動支付應用持續發展，非傳統金融產品不斷湧現，IDG 預感 Circle 能夠準確抓住並跟上所有這些趨勢和潮流。

除了融資 5000 萬美元，Circle 還宣佈推出新功能，允許使用者只使用美元進行交易。用戶將來或可持有、轉出並即時接收美元，不需要額外收費，同時還受到聯邦存款保險公司和美元穩定價值的保護。這使 Circle 從一個簡單的比特幣公司變身為類似貝寶和傳統銀行的機構。

Circle 希望利用比特幣作為免費的互聯網支付網路，使各國法定貨幣在全球範圍內毫無阻礙地順暢流轉。通過與像 IDG 這樣的海外公司合作，Circle 可以向使用各國法定貨幣的使用者提供金融服務，比如人民幣和日元。

儘管中國方面對支付系統的監管結構比較複雜，但這些國外合作還是取得了一些進展。目前，Circle 作為年輕的新興公司，專注于為美元功能開發。使用美國帳戶儲備、發送和接收美元的功能已推出，並且在未來將會不斷完善。

該發展會進一步模糊法定貨幣和數位貨幣之間的界限，但同時保有兩種系統的最優特質。選擇美元作為融資單位的使用者可以受聯邦儲蓄保險公司投保的矽谷銀行保護，不用承擔數位貨幣價值急劇變化所導致的損失。同時，美元持有人可以輕鬆地向任何比特幣接收人完成支付，並且這些操作不需要

使用者對比特幣非常瞭解，也不受價格變化的影響。Circle 相信，比特幣會成為一種全球適用的支付網路，而不是一種保值手段。

　　像 Circle 這樣有創新力的公司還在繼續使用比特幣區塊鏈作為全球金融系統，而其中的發展潛力也受到許多主要機構投資者的關注。Circle 除了在現有的比特幣基礎業務外提供法定貨幣的儲備和支付，更逐步對貨幣本身進行著獨家定義。

## Abra

　　當今世界，跨國銀行之間的轉帳需要兩三天的時間，甚至像 Venmo 這樣表面上看似即時的支付應用，實則也並非如此。而比特幣的技術可以讓匯款瞬時、安全地在個人端之間完成。Abra 就是這樣一家解決匯款問題的初創企業，宣佈其應用將很快提供給所有在美國和菲律賓的註冊用戶，商家也可以使用 Abra 提供的服務接受消費者的電子現金。Abra 公司宣佈於 2015 年 9 月的 A 輪 1200 萬美元融資，已新增加了來自美國運通及拉丹・塔塔（Ratan Tata），印度塔塔集團名譽主席，掌控 96 家公司的印度資本巨鱷的戰略投資。而美國運通的參與，也標誌著投資區塊鏈創業公司的傳統金融巨頭機構，又新增了一家，而在此前，已投資的機構還包括納斯達克、Visa、高盛以及紐約證券交易所。

　　美國運通風投管理合夥人哈舒爾・桑吉（Harshul Sanghi）表示，由於人們和企業的交易變得更加全球化，就需要有更為方便、經濟的方式來轉移資金，因此區塊鏈可以在匯款和商業的發展過程中發揮重要的角色，尤其是在新興市場。

　　Abra 的新商家服務功能，可以讓任何商家為其 Web 或手機 APP 添加 Abra 商家 API，以接受來自客戶的支付（只輸入手機號進行結帳付款）。在這裡，支付的功能與現金是完全相同的。但在發生欺詐的情況下，將不會有

信用卡支付所提供的欺詐保護，受害者需要直接與商家進行協商。

　　該應用程式可允許使用者在他們的手機上存儲數位形式的貨幣，通過 Abra 出納員採取網路或傳統銀行路由的方式，將這些錢發送至世界各地任一手機號上，並將這些數字現金兌換成現金。因為所有的錢都是直接存儲在手機上的（法幣，不是比特幣），而 Abra 承諾永不接觸這些錢。

　　比如，有個用戶 A 想要給朋友發送 5 美元，那麼他所需要的就是對方的手機號。在後端，Abra 創建了一個索引，會將這些電話號碼映射到比特幣區塊鏈上的公共地址。如果收錢方在手機上並沒有安裝 Abra，那麼他就會收到一條提醒他進行安裝的短信。在交易的幕後，比特幣區塊鏈記錄了發錢方匯款 5 美元給收錢方的整個過程，完成匯款後，雙方的應用程式就會顯示帳戶的餘額變化（該應用程式還需考慮到數位貨幣對法幣的兌換問題，以便匯款值不會受到比特幣的價格波動影響）。如果收錢方希望把這一數位現金轉換為紙幣現金，Abra 會和出納員網路工作，包括充當 ATM 機（自動取款機）的個人，還有大型的零售商，都可以扮演網路的出納員。

　　像美國這樣的國家，消費者們會更傾向於銀行來進行取現。然而，在發展中國家，許多個人和小型便利店則更可能成為出納員。出納員可以設置自己的收費標準，而 Abra 則會對每筆交易收取額外 0.25% 的手續費。

　　據說 Abra 已經在 2016 年上半年完成了 A2 輪的融資，有一些來自中國的大型 IT 和金融企業參與了該輪融資。

## ░ Align Commerce

　　Align Commerce 公司由前西聯匯款總經理瑪律萬・福茲雷（Marwan Forzley）一手創立，該公司正在尋求顛覆小型企業（SMB）的跨境支付市場。在加盟西聯匯款之前，福茲雷還是支付創業公司 eBillme 的創始人，後來西聯匯款收購了這家創業公司，福茲雷也因此加入了西聯。

Align Commerce 表示，相信跨境支付格局將被打破，而採用新的技術可以幫助減少一些摩擦，這就是使用區塊鏈的原因。其公司產品改進了傳統電匯的跨境交易，可以讓中小企業發送美元，而接收者收到的則是歐元。最終用戶所使用的，仍然是傳統的銀行帳戶，然而在支付的中間過程，Align 將發送者的資金轉換成比特幣，然後將這些數位貨幣在一家交易所賣出，再為接收者換成他們所期望的貨幣。這種解決方案帶來的不僅是成本上的降低，還有其他方面的益處。

Align Commerce 有很多的交易所合作夥伴，因此，比特幣價格的波動性對該公司的影響並不是很大。此外，區塊鏈可以允許 Align 為商家客戶提供其他好處，比如提供他們匯款的即時資訊。在過去，客戶可以在網上追查貨物，但無法跟蹤你的線上支付過程。區塊鏈擁有一個公開透明的跟蹤機制，可以幫助客戶瞭解支付的蹤跡。他們認為這種新技術與現有的支付方案相比，更經濟、更快，也更易於追蹤。

由此可見，Align Commerce 使用區塊鏈技術，是要取代代理銀行在跨境

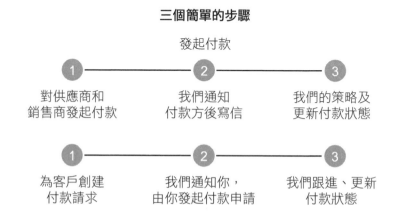

圖 4.1 Align Commerce 發起付款的三步驟

支付過程中進行的工作，該公司認為，這種技術可以為商家客戶提供更為經濟的交易。看上去其市場定位有點類似於分散式支付協議提供商 Ripple，但 Align Commerce 解釋說，這兩家創業公司之間並沒有爭用相同的客戶群體，儘管他們在技術方法上有著很大的相似性。首先，Ripple 的目標是銀行，而他們瞄準的則是小企業市場。其次，Align Commerce 當前所使用的是比特幣區塊鏈。但公司也表示，如果有需要的話，公司的產品也可以使用 Ripple 的分散式總帳。Align Commerce 開發的是一個應用層，可以切換到任何的數位貨幣。

為了能夠在其管轄區內提供服務，Align Commerce 必須要做的一點是，能將比特幣兌換成當地的貨幣，這也就意味著，它會受益於當地比特幣交易所的可用性。福茲雷拒絕說出任何具體的合作夥伴，但他表示，在沒有交易所覆蓋的地區，銀行會負責維護相關的交易。公司表示會花更多的時間和精力去擴展交易所，因為這是市場所需要的一個重要發展。

在 2015 年 11 月，該公司完成了 A 輪融資，融資金額達到 1250 萬美元，領投方為矽谷傳奇投資公司 KPCB，跟投方包括 Digital Currency Group、FS Venture Capital、Pantera Capital、Recruit Ventures Partners 以及矽谷銀行的投資部門 SVB Ventures。

此前該公司還於 2015 年 4 月獲得了一筆種子資金，但並未公佈具體的金額，而最新獲得的 A 輪融資，將用於擴展 Align 公司的服務範圍。而作為交易的一部分，凱鵬華盈的一般合夥人蘭迪‧科米薩（Randy Komisar）將加入該公司的董事會。

## ░ Streami

2015 年 12 月 25 日，韓國區塊鏈匯款創業公司 Streami 完成了 200 萬美元的種子輪融資。儘管該創業公司是匯款市場的新來者，但其支持方包括韓

國最大的金融服務機構之一──新韓銀行，該機構投資了大約 42.7 萬美元。此外，Streami 還得到了新韓資料系統（新韓銀行實體 IT 公司）的支援，其他投資方還包括支付公司 ICB，風險投資公司 Bluepoint Partners，以及一群天使投資人。

該公司針對的匯款市場，包括韓國、中國、菲律賓、中國香港、印尼、新加坡、泰國，旨在幫助這些地區的人們繞過非法貨幣轉移服務。Streami 公司首席執行長李俊恒（Jun Haeng Lee）聲稱，截至目前，Streami 的主要競爭對手是傳統的匯款服務提供者以及佔據韓國對外匯款市場顯著份額的非法金錢轉移商。Streami 將為加密網路帶來可信賴的、規範的流動性，Streami 的這輪資金將用於公司在首爾以外城市開設分支機構，並招募新的人才。

ICB 公司首席執行長李韓勇（Han Yong Lee）表示，他的公司參與了這一輪融資，希望能夠提供更好的以區塊鏈為基礎的外匯 Fintech 服務，並與 Streami 公司進行合作，以便進一步探索這項技術。

## (3) 數位貨幣交易所

Coinbase 公司成立於 2012 年 6 月，業務主要包括比特幣錢包和交易平臺，讓商家和消費者可以用新的數位貨幣比特幣進行交易。它的總部設在加利福尼亞州三藩市市，致力於讓消費者更方便地使用比特幣，目標是成為比特幣界的 Gmail。這家公司的 CEO 布萊恩・阿姆斯壯（Brian Armstrong）正在領導團隊負責讓比特幣成為一種主流貨幣。

美國的用戶可以使用信用卡在 Coinbase 購買比特幣。他們可以輕鬆地把比特幣存在任一線上錢包應用裡，並且可以通過電子郵件互相發送比特幣，而不需要擔心二維碼或者那串看似亂碼的比特幣位址帶來的麻煩。他們甚至可以通過短信來控制自己的比特幣。

它是如何做到的呢？核心開發者傑夫‧戈查克（Jeff Garzik）曾經說過，儘管比特幣貨幣的基礎協議已經被開發出來了，但是能夠充分利用這種貨幣的第二層服務仍然被需要。這些服務，比如說更加直覺化的支付系統、信用服務、股票交易所以及智慧資產，將使得比特幣在那些對比特幣公開金鑰等概念不感興趣的主流用戶中獲得更多的關注。

Coinbase 並沒有在建設上述服務中的大部分，但它聚焦在使這些服務盡可能地簡單易用。Coinbase 想讓比特幣變得更簡單，並且如果可以通過使用底層的比特幣科技來實現，那麼，Coinbase 就將先用底層科技來實現，但如果客戶要求一些像定期結算，或者訂閱支付，或者免費的超小額支付的服務，並且無法想出一條使用底層協定來實現功能的途徑，那麼，Coinbase 將在協議的頂端提供它。當 Coinbase 的用戶在 Coinbase 錢包間互相發送比特幣，他們是把比特幣發送到電子郵寄地址，而不是比特幣地址。這是這家公司提供的眾多易用特性之一。

Coinbase 的服務可以分解成三大塊：**用戶錢包、比特幣買入以及賣出、商家工具**。在這三個領域，它都有競爭對手（比如說 BitPay 就是它在商家工具領域的對手），但它同樣分別擁有不同的優勢。例如，它是為數不多的（如果不是唯一的話）提供一個去中心化的比特幣生態系統的公司；又如，它提供了錢包的鏈外（off-chain）交易，以及推薦其他客戶的比特幣獎勵。在商家這邊，它使商家可以通過早些時候發佈的商家工具來收集寄送位址和電子郵寄地址，並且已經開始提供定期支付的功能了，商家們還可以零費率接受微支付。

阿姆斯壯總是將 Coinbase 的服務比喻成 Gmail，而把比特幣比喻成SMTP。SMTP 是一個開放的提供基礎功能的電子郵件標準，但人們使用 Gmail 可以做到更多非標準的事情，比如說把日曆活動的邀請自動放入 Google 日曆中，又如可以充分利用自動資訊優先化處理或者直接在用戶端裡面以會話的形式查看郵件。Coinbase 進行的交易有 75% 至 80% 是在內

部被處理的，但在需要更多的處理能力的時候，它與合作夥伴 Coinbase 和 Tradehill、bitstamp 有合作協定。

從一個一切皆無定數到像比特幣這樣去中心化的世界裡，擁有你自己的生態系統等於擁有一筆寶貴的財富，但這家公司仍然面臨著一些挑戰，有一些監管上的不確定因素。該公司正在美國國內進行比特幣與法幣的兌換，並且它的確已經採取措施以獲得在聯邦級別上有一張 MSB 的許可證。然而，在美國不同的州會有不一樣的情況。每個州都有自己的監管方法（有的州似乎完全沒有），也已經搞定了它自己的「AML」（反洗錢）和「KYC」（瞭解你的客戶）的流程，也在盡最大的努力確保有監管者來問話時，公司可以讓他們看到一些記錄在案的流程。這一手段與合作夥伴（比如 Tradehill）有著鮮明的不同，Tradehill 會更多地專注於高淨值市場。它拒絕在沒有拿到所有美國國家許可的情況下做生意，並且在解決這一問題的同時已經退出了市場。

由此可見，Coinbase 的舉動相當大膽。先拿下市場有利於搶佔先機；早期參與者可以在監管者入場前，拿下一大塊市場份額並建立一個健康的現金流。以 Square 為例，他們被佛羅裡達州和伊利諾州的監管者罰款 50.7 萬美元，因為其沒有拿到許可證就開始營業了。但是，到了那個時候，公司已經聚集了 3.31 億美元的資金，並且佛羅裡達州的罰款（這使得它隨後拿到了在佛州的許可證）在那個時候只是被當作做生意的成本了。

Coinbase 還有很長的路要走。它在 2013 年 5 月成功地拿下了 Union Square Ventures 主導的 A 輪價值 500 萬美元的投資。在當時，那是與比特幣相關的公司拿到的最大一筆投資，並且這為將來拿到更多的投資做了良好的鋪墊。同時，儘管比特幣在 2014 年走勢不佳，但 Coinbase 在 2014 年中卻表現不俗，不僅獲得了由 DFJ 領投、紐交所和美國汽車協會聯合服務銀行（USAA）和其他投資機構高達 7500 萬美元的投資，還說服了一些著名零售商第一次成為比特幣交易的合作夥伴，包括戴爾、Overstock、Mozilla 和 Wikipedia 等。投資者、商家和用戶的支持，表明了各方對比特

幣的信心。該公司此前已經融資 3000 萬美元，其中包括由著名風投機構 Andreessen Horowitz 領投的 2500 萬美元 B 輪融資。風險投資公司 Union Square Ventures、Ribbit Capital 和 SV Angel 也都對 Coinbase 進行了投資。它持續地成長著，並和 Cashie Commerce 簽署了一份協議，使後者可以在 BitDazzle（這是一個線上針對對比特幣友善使用商家的 Esty 風格的市場）上使用它的商家 API。如果監管者真的來找麻煩了，公司希望它已經籌集到足夠的資金來應付它們。與此同時，Coinbase 將關注交易量的增長層面，通過在仍然是新興的市場那裡獲得廣泛的關注。這是公司免除了商家的前 100 萬美元的銷售處理費用的原因之一。它還將力求關注用戶想要什麼，這可能會讓核心開發團隊在開發商家和錢包特性的時候先人一步。

2015 年 11 月 20 日，Coinbase 再次努力推動比特幣走向主流，該公司推出美國首張**比特幣借記卡**，也就是 Shift Card。它可以讓你在任何商家使用比特幣——線上或者離線——就像使用任何普通 Visa 卡一樣。想像一下，你可以通過它使用比特幣來購買墨西哥卷餅，也可以在亞馬遜網站購買電視機。Coinbase 表示，該公司使用者通過其提供的服務已經創建了 200 萬個比特幣錢包。Coinbase 還稱，Expedia、戴爾、Overstock.com 和 Stripe 都是它的企業客戶和消費者。Coinbase 的收入來自其平臺上對買賣比特幣收取一定比例提成。此外，商人首次支付 100 萬美元比特幣要向 Coinbase 提供 1% 的服務費。Coinbase 的業務發展和戰略副總裁亞當·懷特（Adam White）表示，他們所做的一切，就是努力讓比特幣變得更加容易使用，也希望能夠非常容易地購買和出售比特幣，而主流的比特幣借記卡也許是一個關鍵因素。

根據 Coinbase 的說法，該卡已經被批准居住在美國 25 個州的任何人使用，其中包括德克薩斯州、華盛頓州以及新澤西州。儘管也可以在加州使用，但是只能作為「測試版」使用，最高不能超過 1000 名用戶。任何擁有 Coinbase 帳戶的人都可以申請新的借記卡。在註冊時，必須先驗證身份，並且支付 10 美元的保險手續費。在此之後，只要是從美國的商家手中購買，就

可以使用比特幣直接進行支付，而沒有任何其他的費用（就類似於其他的借記卡和信用卡，手續費是由商家支付的）。如果是用這些卡在海外消費，就必須要支付一定的跨國結算費用。當然，你也可以使用這張卡直接從 ATM 機取出你的錢，資金是來自你在 Coinbase 比特幣帳戶內的餘額，而不是一個銀行帳戶——這也會需要一定的手續費。

對於 Coinbase 而言，希望讓現有的客戶開始更多地使用比特幣來進行消費，而不僅僅是用於投機。而且新的客戶將會被吸引到數位貨幣領域，因為這些數位貨幣能夠很容易地花掉。而其他一些企業，包括初創企業 Xapo，雖然也一直在探索比特幣借記卡，但它們只能在海外使用。

有些人擔心，比特幣讓資金流動變得太容易了——尤其是因為人們能夠匿名地使用數位貨幣。亦有消息指出，歐盟正準備打擊使用比特幣匿名資助恐怖活動。比特幣和其他一些數位貨幣的確可以這樣使用，但是這些特性並不能刻畫出數位元貨幣的全部。Coinbase 新的借記卡將會緩解人們對於匿名性的關注。因為就像其他的借記卡和信用卡，每個人必須驗證自己的身份才可以使用它。就像許多人一樣，Coinbase 希望將比特幣帶入到一個全新的領域——主流社會。

## (4) 去中心化交易所

### ⧄ Linq

在 2015 年下半年，納斯達克交易所推出了新的針對一級市場的交易平臺 Linq，該交易平臺是基於比特幣交易技術，用於一級市場公司的交易。納斯達克交易所還宣佈了對 SecondMarket 的收購，後者是服務於非上市公司的股份交易平臺，曾服務客戶包括上市前的 Facebook、Twitter（推特）和還未

上市的 Dropbox（一個提供同步本地檔的網路存儲線上應用）等。

納斯達克首席執行長鮑勃‧格雷菲爾德（Bob Greifeld）表示，非上市公司的數量不斷增加，為滿足他們的需求，納斯達克將向這些非上市公司提供交易服務，未來這些公司上市時，將為納斯達克交易所贏得更多的上市業務，同時他認為未來納斯達克交易所來自非上市公司交易業務的收入將達到甚至超過來自傳統二級市場的業務。

納斯達克交易所稱，第三季度來自一級市場的客戶增加了 20 個，使得總數量達到 120 個，一級市場的業務將成為納斯達克交易所業務未來增長的驅動力。

納斯達克區塊鏈戰略負責人弗雷德里克‧沃斯（Fredrik Voss）確信基於區塊鏈技術所提供的高效率，將能夠大幅度提升 Linq 作為私人股權交易平臺的優勢。沃斯和全球軟體發展總監亞曆克斯‧津德爾（Alex Zinder）認為區塊鏈具有卓越能力，對於私人股權交易市場而言，最大的好處就是不再需要筆和紙，或者是基於試算表來記錄。

津德爾表示，到目前為止還沒有任何技術能夠真正讓人們遠離紙張作業，而區塊鏈技術將會幫助我們往這個方向前進一大步。現在，傳統的手工處理方式往往會留下很大的人工失誤空間。

納斯達克通信專家威廉‧布裡甘汀（Willian Brigantin）則宣稱區塊鏈技術有潛力能夠消除這個痛點，因為其最大的「核心優勢」就是能夠提供一種不可篡改的記錄，以及為使用者提供一個永久保存的資料鏈。他們在許多初創公司管理者之間進行調查，絕大部分公司都在融資時使用試算表來記錄股權。為了達到更好的透明性和可審計性，希望今後能夠推廣使用他們的標準。

納斯達克私人股權市場是在 2014 年推出的，這是交易所進入 Pre-IPO（上市前）階段讓二級市場進行股權交易最新的一次嘗試，這種方式可以一直追溯到 1990 年。但是今天，有越來越多的初創公司選擇保留更長時間處於私人

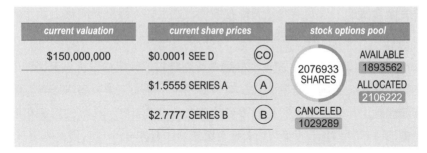

圖 4.2 Linq 產品介面（Linq 上的管理主控臺上的「股權時間軸視圖」）

公司階段（暫時不進入公開發行階段），這意味著 IPO（首次公開募股）之前的交易變得再次令人關注，因為投資者希望能夠獲得一些流動性，也可以減少早期階段管理層的壓力。

　　如果仔細研究一下 Linq 會發現，這是一款較為時尚的產品，它為投資者和企業家提供了一個直觀的用戶體驗。在 Linq 上，股份發行人在登錄後可以看到一個管理主控台來顯示估值，包括每一輪投資之後已發行股份的價格，以及股票期權的比例。

　　所有這些股份數位，包括尚未分配的股份，都通過視覺化的顏色塊來代表，納斯達克將該資料稱為「股權時間軸視圖」。那些已經發生的交易將會在時間軸上顯示為「空」，並且變成灰色。用戶還可以看到箭頭，說明該股份是如何被轉移和劃分的。

　　津德爾和沃斯解釋道，Linq 所做的是，顯示在不同時間跨度中企業的活動。每一個單獨標誌代表一個線上證書。顏色代表某一種特定資產列表，資產類別可以由發行人自行定義，包括股權類型和融資次數。顏色編碼的方式，能夠非常直觀地通過**開放資產協定**（Open Assets Protocol），來顯示區塊鏈技術是如何通過相應條款和條件來創建獨一無二的資產。這些視覺化的表現

都是完全真實的，只要這些是記錄在區塊鏈之上的。股權時間軸上顯示的是最有價值的東西，它能夠將顯示資訊視覺化，並且表明交易和來源。

Linq 力求企業家能夠更簡單地通過對資產表格進行資料分析，來提供更直觀的可視效果，否則很容易會被試算表所湮沒。例如，創業者可以在互動式股權時間軸上，顯示個人股份證書是如何發給投資者的。有效的證書和取消的證書都有不同的顯示效果，前者還會顯示諸如資產 ID，每股價格等資訊。

初創公司使用平臺還可以通過時間發行日期來查閱證書，包括查看最多或者最近的證書，並且只要點擊一下，就可以查看哪些投資者在企業內持有最多的股份。

在其他地方，創業企業可以評估某單一投資者在企業中所持有的股份。投資者可以面對類似於事務 ID，為那些正在追蹤初創公司進展的投資者提供足夠的透明性，還強調他們使用了新技術來創建證書。

津德爾和沃斯進一步暗示了某些非技術性的工作還在進一步展開，來幫助 Linq 的創建，並且表明最終產品將會比設計的更加優秀。因為他們需要一件可以使用的漂亮產品，需要能夠為他們所有的客戶提供，用於解釋該產品的深層次功能。

Linq 正在被六個創業公司和他們的投資者試用。這幾個有限的參與公司，需要能夠通過合法的電子憑證來代表他們股份的所有權，納斯達克稱如果一些初創公司有著複雜的股權結構，便會讓遷移過程變得更長。並且，法律程式會需要在某些州的公司與其股東進行溝通，他們將會發行「非憑證股份」，意味著不再有代表股份的物理證書。在把 Linq 推向現在所有客戶，來進行更大範圍內的測試之前，這些股份流動將僅僅局限在初創公司之內，他們會有權但不是有義務對投資者開啟流動性（交易股份），現在就可以通過 Linq 來完成。

根據納斯達克的闡述，他們的目標是讓整個流程變得更加簡單，以及區塊

鏈技術能夠讓它變得更加靈活和方便，並且獲得更廣泛的應用。他們現在做的事情，就是創造結構化流動性，在整個過程中減少摩擦，客戶就會獲得更多的流動性。納斯達克還暗示 Nasdaq Linq 也許有一天會演化成一個獨立的產品，也許甚至會投入到公開股票交易所中。

## ≋ TØ

### Overstock

Overstock.com, Inc.（納斯達克代號：OSTK）是一家位於美國猶他州鹽湖城的線上購物零售商，以折扣價格銷售傢俱、地毯、床上用品、電子產品、服裝及珠寶等各類產品。《富比士》雜誌將 Overstock 評選為 2014 年最值得信賴的 100 家公司之一。

Overstock 於 1999 年上線，目前共有 1300 多名員工，是 2002 年上市時的 6 倍多。截至 2016 年 1 月 3 日，公司的總市值為 3.1 億美元。最近一個財年營業收入為 15 億美元，與索尼、惠普等供應商建立了良好的關係。此外，Overstock 還有汽車、旅遊、保險、B2B（Business-to-Business）等業務。目前，Overstock 產品已銷往全球 180 個國家和地區。

從 2014 年 1 月 9 日開始，Overstock 正式接受比特幣支付，成為比特幣歷史上的關鍵一刻。這是公司首席執行長派翠克・拜恩（Patrick Byrne）推動的結果，在派翠克・拜恩看來，只有比特幣才能改造華爾街，推動金融改革，從而避免下一場經濟大衰退。

Overstock 與 Coinbase 協作，通過後者的交易平臺接受比特幣支付結算。在不到兩個月的時間裡，Overstock 共獲得超過 100 萬美元的比特幣交易訂單，其中，平均每比特幣用戶的消費水準為 226 美元，高於普通用戶 168 美元的平均消費水準。在所有使用比特幣支付的用戶中，有超過一半（約58%）的用戶為新註冊用戶，這些新用戶此前從未在 Overstock 上進行過任

何消費。

在 Overstock 接受比特幣付款後,又有多家美國大公司相繼跟進,包括戴爾、Dish Network 和新蛋。另據比特幣資料提供商 CoinDesk 統計,目前全球有 6 萬多商家接受比特幣付款。

據派翠克‧拜恩透露,比特幣等數位貨幣的支付成本遠低於傳統管道。例如,比特幣支付服務提供者 Coinbase 僅向 Overstock 收取不足 1% 的手續費,有時甚至接近於零。而信用卡公司的交易費比率通常為 3%。Overstock 還於 2014 年 9 月中旬接受國際客戶的比特幣付款。另外,該公司還將從比特幣銷售額中拿出 4%,用於推廣這種貨幣。

### 裸賣空

派翠克‧拜恩自稱是巴菲特的門徒,拿到了哲學系博士學位,專注於經濟學和法學的他還傾向於自由主義,多年來他一直想要改革華爾街,在他看來,區塊鏈也許是可以實現他願望的一種東西。作為一位奉行自由主義的哲學家,他經常在自己的專案理念中傳達他的自由主義思想和奧地利經濟學派思維。

拜恩提出,區塊鏈技術之於資本市場,即互聯網之於消費者,它的設計提供了一種安全、透明並且可靠的方式,能夠記錄誰在任何時間段擁有了特定的證券。在拜恩看來,它可以取代傳統證券交易所運行的舊系統。長期以來他一直認為,華爾街金融系統的不透明導致出現諸多漏洞,這些漏洞常常被金融機構利用來牟取暴利。其中一個漏洞就是「賣空」投機行為。

賣空是指股票投資者在某種股票價格看跌時,便從經紀人手中借入該股票拋出,日後該股票價格果然下落時,再以更低的價格買進股票歸還經紀人,從中賺取差價。而在「裸」賣空(無擔保賣空)交易中,賣家不能及時借到證券並在標準的三個交易日結算期間向買家交貨的話,將導致該證券「未交付」。

「裸」賣空並不一定違反聯邦證券法或證券交易委員會的規定。證交會指

出，「在某些情況下，『裸』賣空有利於市場流動性」。2008 年，美國證券交易委員（SEC）會出臺規定禁止美國國內「濫用『裸』賣空」的行為，因為這種行為經常被認為與價格操縱、拉低股價有關。

拜恩指責數家銀行和對沖基金在過去串通壓低 Overstock 的股價，最近 Overstock 與美林證券在一起糾紛上達成了和解。拜恩聲稱，儘管法院在其裁決中已經發現大量證據表明，Goldman Brokerage（高盛經紀）本身就從事欺詐，但高盛卻已經在調查期間掩護自身安全撤退了。但這件事並沒有讓他太擔心，因為公司在加密事業上做出了自己的努力。

### TØ 系統

拜恩所提到的他們在加密事業上的努力之一，便是在過去的一年中，Overstock 開發的基於區塊鏈的「TØ」（念 T fita）證券交易平臺。區塊鏈基本上是一個橫跨全球的龐大分散式資料庫，它是由獨立的電腦負責運行維護的。有了比特幣這種代幣，這個帳本可以跟蹤比特幣網路上的交易，此外，它也可以用於跟蹤任何其他有價值的交易，包括股票、債券和其他金融證券。TØ 是比特幣區塊鏈在金融領域中的應用。Overstock 表示：「TØ 使證券交易變得更加公平、透明和方便所有市場參與者的參與。」

對於 Overstock 而言，儘管在其平臺上發行股票還是一個有待求證的想法，但是從根本上來說，TØ 主要工作的內容是進行「交易結算」。特別是面對傳統股票交易市場的現狀，實行的是交易日加三個工作日（T+3）的結算機制，其中的三個交易日，是交易需要三天時間來完成證券的結算工作。而如果使用區塊鏈技術將能夠即時結算，幾乎可以在交易完成的瞬間就完成結算工作。

TØ 的平臺使用了**彩色幣技術**，它允許使用很小一筆比特幣來追蹤資產所有權的機制。例如，一個彩色幣可以用來作為一個標記，證明某個人持有 Overstock 的股權。這個技術將會在比特幣區塊鏈上進行，並且由分散式總帳的區塊鏈技術來確保安全。

拜恩指出，TØ 的一切技術都是建立在分散式、加密保護的帳本上，任何人都可以訪問和審查這個帳本，確保整個市場的公平性。打破華爾街和其他行業的關鍵不在比特幣，而在區塊鏈技術。有了一個自動共用、防篡改的資料庫，存儲資料將不再需要煩瑣的手續和清算機構。為向人們展示 TØ 系統，拜恩在 2015 年 6 月購買了 50 萬美元 Overstock 發行的債券。在隨後的一個月，Overstock 宣佈向 FNY 資本的子公司（紐約貿易公司 FNY 帳戶管理公司）出售了 500 萬美元的「加密債券」。

總部設在紐約的 Clique 對沖基金，就利用這個系統借來 30 支組成道瓊工業平均指數的股票。該交易價值 1000 萬美元，都被記錄在區塊鏈上。與拜恩一起創立 TØ 的約翰・塔巴科（John Tabacco）表示：「這是一筆真正的交易。」他同時還透露，TØ 在過去的兩周內一直促進股票的借出，已有 5 個客戶借出了股票，包括 Clique 基金。

區塊鏈的優勢在於它可以簡化交易流程，提供更加可靠的交易記錄，它也是拜恩與「裸」賣空及與美林證券「戰鬥」的一個關鍵「武器」。2015 年 10 月 15 日，TØ 宣佈 Clique 基金交易已經在其平臺上測試了一種新的加密資產，即預借保證代幣（PAT）。該團隊已經成功在一個交易商進行賣空之前，利用比特幣區塊鏈記錄下了符合美國證券交易委員會規則的商號證據。

拜恩指出，他們推出的預借保證代幣是為瞭解決權益所有者的問題，通過將權益所有者手中的資產放到透明的市場中來保障其收益；這也將能解決賣空者的問題，只要他是在透明的市場中借貸；還能夠解決監管機構所面臨的問題。他同時也承認，相比 10 年前，監管者現在對這種投機行為的打擊力度更大。不幸的是，這當中還是存在「害群之馬」，必須要把這些「害群之馬」消滅掉，這正是要推出預借保證代幣的目的。

SEC 規則 SHO（證券賣空規則）鑒於 1938 年首次通過賣空規定以來的眾多市場發展情況而更新規定，解決持續未交付和潛在的濫用「裸」賣空的問題。拜恩明確表示在原則上同意 SEC，在賣空原則上並不反對走法律程式。

　　利用區塊鏈實施的第一個賣空測試是十足的壯舉。當全面投入營運後，該團隊稱，該服務將在一個「不透明的股票借貸世界」中提供前所未有的透明度。

　　在奉行自由主義理念的拜恩看來，TØ 平臺是第一個「華爾街式」概念的範式。隨著完成賣空測試，表明該系統確實可以運作，不過這一平臺能打破多少傳統金融服務，只有時間才能證明。區塊鏈是人們所遇見的最重要的金融發展成果，當其他人還在觀望這一新技術能否引進的時候，TØ 已經開始行動起來，決心用它來對抗證券借貸中的「暗箱操作」行為。

　　根據 Overstock 2015 年的第四季度季報，2015 年前面三個月時間裡，這家線上零售公司在區塊鏈證券專案上已經投了 320 萬美元。該季報說明它可能將會投資 800 多萬美元用於發展 Mdici，這是它旗下使用區塊鏈技術進行探索的子公司，而區塊鏈交易平臺 TØ 就是它的核心項目之一。為此，首席執行長拜恩在給他股東的信中這樣解釋說，Medici 在 2015 年的成本接近 800 萬美元，當你增加許多要執行多項任務的員工所提供的開銷和服務，以及其他負荷因素時，2015 年的真實成本將會顯著增加。拜恩建議說，該公司正在尋求將其區塊鏈交易平臺從 Overstock 自己的電子商務設施中拆分出來以獲得更廣泛的應用，使股東的利益最大化。

　　為了努力進軍金融行業，TØ 平臺在 2015 年 10 月以 3030 萬美元的價格收購了華爾街經紀公司 SpeedRoute 來協助推進其區塊鏈交易平臺。拜恩表示，這是一個能夠連接美國 11 個交易所和 25 個非公開資金池的路由服務，它已經是美國市場中一個重要的節點。如果需要把區塊鏈引入到華爾街，不是為了建立一個資訊孤島，而是為了讓大家能夠接受它，所以需要購買美國市場體系中的一個節點，然後在上面建立加密技術，這樣就可以符合所有的監管規定，並將其視為互聯網金融技術。他們並不希望成為類似於 Mt.Gox 這樣的公司，想盡一切辦法來規避監管，而是能夠在和 Medici 相關業務上展開進一步的投資和收購。

## ▨ SEC 批准

在 2015 年 12 月中旬，SEC 已批准線上零售商 Overstock.com 通過比特幣區塊鏈來發行該公司的股票。據 Overstock 提交給證券交易委員會的 S-3 申請，該公司希望通過區塊鏈來發行最高 5 億美元的新證券，包括普通股、優先股、存托憑證、權證、債券等。

S-3 申請是一個證券登記表格，允許企業以簡化流程來發佈可公開可交易股票。不同於 S-1 申請，這需要對公司計畫將持有的股票進行 IPO 而進行全面備案，而 S-3 是根據 1934 年證券交易法案（Securities Exchange Act）提出的，對已經符合一定資格的企業而言特別要求的是，一個公司需要至少有 12 個月對 SEC 進行檔案報告，才有資格提交 S-3 申請。

之前，Overstock 已經使用區塊鏈來發行私募債券，這不需要監管機構的批准。而現在，SEC 已告知 Overstock 這家公司，它可以以同樣的方式來發行公開交易證券。根據 Overstock 提交的公開檔案，SEC 已經批准了修訂後的 S-3 申請，允許該公司通過區塊鏈來發行公開交易證券。拜恩從未確認發行公開證券的具體時間，但他表示這將會是他們在 2016 年最為首要的事情。

Overstock 將通過旗下的 TØ 區塊鏈平臺來發行這些公開交易證券，它也計畫為其他公司提供這種「加密證券」服務。需要注意的是，選擇通過 TØ 平臺來發行公司股票的企業，都需要得到 SEC 的單獨審批。

對 Overstock 的批准毫無疑問會成為某種催化劑，因為它計畫向其他企業提供該技術，幫助他們發行自己的加密證券。如果該技術在公眾領域能夠驚豔亮相，也許能夠迫使其他公司也採用區塊鏈技術來發行證券。但是，不能確認的是 SEC 是否還會繼續批准這樣的情況。

**區塊鏈技術有利於大幅度削減發行、追蹤和交易加密證券的成本。**它在金融市場中提供了一個完全透明、安全、可靠和快速的基礎設置。這項比特幣的底層技術也許還能夠防止市場操縱行為，並且成為一種自動運行的系統，

從而完全取代傳統交易所。

目前，TØ 計畫通過區塊鏈來幫助其他公司管理金融證券，並且已經在進行中，除了發行私募債券，TØ 還提供了一種工具可以讓公司通過區塊鏈來進行股票的借貸。這一設計瞄準了美國股票借貸 9540 億美元的市場，消除傳統的中間商，並填補股票結算的漏洞，允許交易者進行股份的「裸」賣空交易。根據 Overstock 和 TØ 的說法，一些對沖基金和其他組織已經測試了這種系統。

## BitShares

BitShares 是一個**工業級的開源去中心化金融智能合約平臺**，該平臺基於 Cryptonomex 公司研發的 Graphene（石墨烯）技術開發。Graphene 是一個開源開發套件，同時也是即時區塊鏈的技術實現，旨在實現一種區塊鏈技術或協議。然而與具體的區塊鏈整合後，比如 BitShares，它逐漸進化為一種生態系統。

BitShares 內置了一個類似於上證所或者納斯達克這樣的去中心化交易所系統，和這些傳統交易所相比最大的不同是，由於 BitShares 是完全不依靠任何人而在自動運行，因此在裡面所有交易的資產、產品可以由任何人創建並交易。

傳統證券交易所的流程是，任何公司如果要將自己的公司股權在公開市場上發售，也被稱為 IPO 過程，首先需要把自己公司的所有資料交給交易所或者相關審核機關進行審查，通過以後尋找券商進入一級市場進行銷售，完成之後就可以在相關證券交易所中開始交易股份。這其中的手續之煩瑣，成本之高昂，相信即使不是在這個行業內的人都是很清楚的。但是去中心化交易所則完全顛覆了整個過程。

任何人只要繳納一定的手續費都可以在上面發佈要交易的資產，不需要任

何其他成本，既不需要去購買伺服器，也不用學習什麼代碼，只要設定自己需要發佈資產的名稱、描述、代碼、數量、交易手續費等就可以。完全由創建者自訂交易手續費，只要在系統中進行交易，系統會按照創建者的設定把每筆交易手續費打入創建者的帳戶中。

BitShares 為商業而生，如同 Bitcoin 為貨幣而生。兩者皆採用分散式共識機制來創建具有全球性、透明性、可信賴的、更高效的系統，更重要的是能為企業帶來更多利潤。

### 系統優勢

首先就是它規避了大多數法律問題，幾乎在全球各國建立集中競價的交易所都是有牌照的，必須受到該國法律法規的監管。但是司法監管的前提是有監管物件，而物件不外乎是人或者是機構這樣的法律實體，而 BitShares 僅僅是一段程式，並且它是存在於互聯網上的一段程式，並沒有特定的國界，所以如果所有人都在 BitShares 上進行交易的話，這個行為能夠規避大多數國家的法律。而且和比特幣一樣，基於區塊鏈技術的程式一旦部署在互聯網上，即使是創始人也無法改變。就像即使我們找到了創立比特幣的中本聰，即便是肉體上消滅中本聰也不會影響到比特幣的運行。

其次是解決了充值上的問題。交易所如何進行充值對於數位貨幣行業內的人而言一直是充滿困擾的問題，並且隨著協力廠商支付牌照被控制在一定數量之內，它們的地位變得越來越重要，它們對商家的審核門檻也變得越來越高。而 BitShares 讓充值不再依賴於一個單個中心化的機構來處理，幾乎人人都可以成為承兌商，人人都可以來交換人民幣／ BitCNY。考慮到目前幾乎所有的國家都將 BitCNY 這些數位貨幣定義為商品（BitCNY 作為一種數位貨幣，中國五部委有明確解釋，個人有買賣數位貨幣的自由），無論是成為承兌商還是與承兌商進行交易都沒有任何的法律問題。

技術門檻也是困擾許多非技術人員的因素。當許多人還在考慮建立一個交

易所應該組建一支如何強悍的技術團隊時，BitShares 幾乎已經將所有的事情幫你搞定了。你不僅不需要考慮技術團隊、代碼，或者連伺服器都不需要。只要下載 BitShares 的用戶端，或者是打開 BitShares 的網頁就可以在上面完全根據你的需要來創建資產憑證，這個資產可以是論壇的積分／代幣，也可以是公司的優惠券／獎券，甚至還可以是某個公司的股票／債券。

由於身份安全往往是和資金監管相關聯的，而傳統的交易所會要求用戶提供各種身份證明，在這種情況下，交易所對每個使用者的資金情況瞭若指掌，甚至有些交易所會因為其他原因私自凍結扣押用戶資金。在這種情況下，大多數使用者都處於一個相對弱勢的地位，而這一切在 BitShares 系統是絕對不會發生的。BitShares 把資金進出的功能交給了承兌商，而承兌商和交易是完全沒有關聯的，在這種情況下你不用擔心自己的資金和交易記錄會被追蹤，所有的資金和交易完全由你操控，更不可能出現凍結之類的情況。

最後，由於 BitShares 本身就是在互聯網上運行，因此其本身是沒有國界的。除了有中國的人民幣承兌商之外，還有國外的美元承兌商。每個人都可以隨時隨地下載用戶端進行交易，使用者可能來自全球互聯網每一個角落。

### 應用場景

論壇或網站的管理者往往會需要發行自己的代幣，這時就可以巧妙地利用 BitShares 來完成。一些論壇管理者如果不願意直接用自己的私人帳號收費，那麼他完全可以先在 BitShares 系統上創建自己的代幣憑證（進入「比特資產」後，點擊創建「創建新的比特資產」），然後直接在論壇上收取 BitCNY，並且收取後根據自己的規則將創建的代幣憑證發給用戶們，或者也可以直接在 BitShares 上銷售這些代幣憑證，需要的論壇使用者都可以隨時購買。

更進一步來看的話，如果該論壇願意和用戶們共用發展的收益，他也可以在 BitShares 上發行自己的論壇股票（憑證），每個購買股票的用戶可以獲

得論壇每月收入的若干百分比，論壇會每月將這些收入按股票比例通過系統發送給股票憑證持有者。這樣的話，願意購買論壇股票的用戶則變成了股東，他們不僅可以在 BitShares 買賣股票並且獲得收益，還能夠自願成為論壇的推廣者，因為論壇的收入越多他的收益也就越高。而在沒有 BitShares 系統的情況下，這些都是很難實現的。論壇不僅可能需要投入力量來建設這麼一個交易所，而且也不能做到像 BitShares 這麼客觀的協力廠商（無法作弊），每個用戶可以公開監督社區的收入，並且能知道論壇會不會私下增發股票之類的欺詐行為。

我們可以再擴展一下我們的想像力，如果某個 YY（同音歪歪，一款免費的團隊傳播軟體）主播（或者是網路紅人「Papi 醬」）願意通過出讓自己未來 10 年收入的一部分，來公開募資讓自己現在獲得啟動資金投入到學習和裝備購買上，那麼她也可以在 BitShares 發行自己的個人股票（理論上只有公司才能發行股票，這裡是一個比喻），如果大家願意看好她的話，都可以購買她所發行的股票，而她可以讓 YY 每月出一張收入證明，並且將收入的一部分按股票比例發送給持股者。這就等於把這位也許很有「星途」的 YY 主播證券化了，她通過預先售出自己未來收入的一部分獲得了現在的啟動資金，而投資者能夠進行可量化回報的投資。當然，對於這位主播而言，更有價值的是獲得了大量的股東，這些股東會自願成為推廣她的粉絲，而粉絲可以在推廣明星的同時獲得收入回報，形成一個良性的迴圈。

從上面的例子來看，這其實已經把「人」當作了一個公司來 IPO，那麼真正的公司也可以通過這種方式來籌資。當一些初創公司需要資金的時候往往會求助於 VC 或者天使投資人，他們之所以不向普通人求助是因為即使普通投資者願意投資，如果金額太少的話，就意味著他們需要花大量的時間向普通投資者募資。當然現在我們有了一個全新的方式，那就是眾籌平臺，但是現在的眾籌平臺僅僅是解決了融資者能夠快速面對大量普通投資者的問題，而沒有解決投資者容易退出的問題。

對於投資者而言，沒有什麼比讓自己的投資能隨時退出更重要的事情了，不管你的投資標的在帳面上能夠漲成什麼樣子，關鍵是要能夠隨時買入和賣出，而現實是只有證券市場能提供這樣的流動性，我們不能私自搞交易所，但是大家需要明白，持有股份是合法的，交易股份也是合法的，而需要牌照的只是集中競價場所，那麼對於一個去中心化交易的市場而言，這一切都迎刃而解了。公司完全可以在 BitShares 發行自己股份的權益憑證給那些投資者，這樣投資者就能夠在 BitShares 平臺上進行自由的交易而不觸犯任何法律問題。

BitShares 取代傳統交易所僅僅也是開始，如果你是一個商家，你可能經常需要發放優惠券或者獎券，如果通過 BitShares 系統（API）來發放，不僅能確保整個環節公正透明，並且這些優惠券能夠很容易地購買和兌現，特別有趣的是那些不需要優惠券的客戶可以把拿到的優惠券在 BitShares 上賣掉，對於商家來說更希望客戶如果不需要可以贈予或出售給需要的人，而不是直接扔掉。在過去要實現交易功能對於商家來說不值得投入巨大的技術開發力量，而對於想出手優惠券的用戶來說，如果優惠券面額不大的話在淘寶上銷售既費時又費力，況且買方也不知道到底購買的優惠券是否真實。這一切通過 BitShares 系統都可以迎刃而解，因為在 BitShares 上的憑證是完全無法偽造的。

如果你是一個藝術品收藏家，你手裡有些價格昂貴的名畫，平時這些名畫肯定是放在保險箱裡，而現在我們也可以把這些藝術品直接份額化，然後每個人持有一部分進行交易。是的，我想你肯定想到了著名的天津文交所，同樣也是有政府監管等問題，各地的文交所被陸續關停。就像前面所說的，任何集中競價的交易所都需要符合政府監管。需要再重申一下，其實持有一部分藝術品是合法的，交換這些份額也是合法的，只有集中競價是需要牌照的，而 BitShares 又一次能夠完美地解決這個問題。

如果你有一個 P2P 借貸交易所，在 BitShares 的平臺上能夠讓 P2P 借貸

資產變得更加具有流動性，不僅在交易中所有的資料無法篡改和透明，更能吸引來自全球的投資者。由於 BitShares 平臺是完全沒有國界的，因此在 BitShares 這個平臺上可以非常容易地進行貨幣交換。目前國內的年化收益率最低也有 3% 到 5%，而在 P2P 借貸的網站上一般年化收益率都在 10% 以上。但是全球其他國家的平均利率非常低，不少國家的利率近乎於零，甚至有些國家的利率為負數。因此，從全球來看這存在一個非常大的套利空間。而在 BitShares 上就可以很簡單實現這樣的套利模式。

在 BitShares 系統中，**預測市場**也很容易實現。一個二元預測市場有一個介於 0~1 的「價格」，代表一個未來時間的兩種可能的結果。需要做的只是創建一個預測市場資產，並填寫準確合適的描述，任何人都可以通過鎖定抵押物來發行該資產。

所以，預測市場資產是一種特殊的市場錨定資產，不需要強制平倉和強制清算，因為無論處於什麼價格，所有的倉位總是滿額抵押的。當預測事件尚未發生時，該資產的價格反映了市場認為該事件結果發生的概率。當事件發生結果公佈後，發行人可鎖定交易，並根據事件結果「價格」發起全域清算。預測正確的參與者因此將獲得利潤。預測市場可以是非常安全的，比如發行人帳戶可以是一個多重簽名的帳戶，持有人包括許多獨立並值得信賴的個人或企業，由他們共同參與管理流程的各個環節。

此外，BitShares 提供穩定的市場資產，例如 BitCNY，它的價值源於通過複雜的市場引擎去跟蹤真實的人民幣法幣，因此它擁有價值相對穩定的特性，例如 1000 BitCNY 即使存儲三個月或者半年，它的價格也不會像比特幣那樣大幅波動。這樣的特性解決了比特幣長期存儲時可能出現的價值損失問題。而 BitCNY 更大的作用是幫助人民幣國際化。人民幣國際化是指人民幣能夠跨越國界在境外流通，成為國際上普遍認可的計價、結算及儲備貨幣的過程。人民幣境外流通的擴大最終必然促使人民幣國際化，使其成為世界貨幣。

# (5) 去中心化電子商務

OpenBazaar（公開市場）是為網上 P2P 交易創建的去中心化網路的開源專案。在 OpenBazaar 平臺上買賣雙方使用比特幣進行交易，沒有費用，而且不會受到政府監管機構的審查。簡單地說，它就是 eBay（易貝）和 BitTorrent 結合的產物。

大多數人已對標準電子商務模式非常熟悉了。一家公司——如 eBay，亞馬遜或者淘寶，它們都會有一個流行的網站，人們會通過這些網站購買或者出售東西。這些公司都是直接控制著網站上的交易的，你不會在這些網站上看到非法或者非道德的商品，因為這些公司不允許這樣做，他們會刪除那些非法的清單。這種模型是一種中心控制的模型，因為有一個中央權力機構可以去決策和控制發生的事情。

現有的電子商務模式即意味著使用中心化的服務。eBay、亞馬遜和其他大公司對賣家實施嚴格監管，而且收取不菲的費用。這些公司只接受類似於信用卡和 PayPal 這樣對賣家和買家都收取手續費的支付方式。他們需要使用者的個人資訊，這些資訊可能被盜取或者賣給其他人，用於精準投放廣告或者危害更大的濫用。因為電子商務公司和政府會審查所有的交易商品和服務，所以買家和賣家不能總是自由地進行交易。

OpenBazaar 為電子商務提供了另一途徑，它把權力歸還到用戶手中。OpenBazaar 將賣家和買家直接聯繫在一起，不再需要中心化的協力廠商來連接買賣雙方。因為在交易中不存在協力廠商，所以不存在交易費用，沒有人能夠審查交易，而且公開個人資訊的決定權在使用者手中。

獨立公司 OB1 成立於維吉尼亞州，目前是 OpenBazaar 平臺上完成度最高的協力廠商提供商。作為建立在 OpenBazaar 框架上的增值服務業務，OB1 最初專注在以下三個核心方面。

其一，主機解決方案：OB1 為提供一個易於使用的協力廠商解決方案，正在與雲伺服器提供商 Digital Ocean 進行合作。

其二，仲裁服務：OB1 希望提供標準合約服務，即在法院具有法律效力，尤其是對高端行業，包括房地產。他們的目標是為不同的需求、商品和服務，提供一個合法的框架以及不同的合約類型。

其三，買家保護：OB1 的目標是提供協力廠商保存服務，以及為買家和賣家提供保險。

當前，OpenBazaar 項目所面臨的最主要問題是使用者的非法交易，由於使用者使用增強式加密軟體 Bitmessage、PGP，以及數位貨幣，OpenBazaar 將無法探聽使用者的交易。OpenBazaar 也無法收集發生在平臺上的活動資料。布萊恩‧霍夫曼（Brian Hoffman）曾表示，他的團隊不認可也不支援將 OpenBazaar 用於非法目的，如果平臺的大趨勢是成為非法用途的「溫床」，那他將遠離這個項目。

OB1 不會將 OpenBazaar 協議給任何機構或個人，用於非法用途的使用者提供增值服務。棘手的問題是，OB1 是如何支援一個開放的協議的，因為他們不受控制，也不鼓勵和贊同，甚至是促進該協議的濫用。

OpenBazaar 一再重申並不想創造「3.0 版本的絲綢之路」，開發負責人布萊恩‧霍夫曼表示，公司絕不會姑息任何對平臺的「不當使用」，然而由於其系統架構分散，又明確表態不干預使用者，如何防範違法交易這一問題尚無結論。

OpenBazaar 將對線上商務產生革命性的影響可能沒錯，但該公司的商業模式也可能成為美國技術產業的潛在威脅。OpenBazaar 的技術本質上是野蠻生長且不可控的，一旦最後為恐怖主義所用，當局可能將啟動更為廣泛的打壓行動，將執法者認為妨礙其職責的其他技術也列入打擊範圍。

# 〔6〕公證和鑒證服務

## ⸝⸝⸝ Factom

Factom 是一個 P2P 網路系統。網路系統中的高端伺服器先創建資料鏈，然後對這些資料進行加密處理，再利用 Merkle root 把其加入比特幣的 Blockchain 裡。第二代數位貨幣中一個里程碑式的成果就是提出了**利用Blockchain，以加密的形式來確保資訊準確性這一概念**，並且在過去的幾年裡這個概念得到不斷完善。然而，Factom 公司另闢蹊徑提出一種比特幣網路之外的新系統。但是這個新系統仍然需要依託比特幣散佈全球的電腦運算能力，使得這些加密認證的消息是對外透明、對外開放的。

如同 Factom 團隊所說，近期新的比特幣應用都在現有的機制基礎上加入了新的機制，以提高交易透明性。公司總裁彼德・卡比（Peter Kirby）在 Reddit 一個有問必答環節中強調說他們團隊已經在和一些有意向的協力廠商接洽，這些協力廠商機構認為該公司的設備可以解決他們的問題。彼德・卡比認為，Factom 公司的首要任務是使得比特幣交易更真實透明。這些真實性經得起任何檢驗──你可以對任一時刻進行的任一交易進行細緻入微的檢查。

保羅・斯諾（Paul Snow）、布萊恩・比爾瑞（Brian Beery）、傑克・盧（Jack Lu）、大衛・詹森（David Johnston）及彼德・卡比聯合發佈了 Factom 公司的白皮書，這份白皮書引用了許多著名評論家的看法，包括乙太坊的創始人維塔利克・比特林以及比特幣開發專家盧克・達什爾（Luke Dashjr）。他們在書中探究了一種新系統，使得與比特幣相關的尤其是與所有權相關的記錄過程，由分散到數位化，由手動到自動化；也構思了一種概念型網路框架，這個新系統可以確保並提高留存在比特幣 Blockchain 裡的交易記錄、檔及其他一些重要資料的準確性。白皮書作者們說，這種做法的優點就是可以利用比特幣的疊加處理能力，同時可以避免對資料的超量運算處

理——所謂的區塊鏈膨脹問題。

儘管這份白皮書承認還有許多要點正在開發中，包括這個新系統的協調協定，但不可否認的是，Factom 革新了當時整個世界對資料的記錄方式，並利用比特幣區塊鏈技術來保護資料安全。Factom 稱他們所採用的方法是可以解決一些危機的，例如美國經濟蕭條過後連鎖產生的抵押貸款債權危機。在經濟蕭條過後，原先在紙上的所有權記錄在電子交易中不幸丟失，從而導致許多地區的房屋所有者被錯誤地剝奪所有權。直到現在，許多人還因為這個記錄丟失而面臨法律問題。

Factom 利用比特幣的區塊鏈技術來革新商業社會和政府部門的資料管理和資料記錄方式。人們能夠利用 Factom 的區塊鏈技術幫助各種各樣應用程式的開發，包括審計系統、醫療資訊記錄、供應鏈管理、投票系統、財產契據、法律應用、金融系統等。開發者能夠創造新的應用程式，並把資料保存在區塊鏈上面，同時不用受到直接把資料寫入比特幣區塊鏈的各種限制：例如寫入的資料速度、成本、大小等。

Factom 維護了一個永久不可更改的、基於時間戳記錄的區塊鏈資料網路，大大減少了進行獨立審計、管理真實記錄、遵守政府監管條例的成本和難度。商業社會和政府部門可以利用 Factom 簡化資料記錄的管理，記錄商業活動，並解決資料記錄安全性和符合監管的問題。

## ▧ Everledger

Everledger 是一個永久存在的帳本，用於保存鑽石證書和相關的交易歷史，為保險公司、持有者、索賠者以及執法集團提供檢驗服務。

Everledger 通過區塊鏈來追蹤每顆鑽石，從礦山開始一直到消費者，甚至更遠。使用區塊鏈技術消除鑽石詐騙，並希望最終使用該技術背後的數位貨幣技術，以解決保險欺詐的行業問題。這將解決長久以來保險行業內長期存

在的問題，並且每年將會節省超過 3 億英鎊的資金，及有效解決鑽石檢測衝突和保險欺詐。

其官網的資料顯示，Everledger 在區塊鏈上已記錄的鑽石達到了 575774 顆之多，Everledger 通過 Eris Stack 平臺，將自己的私有鏈和比特幣的公有鏈結合起來，完成了一種混合模式，使之既可以享受到公有鏈帶來的安全性，又可以實現私有鏈的複雜性和智能合約。

如果 Everledger 有一個 5 克拉的鑽石，就能捕捉到刻在石頭上的序號，大部分鑽石都具有 4 個 C（切割、清晰度等）中所描述的序號。Everledger 就不僅是 4 個 C，而是 Everledger 再取 40 分的中繼資料組成的鑽石。實驗室檢查房間裡的石頭，它們有效地將每個鑽石數位化……Everledger 採取所有這一切和序號及 4 個 C，然後把所有的資訊記錄在區塊鏈上。

大多數鑽石是通過紙或類似物的方法檢測，它的認證可以很容易地被篡改。倫敦是一個主要的鑽石交易中心，而欺詐問題是導致倫敦鑽石市場損失數十億美元的一個重要原因。如果是一個沒有註冊的鑽石，那麼被犯罪分子利用的風險會很高。沒有人知道你的石頭是從哪裡來的，如果你真的把它賣掉了，世界上就沒有人能告訴你它其實是被人偷走的。

當然，也可能通過重塑石頭來扭曲其「**數位指紋**」，但鑽石很難重塑，因為資料指紋包括了其各部分的總和。鑽石重新切割過程會造成大量的浪費，因此，任何企圖改變鑽石，或將一個鑽石拆分成兩個的行為，都會大大降低其價值。除了防止欺詐之外，瞭解一顆鑽石的來源、年齡、歷史可能也是一件非常有價值的事情。

除了鑽石以外，該公司還「積極追求」在奢侈品空間的其他機會。許多貴重物品，從手袋到船，都可以配備 RFID（射頻識別）標籤技術。奢侈品是一個很大的類別，有很多的物品、資金和跨境交易都可以放在區塊鏈，它是一個全球性的業務。

Everledger 總裁琳恩・坎普（Leanne Kemp）表示，保險市場是他們的主要目標之一，他們不會把區塊鏈技術局限在某一個特定類型資產中。

## Stampery

區塊鏈初創公司 Stampery 的目標是為使用者提供生成安全、可靠和無可辯駁的存在性證明服務以及保證使用者的檔和數位通信的完整性。

Stampery 表示已經開發出了基於區塊鏈技術的產品，並已投入運用。並將公司產品整合進廣大使用者所使用的系統中，已經推出了產品與 Dropbox、Box 等整合。Stampery 的願景是未來任何需要公證的地方都能使用他們的產品。隨著未來越來越多的快速和自動化資料公證方式的出現，傳統公證方式將會成為滄海一粟。

作為非金融的區塊鏈應用，Stampery 利用區塊鏈無法篡改的屬性為所有已經發生的事情生成可靠和永不丟失的存在性證明。Stampery 所生成的存在性證明、完整性和所有權在全世界都是有效的、不可改變的，並且可以在幾秒內通過任何獨立的協力廠商進行驗證。這無疑是革命性的成果，因為今天的數學科學使我們不必依賴任何一個中央機構就可以驗證任何發生的事件。

Stampery 利用比特幣區塊鏈技術解決了資料的認證問題，它允許個人和公司證明任何類型的資料，生成精確、可靠和不可更改的存在性證明、完整性和所有權。任何人都可以免費訪問、註冊和使用 Stampery 的服務，使用 StamperyPRO 計畫的使用者需要每月支付 999 歐元，Stampery 將為他們提供每月驗證 1000 份檔的服務。

Stampery 原創可擴展性解決方案允許 Stampery 技術與其他擁有大量使用者的服務相結合，例如 Dropbox，已經有 400 萬用戶。Stampery 已經開發出瞭解決可擴展性問題的解決方案，目前正在為該項技術申請國際專利，這項技術可以實現在幾秒內驗證數百萬份檔。

Stampery 團隊目前正在開發他們的第三個項目，並且該團隊從 1000 多家初創公司中脫穎而出，受邀在三藩市舉行的 Tech Crunch Disrupt Startup Battlefield 大會上做專案路演。

2015 年 5 月，他們推出了該產品的測試版，並多次參加國際密集加速器項目「Menorca Millennials」。

2015 年 11 月，Stampery 宣佈完成了一輪 60 萬美元的融資，由 Draper & Associates 領投，區塊鏈資本公司 Blockchain Capital 和天使投資人迪・安・艾斯諾爾（Di-Ann Eisnor）也參加了該輪投資。同時，Draper & Associates 也是特斯拉、百度以及 Skype 的投資者。

## (7) 開發平臺

### ⟍⟍⟍ Blockstream

Blockstream 是業內第一家旨在擴大比特幣協議層功能的公司，也就是側鏈（sidechain）的擴展機制，公司的重點是允許各種創新在一個開放、可交交互操作的平臺上發生。

Blockstream 兩輪融資共計拿到了 7600 萬美元。迄今為止，該公司的標籤技術一直是它的側鏈產品，目前正處於測試當中，這種技術可以將資產從一個區塊鏈中轉移到其他的區塊鏈中。而鑒於私鏈和許可鏈最近引起的關注，Blockstream 試圖強調，可交交互操作區塊鏈將為比特幣網路添加功能性。公司主要致力於開發開源比特幣區塊鏈的技術，因為比特幣區塊鏈迄今為止還是「最成熟、最安全」區塊鏈服務的基礎設施。

他們的團隊中有比特幣專家、密碼學家、密碼學朋克、企業家，還有來自

商業、政策和開源社區的領導者。Blockstream 的團隊中有多位元都是比特幣協議的資深開發者，因此團隊本身具有極強的技術背景。Blockstream 是一家以營利為目的的公司。他們相信這一致力於用密碼學實現無須信任技術的行業還有巨大的空間 ( 不僅只有比特幣，而是通用計算 )。創建一個中心化的系統越來越容易，但創建一個無須信任的系統所需的技術卻非常匱乏。

他們認為為了激發密碼學貨幣的全部潛能，需要一種建構合理和無須許可的擴展比特幣的方式。作為以數位形式存在的、獨立於任何政府和機構的新型貨幣的比特幣，在發佈以後的五年多時間裡，給了人們許多啟發和靈感。比特幣使金融交易不再需要信任任何協力廠商。

比特幣是第一個建立在加密和匿名的密碼學朋克（cypherpunk，加強密碼學的去管制運動泛稱）技術上，並取得巨大成功的數位貨幣。但必須承認的是，比特幣本身還有很多的局限性。出於安全原因，比特幣開發的速度還非常保守，因此作為一個整體的比特幣系統，其創新速度也是非常保守的，目前所有的使用者必須分享一個單一系統。

由於保守，許多對比特幣必要的修理和被廣泛期待的性能提高目前沒有得到實施。比特幣需要提高的方面包括：協定簡化、擴展性、性能和安全性、原生支持多種資產類型、更多的交易類型和加強隱私和可替代性。針對這些問題，側鏈可以起到緩解的作用，多個側鏈共存是可能的，側鏈可以具有更大的區塊大小和更短的出塊時間，比特幣區塊鏈只需要處理這些不同高速支付網路之間的比特幣轉移。這使得比特幣可以按照人們的需求擴展，而不需要劇烈地增加區塊大小。

**競爭幣**（Altcoin）採用的是為一種新的特性創建一種新的密碼學貨幣的做法，這使得外界認為密碼學貨幣太混亂。競爭幣似乎沒有停止點，每一次分叉後還能繼續分叉，無窮無盡，這造成了市場和開發的碎片化。他們認為，為了取得密碼學貨幣的成功，必須建立網路效應，消除碎片化。他們也相信每個人應該享有無須向他們或者任何人尋求許可，進行自由創新的權利。他

們需要一種不同的方式實現這個目標，而不是毀掉自己已有的成功。

為了實現這一點，他們提出了一種不需要另外創建新的密碼學貨幣就可以創建密碼學網路的技術。為實現這一願景，他們需要繼續投資比特幣生態系統，和比特幣生態系統進行合作，同時還需要得到許多知識淵博且具有專業背景的人的支援。他們感到在比特幣生態系統和全世界範圍內，缺少致力於創建無須信任密碼學架構的公司。這就是他們和與其持有相同願景的其他合作者走到一起建立 Blockstream 的原因。

Blockstream 在未來也許也會開發一些側鏈，但是側鏈是一個開放的理念，任何人都能夠 ( 和應該 ) 使用、開發他們想要的任何側鏈。側鏈非常靈活，各種經濟和技術試驗都能在上面實施。如果開發者打算將一個現存的競爭鏈變成一個側鏈或者與側鏈相相容的競爭鏈，它需要向比特幣進行軟分叉（softfork）或者聯合錨定 (federated pegging)。然後，它們能否成為側鏈，取決於其是否接受競爭鏈的資產轉到或者轉出自己的區塊鏈。如果現在的競爭鏈也想接受其他資產（例如比特幣），與它自身的原生的競爭幣平行，實現這一點的最簡單辦法是進行硬分叉。

他們認為在建立和支持基礎架構方面具有巨大的商業潛力。例如為其他商業公司提供技術和服務，幫助他們轉變到類似於比特幣的做生意方式。現在他們的關注點是創建基礎架構，從而在上面建立能夠盈利的商業，再將獲得資金投入到建立更好的技術上。

據該公司介紹，區塊鏈創業公司 DAH 已經決定使用 Blockstream 技術，以此作為超級帳本的一部分。

Blockstream 的核心創新是側鏈，**側鏈是一種關注提高區塊鏈的技術，分散式信任系統最強大的公用設施**，能夠與其他側鏈和比特幣區塊鏈互相操作的區塊鏈，避免了流動不足、市場波動、碎片化、安全性漏洞和與其他密碼學貨幣相關的欺詐行為。

比特幣的交易存儲在一個透明的被稱為區塊鏈的帳本中。它由一個強大的分散式哈希網路來保證其安全性。側鏈是一個確認來自其他區塊鏈資料的區塊鏈，使得比特幣和其他資產能夠在區塊鏈之間進行轉移，形成一個新的、開放的創新和開發平臺。雙向錨定使得比特幣或者其他資產以一個固定的或者確定的匯率在區塊鏈之間進行轉移。一個錨定的側鏈資產可以導入到其他側鏈中，也可以從其他側鏈轉移回來。

側鏈能夠加強區塊鏈的功能和隱私保護。它們的新擴展能夠支持無數種資產類型，例如股票、債券、金融衍生品、真實和虛擬世界的貨幣，還能夠增加像智能合約、安全處理機制和真實世界財產註冊。

側鏈還可以用於其他事情上，例如小微支付。它們允許試驗和未來側鏈的試驗版本，甚至是一個測試版的比特幣。

## Chain

金融領域的一些大鱷公司，已經投資了一家三藩市區塊鏈初創公司Chain，涉及融資金額達到了 3000 萬美元。投資方包括 Visa 公司、納斯達克、花旗風投、RRE Ventures、第一資本金融公司、Fiserv 公司、Orange SA 等金融巨頭。Chain 首席執行長亞當·盧德威（Adam Ludwin）表示，智慧的區塊鏈網路能夠從根本上改善資產的移動，很高興能夠與這些機構進行合作，也相信各方能夠充分利用這場即將到來的、不可避免的市場格局變動。

這些支持 Chain 公司的投資方，還承諾共同成立一個「區塊鏈工作組」，以促進對區塊鏈應用持續和定期的討論。該工作組預計每年舉行兩次會議。此外，該公司還表示，RRE Ventures 首席執行長吉姆·羅賓孫（Jim Robinson）將加入公司的董事會，而盧德威也將擔任 RRE 的負責人。

Chain.com 正在幫助促進開發一個全新的媒介，並將現存的大部分的金融工具（美元、歐元、股票、債券、信用積分、通話時長）轉換到這個媒介上面。

這些資產已經是經濟中不可或缺的一部分，但是在移動和儲存的時候很不方便。盧德威認為，將世界上的資產數位化是一個巨大的市場，遠大於增強或支持其中一種被稱為比特幣的資產。他寧願在一個產值幾兆億而不是幾十億的市場裡面進行。而且他認為 Chain 比現在做的任何事情都能更直接、更快速地影響人們的生活。

Chain.com 即納斯達克第一個主要的區塊鏈戰略部署的合夥人，並且幫助納斯達克開發了 Linq 系統，是納斯達克為私人股權市場搭建的新平臺，用來跟蹤私有企業股權的轉移。由於傳統方式需要紙面記錄，這一部分很長一段時間以來充斥著無效率。Linq 於 2015 年 12 月記錄了第一單交易，一個私人股權市場的會員在 Chain.com 上發行股票後，被一個使用區塊鏈技術的投資者買下，縮短了結算時間，消除了紙質股權證明的需求。像 Linq 這樣的解決方案，本質上屬於一種市場分隔，既有足夠的價值來證明其實用性，同時技術上已經足夠成熟將其實現，也許將會在未來取得成功。

Chain.com 也在為電信業、保險業和支付業做另外的企業項目。在電信業的一些應用包括了協助電信企業介入金融服務，幫助他們協調漫遊（一個用戶不在所屬伺服器範圍內通過其他伺服器打電話或發短信時產生的）費用的支付（Chain.com 的投資方包括一家電信企業 Orange 的投資）。在保險行業，主要是應用區塊鏈技術於再保險市場（保險人出讓一部分收益將風險轉移給其他主體的市場）。

盧德威把 2015 年描述成以科技和企業的形式把這一專案推向市場的一年，他覺得這一年中有很多關於市場結構以及「誰要第一個行動，誰將會從網路效應中得到最大收益」的問題，這些在起步階段都是不可避免的。他還預估近期 Chain.com 將會幫助 7 至 10 個項目啟動，而且沒有減緩的跡象。如果有的話，該專案會得到更多的行政支援、更多的資金、更多的綠燈。因為任何已有的網路都將會有很多機構來參與，大多數情況下每個網路都會有一個主要的發起機構以及一系列的參與者，這是一個非常現實的可能性，只有極

少數的有意義的區塊鏈網路最終進入市場並獲得網路效應，但在這些網路上有很多的參與者，並且可能會有 50 家銀行。畢竟，在這一領域的企業比專營比特幣的公司有更大的優勢。雖然比特幣是數位貨幣領域應用最廣泛的，但是它的流行程度遠不及那些金融機構，比如 Visa 和 Citi，而這兩者都是 Uphold 的合作夥伴。

## Gem

Gem 公司成立於 2014 年，其目標是開發基於比特幣區塊鏈的 API 產品。在早期為比特幣開發者推出了多重簽名 API，並且會逐漸擴大 API 開發，為區塊鏈應用開發一個模組化平臺，進而應用到多個行業。

但是從 2015 年開始，Gem 宣傳其服務為提供不特定「區塊鏈」的 API，此舉與其他如 ChangeTip 和 Uphold 等區塊鏈公司一致，他們都在最近幾個月裡尋找在數位貨幣中將產品多樣化的方法，而不僅僅局限於比特幣，或者比特幣區塊鏈。

Gem 公司的首席執行長麥克‧溫克爾施佩希特（Micah Winkelspecht）承認，最新的一輪融資發生在這家已成立兩年的公司經營策略發生變化期間。他說，Gem 公司的產品已經變得不再那麼「集中於比特幣」，因為公司正努力進入一種成長中的新型市場，主要在金融企業中研究區塊鏈專案開發的專業知識。

溫克爾施佩希特把公司的新模式與競爭對手區塊鏈 API 提供商 Chain 進行比較。Chain 不再專注於比特幣後，在 2015 年 9 月的 A 輪融資中籌集到 3000 萬美元。溫克爾施佩希特依然堅信比特幣是一種貨幣，但重點在於企業的使用實例及與這些公司一起探索相關產品，這才是 Gem 關注的焦點。

溫克爾施佩希特表示初創公司「總能認識到」他們的產品需要與不同的區塊鏈整合，並舉出 Gem 結合 litecoin 和 dogecoin 區塊鏈的例子。總的來說，

截至 2016 年 4 月，Gem 公司在三輪公開融資中已籌集到 1040 萬美元。在最新一輪的融資中也看到了不少之前參與 Chain 9 月融資的公司，包括數位貨幣集團和 RRE Ventures 公司。

即使 Chain 已經減少了比特幣 API 服務，溫克爾施佩希特也表示 Gem 並沒有計畫停止支持與比特幣相關的合作夥伴，比如 Bitwage 和 Purse。溫克爾施佩希特將這次的重點轉移當成一種明智的決策，他認為，比特幣行業的使用者並不需要接受比特幣基於產品和技術方面的教育。

他聲明這點與新用戶們的想法有很大的不同，新用戶們經常要求更多的時間來學習如何利用技術滿足他們的需求。Gem 的目標不是成為一家諮詢公司，做諮詢的主要原因是客戶需要幫助。幫助客戶建立一個解決方案並順利實踐，需要消耗大量的時間。有了融資資金，Gem 表示公司將尋求增加新的員工來補充現有的工程人員，這意味著將會增加相應的商業支持。

Gem 新策略的核心在於他們相信比特幣區塊鏈不能滿足企業客戶的需求，因為它們不能讓一些特定的使用案例滿意。Gem 還謹慎地表達出，當比特幣工作證明式的挖礦網路和開放的共有演算法成為這種分散式全球貨幣的重要組成部分時，他們可能會限制該技術的廣泛應用。

坦率地說，金融機構並不需要能抵制審查的區塊鏈，他們倒是很需要快速的以及能代表傳統資產的產品。因此，Gem 相信未來將會有許多可用的區塊鏈，有些將側重於解決智慧合約和自動化，有些將側重于面向金融的交易，還有些將側重資料管理。在將來，肯定會出現公有的鏈和私有的鏈，且它們都會取得成功。

## (8) 物聯網和供應鏈

Filament 是一個雄心勃勃的項目，通過使用小型且先進的硬體設備把各

種電子設備，特別是電器放在區塊鏈上來建立物聯網。Filament 能夠讓你在不必成為安全方面、可擴展方面或者網路堆疊方面的專家的情況下，建立一個可連結的模式，即在一個工廠鋪滿感測器或者是控制整個城市的路燈──Filament 的獨立網路可以跨越數公里並且維持數年而不需要 WIFI（無線網路）或者蜂窩網路。

在 2015 年 8 月，Filament 宣佈完成了 500 萬美元的 A 輪融資，投資方是 Bullpen Capital、Verizon 風投和三星風投。

這是電子消費產品巨頭三星的下屬投資部門「三星風投」第一次參與投資區塊鏈行業。之前，三星風投因參與 IBM 的 ADEPT 專案而轟動一時。ADEPT 專案是利用比特幣和乙太坊網路打造的去中心化的物聯網，IBM 與三星選擇了三種協定：BitTorrent（檔分享）、乙太坊（智能合約）和 TeleHash（P2P 資訊發送系統），利用這三個協定來支撐 ADEPT 系統。

Filament 的聯合創始人兼首席執行長艾瑞克‧傑寧斯（Eric Jennings）認為，Filament 是一個使用比特幣區塊鏈的去中心化的物聯網軟體堆疊，能夠使公共分類總帳上的設備持有獨特身份。通過創建一個智慧設備目錄，Filament 的物聯網設備可以進行安全溝通、執行智慧合約以及發送小額交易。

Filament 與 ADEPT 項目在本質上是相似的，不同的是它將針對工業市場，使石油、天然氣、製造業和農業等行業的大公司實現效率上的新突破。許多公司在建立網狀網路或區塊鏈方面缺乏經驗，但他們清楚自己需要連接這些網路以提高效率。而 Filament 就可以為他們提供這樣的解決方案。

Filament 將開發兩個硬體設備：FilamentTap，一個感測器裝置，允許裝置與周邊 10 英里 1 英里 ≈1.61 千米。──編者注以內的電話、平板電腦和電腦進行溝通；FilamentPatch，用來擴展該技術的硬體，可以實現硬體專案的定制。

Filament 表示，通過利用基於區塊鏈技術的堆疊，企業可以更好地管理物

理採礦作業或農業灌溉，而不需要再使用效率低下的中心化雲方案或檔式的老方案。

Filament 成立於 2012 年，公司原先的設想是建立網狀網路上的無線家庭安全系統，後更名為 Pinocc.io。2014 年 10 月，該公司的項目被選入了 TechStars 孵化器，於是又更名為 Filament，並把公司的發展目標定位在工業用例上，實現設備之間的連接。

Crosslink Capital、數位貨幣集團、Haystack、Working Lab Capital 和 TechStars 也參與了 Filament 的 A 輪融資。在資金的幫助下，Filament 表示會擴大公司團隊，從 15 人擴大到 30 人，並且在 2015 年第四季度推出硬體設備。

## (9) 智能合約

### ▨ Augur

Augur 是建立在乙太坊平臺上的去中心化預測市場平臺。利用 Augur，任何人都可以為自己感興趣的主題（比如美國大選誰會獲勝）創建一個預測市場，並提供初始流動性，這是一個去中心化的過程。作為回報，該市場的創建者將從市場中獲得一半的交易費用。普通使用者可以根據自己的資訊和判斷在 Augur 上預測、買賣事件的股票，例如美國總統大選。當事件發生以後，如果你預測正確、持有正確結果的股票，每股你將獲得 1 美元，從而你的收益是 1 美元減去當初的買入成本。如果你預測錯誤、持有錯誤結果的股票，將不會獲得獎勵，從而你的虧損就是當初的買入成本。

許多因素使得 Augur 不同於傳統的預測市場，但最重要的區別是，Augur 是全球化和去中心化的。世界各地的任何人都可以使用 Augur，這將為

Augur 帶來空前的流動性、交易量和傳統的交易所不曾有過的多種視角和話題。

Augur 系統內部使用一種名為信譽（REP）的代幣。REP 可以被看作一種與個人的公、私位址相關的「積分」，像比特幣一樣可分割和可交易。然而，只有這點屬性類似於密碼學貨幣。如果說比特幣模擬黃金，那麼 REP 則是模擬信譽。

Augur 的去中心化還體現在事件結果報告機制上。在傳統的中心化預測市場，當事件發生後，由中心化的人或者組織確定事件結果。與此不同的是，Augur 採用去中心化的事件結果報告機制，從而引入 REP 代幣。當事件發生以後，眾多 REP 持有者對事件結果進行報告。同時，普通用戶無須持有 REP 即可在 Augur 上進行預測、交易。

持有 REP 的人被期望每八個星期對系統中隨機選擇的到期事件／預測的結果進行報告。持有者只需要三個選項：是的（事件發生了）、不是（事件沒有發生）、模糊不清／不道德的（如果持有者認為結果模糊不清，可以將報告推遲到下一期，在最終沒有決議就結束事件以前），報告者有兩個星期的時間來做報告。當然大家都期望這一過程能夠十分快速地進行，當 Augur 普及以後，這一過程將可能在一小時內完成。

如果信譽持有者在兩個星期的投票期內沒有報告指派給他們事件的結果，或者進行不誠實的報告，主成分分析法（PCA）會把懶惰的、不誠實的持有者的信譽重新分配給經常報告和誠實報告的持有者。只有誠實的信譽持有者將從每一投票過程中獲得交易費用。

### 全體預測市場的準確性

※ 糖豆案例

在 2007 年，哥倫比亞商學院教授蜜雪兒·毛布森（Michael Mauboussin）讓他的 73 位學生估算瓶子中糖豆的數量。學生所估計的數量

在 250~4100 個。其實瓶子中有 1116 個糖豆，學生們估計值與真實值 1116 之間平均偏離 700，也就是 62% 的錯誤率。然而，儘管學生的估計很不準確，但是他們估計的平均值是 1151，與真實數值 1116 只有 3% 的誤差。

這一研究以各種形式被重複過多次，結果都與上面相同。Augur 正在將這種群體智慧應用到每一個學科中，從政治學到氣候學，並用利益得失來強迫群體說真話。

※ 潛艇案例

在 1968 年 5 月，美國的一艘名為 Scorpion 的潛艇，在大西洋完成執勤任務後返回紐波特紐斯港口的途中消失了。雖然海軍知道潛艇最後的報告位置，但是不知道 Scorpion 發生了些什麼事情，只知道最後一次聯繫後潛艇大致的前行方向。最後他們將搜索範圍確定在方圓 20 英里，幾千英尺深的區域。這是一場希望渺茫的搜索。人們能夠想到的唯一可能的解決方案是，召集三、四位潛艇和洋流的頂級專家，讓他們判定潛艇在哪裡。但是，根據謝裡·桑塔格和克裡斯多夫·德魯（Sherry Sontag and Christopher Drew）在《盲人的騙局》（Blind Man's Bluff）中的記錄，一位元名叫約翰·克雷文（John Craven）的海軍軍官提出了一個不同的計畫。

首先，克雷文設想了一系列可以解釋 Scorpion 可能發生事故的情景。然後，他召集了一組具有不同背景的人，包括數學家、潛艇專家和搜救人員。克雷文讓他們猜測哪種情景的可能性最大，而不是讓他們彼此商量得出答案。為了讓猜測更加有趣，克雷文采用了下注的模式，獎品是瓶 Chivas Regal 牌好酒，參與的成員要就潛艇出事故的原因、下沉的速度、傾斜的角度等問題進行打賭。

沒有一段資訊碎片能夠告訴克雷文潛艇在哪裡。但是，克雷文相信，如果他將小組成員提出的所有答案彙集在一起，針對潛艇沉沒做一個完整描述，他就能夠知道潛艇在哪裡。這就是克雷文所做的事情。他利用了所有的猜測，

使用被稱為「貝葉斯理論」（貝葉斯理論是計算事件的新資訊如何改變你對此事件原有預期的方式）的公式，判斷潛艇的最後位置。做完這些事情後，克雷文獲得了團隊關於潛艇位置的集體估計。

克雷文得出的位置並不是團隊任何單個成員所猜測的位置。換句話說，團隊中每個成員的猜測與克雷文使用彙集起來的所有資訊得出的位置一致。最後的判斷是一個由團隊整體做出的集體判斷，而不是代表團隊中最聰明的人的個人判斷。這是一個絕妙的判斷。

Scorpion 潛艇失蹤 5 個月以後，一艘海軍船發現了它。潛艇被發現的位置與克雷文團隊猜測的位置僅相差約 200 米。

這個實例的驚人之處在於，這個團隊幾乎沒有任何可信賴的證據，只是一些資料碎片。也沒有人知道潛艇為什麼沉沒，沒人知道潛艇下沉的速度和傾斜角度。雖然團隊中沒人知道這些資訊，但是作為一個整體的團隊卻可以知道這些資訊。

## ⧵ Symbiont

Symbiont 成立於 2015 年初，公司創始人曾經創立過基於比特幣協議的合約幣（Counterparty），創始人有：羅比‧德莫迪（Robbie Dermody，總裁）、伊萬‧瓦格納（Evan Wagner）、亞當‧克雷倫斯坦（Adam Krellenstein，首席技術總監），以及 MathMoney (fx) 的創始人馬克‧史密斯（Mark Smith）。Symbiont 正在建立首個用於**發行區塊鏈智慧證券**（Smart Securities）和交易智慧證券的平臺。

Symbiont 的專有智慧證券技術為複雜的金融工具提供了一個模組，從而使程式設計語言更容易理解，也使分散式總帳全面數位化的過程更加簡單。

如今市場所採用的人工手段很容易出錯，而智慧證券技術能夠數位元化流程並自動運作。與傳統方法相比，這些「智慧證券」是能夠自我加強、自我

執行的合約，大大降低了成本，提高了效率。由於 Symbiont 整合了硬體安全模組安全網（HSMs），監管高層對加密交易機構有了更多的信任，允許這些機構操作交易。

Symbiont 起源於 Counterparty 項目，這些創始人也分別是 Overstock 公司旗下 Medici 項目（現 t0）的前成員。2015 年 3 月，三人所創立的 Counterparty 與馬克·史密斯的 Money (fx) 公司進行了合併。Counterparty 是建立在比特幣區塊鏈之上，早期的數位貨幣 2.0 專案之一。在本質上，它可以允許用戶執行不同的金融應用，而不僅僅是比特幣的 P2P 支付網路，並且它也受到比特幣網路的保護。

Counterparty 是一個針對比特幣區塊鏈的非營利、開源社區驅動的專案軟體套裝和協定。與 Counterparty 的其他創始人羅比·德莫迪和伊萬·瓦格納一起，克雷倫斯坦創建了 Symbiont，一個面向所有機構的軟體提供商，交付智能合約的全套解決方案，馬克·史密斯後來也加入進來。

區塊鏈技術已經在金融界獲得了廣泛的關注，**這種去中心化的公共總帳，將可能改變這個行業記錄或處理事務的方式**。世界各地的一些銀行，都在努力探索將區塊鏈技術用於他們的內部運作中，而一些有遠見的公司，例如 Overstock，已經在嘗試將比特幣的相關技術用於證券清算。對 Symbiont 而言，區塊鏈技術可以通過「智慧證券」或「智能合約」來重塑華爾街的未來。

馬克·史密斯表示，該公司計畫專注於私募股權市場。現在許多創業公司都在避開公開發行股票，而健壯的私募證券市場，可能會是金融的未來。例如 Uber 這樣的公司，已經完成了 K 輪或者 N 輪融資，上市的誘惑力對他們而言，已經沒有過去那麼強烈，其實是可以轉移到其他的證券上的。比如 Symbiont 可以證明，某家企業在比特幣區塊鏈上發行了債券，然後就可以在一個可管理的總帳系統上進行了。

除了私募股權投資，Symbiont 也看到了企業債券市場的潛力。Symbiont

認為，區塊鏈技術在銀團貸款市場是有未來的，其中貸款方可以組團為借款方提供資金，從而分散違約的風險。克雷倫斯坦解釋説，Symbiont 有一個智慧證券系統，它建立在比特幣之上，並且會對執行資料以及交易中公佈的資料進行編碼，然後發佈到區塊鏈上，因此，所有的資料都是在比特幣區塊鏈上的。

**智能證券的重要性**

其一，能夠為任何金融工具類別的複雜機制、現狀與互動建立模組。

其二，能夠執行金融工具的整個生命週期，包括發行、初級市場配置以及二級市場交易。

其三，通過嚴格而強硬的訪問規則，任何市場參與方都能夠瞭解到工具的現狀，並且訪問其公司行為的介面。

其四，平臺的情況及執行公司行為的電腦代碼，都會以一種防篡改的形式公佈在分散式總帳上，使所有相關方都能看到。

# (10) 存儲與下一代互聯網

## ▧ Storj

2014 年 4 月，開源、去中心化存儲平臺 Storj，贏得了美國德克薩斯州比特幣會議的駭客馬拉松獎，獲得了小蟻比特（BitAngles）基金 25 萬美元投資。

雲存儲的未來是去中心化的。想像一下，你能夠通過自動網路出租額外的硬碟空間，並獲得密碼學貨幣回報。由於中本聰的發明和例如 Storj、MaidSafe、Ethereum 這樣的平臺，這一切都能夠實現。現在我們有能力將 P2P 貨幣與例如存儲空間、頻寬、CPU（中央處理器）算力連接起來，例如

Dropbox 和 Google Drive（谷歌硬碟）這樣的雲存儲服務就可以有自己的專屬貨幣。

不同於其他比特幣 2.0 平臺，Storj 決定以「小步走」的方式開發他們的軟體。他們想首先開發小規模的系統，作為原型使用。因此他們開發了被稱為 Metadisk 的拖放文件託管網頁應用。需要注意的是 Metadisk 只是 Storj 平臺的一部分，團隊將會繼續開發更多的網頁應用，例如 DriveShare（用來出租你的硬碟空間），最終形成一個更緊密結合的完整的去中心化存儲平臺。

## ░ MaidSafe

MaidSafe 是一家位於蘇格蘭特倫（Troon）的英國創業公司。該公司認為，當前互聯網存在的問題可以追溯至互聯網底層的架構設計。為解決這些頑症，探索可持續的數位元內容商業模式，保護使用者資料和隱私，以及對抗駭客、惡意軟體和過度監控，答案在於重新開始，設計全新的互聯網架構。

MaidSafe 從 2006 年以來就在開發自己的新網路，並於 2014 年早些時候結束了「保密模式」，開始展示其實用計畫。當時，該公司正在部署 3 個測試網路之一，在不運行任何應用的情況下測試底層網路。該公司在 2014 年第四季度啟動了完整的 beta 測試（一種接受度測試）。最初的測試網路包括 180 個節點，分別位於新加坡、三藩市、阿姆斯特丹和紐約。

MaidSafe 是一個完整的跨平臺、去中心化的自治資料及通信網路。在實際應用中，即是一個無須中間伺服器和資料中心的網路，完全基於點對點架構。因此，MaidSafe 將 Skype 前首席營運長蜜雪兒‧詹森（Michael Jackson）聘為顧問，而 Skype 是 P2P 技術的先驅。

相對而言，這一網路的使用者自身也是網路基礎設施的一部分，需要貢獻出一部分硬碟空間。這一網路構建了激勵機制，當使用者貢獻硬碟空間時將向他們回饋名為「SafeCoin」的加密數位貨幣。因此，正如許多人為了獲得

比特幣而進行挖礦活動一樣，MaidSafe 網路的使用者在提供計算資源之後將可以獲得 SafeCoin 作為補償。MaidSafe 也希望，隨著網路規模的擴大，SafeCoin 的價值也將水漲船高。

MaidSafe 能將網路內的所有電腦聯繫在一起，形成類似巨型電腦的設備，或者稱為「巨型數位大腦」。因此，這一網路將所有節點聯繫在一起，在不需要實際資料中心的情況下，將這些節點變成巨大的資料中心。這是一種能取代資料中心，甚至可以取代大型科技公司的網路基礎設施。這家創業公司還希望重新配置當前的互聯網架構，弱化大型資料中心和平臺所有者掌握的權力及中心地位，將權力重新還給個人用戶。

個人開發者也將從中受益。在 MaidSafe 網路中開發應用的成本將低於採用當前的主機模式，建設一家創業公司不需要支付任何主機成本。AWS（Amazon Web Service, 亞馬遜雲服務）和 Rackspace（全球三大雲計算中心之一）將不再必要。在這樣的網路上進行開發不需要任何前期費用，MaidSafe 的 API 也是免費的。

MaidSafe 網路的使用者貢獻出閒置的硬碟空間，將成為網路節點。隨後，MaidSafe 網路利用大量使用者的空閒計算資源形成互聯的存儲服務，因此存儲功能不會集中於某些專門的資料中心。網路無須任何中間人來提供資料。使用者可以直接訪問網路，而網路也可以直接訪問使用者的電腦。

MaidSafe 是全球首個自主運行、不需要伺服器的網路，並支援自我認證。如果某些節點離線導致資料丟失，那麼網路能重新創建資料。MaidSafe 網路同時也能夠抵禦病毒，無須伺服器，目前沒有其他網路能同時實現自治及無伺服器。

在 MaidSafe 網路中，**使用者使用數位服務時不必暴露自己的隱私，而是只要付出目前並不使用的硬碟空間即可**。相對於當前模式，這是一種更公平、更平等的「用戶端 / 伺服器」關係。與此同時，通過 MaidSafe 網路發送的資

料在本地加密，隨後通過軟體進行分塊，並經由未知節點隨機發送。因此，所有資料以大規模去中心化的方式來存儲，能抵禦駭客攻擊和竊聽。

通過伺服器和資料中心對資料進行集中存儲將帶來問題，即資料非常容易受到攻擊。這些資料很容易被駭客竊取，無論是由於公司追蹤活動還是政府監控，甚至一些政府還會嘗試控制使用者能訪問的內容。因此，基於中間人的方式應當被捨棄。

## ⟋ Sia

Sia 最初的設計目的是：讓雲儲存去中心化。當前，大多數資料由一個中心如 AWS 託管。一個單一的企業掌握著所有的資料，而且資料常常是不加密的。當前，把資料放在雲中需要信任，即必須相信亞馬遜會保存你的資料並尊重你的隱私權。而 Sia 準備建立一套完全不同的系統來把資料放在雲中。即提供一個去中心化的、有獎勵機制的、可抗拒拜占庭錯誤（byzantine fault-tolerant）的雲儲存系統，而這個系統將與類似的中心化系統（主要是像支援 Dropbox 的 AWS S3 這樣的系統）產生競爭。

使用 Sia 時，資料被存在多個存儲供應者的主機裡。Sia 的設置是可以調整的，但系統的標準設定是把一個檔存在 30 個託管主機裡。一種稱為 Reed-Solomn 代碼演算法使 Sia 可以把一個檔分成多個部分，並把每個部分分別存於各個託管主機裡，這樣一來，只要 10 個託管主機就足夠恢復一個檔。這個 10 對 30 的方案意味著檔會有三個備份。假設每個託管主機的可靠性是 90%，那麼這個檔本身的可靠性將達到 99.999999999%。即使託管主機沒有非常好的線上狀態，檔卻有相當好的線上狀態，可以在多個地區間選擇託管主機的能力意味著 Sia 不受地區網路癱瘓的影響。

所有使用者資料在進入 Sia 用戶端的時候都被分割成很多小塊，只留下使用者恢復原始資料的少數片段。敏感用戶區塊被壓縮到 4MB，用於保護用戶

隱私。最後，每個壓縮塊又使用用戶端的金鑰進行加密。主機接收到一個加密的二進位塊，並且沒有關於檔其他部分的資訊。即便是駭客們發現了，他們也仍然需要破解眾多的加密金鑰用以恢復檔。客戶保存有加密校驗，如果主機試圖篡改資料，它將提醒使用者注意。

Sia 平臺嚴格而複雜的加密和去中心化分散式檔案系統可被用於去中心化應用開發。它的 API 使得開發者可以直接在 Sia 用戶端存儲檔，允許協力廠商應用用戶直接訪問他們的用戶端資料存儲系統，並且不需要改變原來的用戶端。

每一個託管主機都受到加密檔合約的約束。當一個檔上傳時，同時形成的合約將確保託管主機只有在完成了預定的時間段裡保管檔的條件後才能拿到支付款。託管主機也需要提交一定的押金，如果一個託管主機沒有完成合約，它不僅得不到支付款，而且還會失去押金。在檔上傳時，上傳者清楚這個系統有很強的抗虛假託管主機，以及這些虛假託管主機會受到很嚴重的金錢懲罰。區塊鏈讓這種合約成為可能。

協力廠商應用和 Sia 平臺用戶都有權發佈在檔存儲上的智能合約。這種特性就使得上傳者和主機在存儲要素上達成共識，包括存儲期限、付費計畫和總額，並且可以將資訊嵌入到區塊鏈中，自動建立一個不可更改的合約。當合約到期時，主機就會提交一個存儲證明至區塊鏈，顯示它仍然是合約定義的檔。如果證明是有效的，上傳人員的錢將被支付到主機，主機將返回抵押品。但是如果主機提交了無效的證明，或者沒有提交證明，那麼所有的錢都將還給上傳者。

### 應用場景

Sia 最大的優勢之一是為雲儲存引進了一種自由市場機制。今天，要成為一個雲儲存提供者意味著要建立品牌、建立信譽，配以客戶服務和支援系統，並且往往需要建立一整套生態系統。Sia 消除了所有這些成本消耗。如果你有

一個硬碟和互聯網連接，你只需要把你的電腦與 Sia 平臺接通就可以開始接受雲儲存合約和業務。其他人不需要知道你是誰或信任你，你也不需要宣傳自己和處理客戶服務事項。

這有些像比特幣的挖礦，你只需要簡單地接通電腦，就可以開始掙錢。有便宜資源的人們可以通過向世界各地提供廉價的雲儲存來謀取巨額利潤。在 Sia 系統裡，沒有一成不變的供應商和隱私規則（因為在 Sia 中隱私是徹底的和自動的），只有一種純粹為儲存和寬頻而建的自由市場。我們相信這會導致現有市場價格的急劇下降。在測試平臺裡，我們已經可以看到儲存的費用非常低（以現在測試平臺中的價格計算，即使使用標準的八倍備份，它的價格也只是傳統雲儲存價格的 3%）。

檔案內容的分銷商（如 Netflix、Spotify, 或 YouTube）能夠通過使用 Sia 的內容分銷網而獲益。當前的檔內容分銷網成本高而且有大量的重複，並且在許多伺服器上運行，且這些伺服器都是由單一中心來控制的。Sia 則能夠給互不信任的託管節點付費並使用加密合約來強制執行市場供求協議，這樣一來，Sia 可以把雲儲存業務外包給這些託管節點。在使用 Sia 的時候，檔內容的分銷網已經被內置於 Sia 之中。它還可以為有爭議的業務提供一定的保護。比如，Comcast 試圖遏制 Netflix 的流量運行。在 Sia 中，所有流量運行都相同，Comcast 將很難篩選並遏制某些流量運行。Sia 的自由市場模式也將意味著對於寬頻密集型的服務業務來說，分銷成本可能有實質性的下降，因為便宜的節點將被優先選用，這也意味著高價的託管節點將可能根本得不到業務（從而增加了降價的壓力）。

未來**超高速的互聯網**還會帶來一些有趣的可能性。一個超高速的互聯網的連接將和固態硬碟連接一樣快。使用 Google 光纖或類似的產品，你的電腦可以不使用硬碟，而可以直接從網上下載所有的東西且其速度和使用硬碟一樣快。你將可以把整個電腦上的軟體都儲存在 Sia 上，根本就不再需要其他諸如硬碟類的儲存方式，並能達到同樣的效果。這意味著你可以在世界任何一

個角落啟動和運行你的個人運行系統和設置，而無須使用任何硬碟設備，如USB（通用序列匯流排）和CD（光碟），你只需一個簡單的互聯網連接即可。這種情況一般不會發生在傳統的運行系統裡，由於其極端的滯後性，如果你能設置一個記憶體磁片運行系統（即整個運行系統在一個記憶體上），並時不時地讓它和雲儲存服務同步，這樣速度就不會因為沒使用硬碟而受到影響。

比特幣的潛在前景之一是**把廣告從互聯網上消除，並用一種付費牆取而代之**。比特幣可以使這種付費牆設施比任何現有的付費牆都更簡單方便。它能使一個用戶只需付零點幾分錢就可以瀏覽一個需付費瀏覽的（但沒有廣告）網站一定的時間，但這個用戶可能再也不會瀏覽這個網站。如果使用比特幣，這種情況可以以一種去中心化的形式來完成，但如果這個網站和這個使用者不需要在同一家付費服務公司裡，他們只需要在同一個去中心化的付費網路中即可。啟動這種服務只需要相當短的時間。然而這裡有一個很大的問題，即從免費服務到收費服務的轉移。即使它已經消除了廣告，但它需要你真的花錢，這會造成巨大的心理障礙，即使這種費用每月不過幾分錢。從心理上講，人們也不喜歡付大量的微小額度款項。

在 Sia 生態系統中，從一開始，這種付費模式就被強制使用。在這個去中心化的系統裡沒有免費儲存，也沒有免費的 5GB（千兆）試用，無論它多麼便宜。小額度的免費使用和 Sia 這種機制不相稱。Sia 上的儲存和使用是儀錶計量付費制。值得慶倖的是，在我們今天的社會生活裡有許多成功的儀錶計量付費的例子。第一種重要的例子是先用後付的模式。你的公用事業公司就使用這種模式。當你打開電燈時，當你洗澡時，當你使用洗碗機時，你的公用事業公司實際上在向你處收取一些少量費用。在一個月的使用過程中，這些小額費用會積累成一筆可觀的費用，但是你已經習慣了這種方式，而且總體上你大致清楚在什麼情況下帳單會比較貴。而你在月底會樂意付水電費。第二種模式是先付後用。給汽車加油就是一個不錯的例子。每次當你開車時，你會意識到你會消耗汽油而且不久就需要加些油，而且加油時你得一次性付

清油費。但你依然樂意開車，因為你知道這是物有所值。

在以上兩個例子裡，關鍵是你並沒有**邊使用邊付費**，而是隔一段時間付一次費。你知道每當你使用時你都在花錢，但你只需在月底付一次錢。當缺錢的時候，你會限制你的消費以免帳單費用過高。這些模式很適應人們的心理條件。Sia 選擇了加油的模式來計算消費。當你開始使用 Sia 的時候，你得先在你的帳上充值（相當於加油），而且你能知道充值後大概可以用多久。當你帳上的錢快用完的時候，你會得到一個「低油量」的警告提示你需要再次加油了。由於 Sia 有內置的付費通道，從未知的伺服器和單位下載資料不需要設置任何的時間。只要上傳者和儲存主機維護者雙方均在同一個全球性支付網路中（這個網路由許多相互並不信任的單位組成），他們相互之間可以進行及時且安全的錢款轉移。這種付費網路可以有利於上傳和下載。

它還完全可以使網上瀏覽的體驗變得更加美好。Sia 的付費網路並不只限於去中心化的儲存業務，而且內容和資料並不需要直接從 Sia 的去中心化網路裡下載。在使用 Sia 時，你可以訪問和管理中心化網站中的付費牆，以便消除廣告並且能夠給網站維護者帶來更多的收入來源。

目前，Sia 的核心焦點是去中心化雲儲存系統，更具體地說，它就是一種去中心化的物件（objects）商店。在這個平臺上，你可以存放和領取各種各樣的檔，並能上傳只由一個散列組成的一個查詢內容。上傳簡單，且保證檔安全簡單，把檔在電腦間傳遞（如你和朋友之間）也十分簡單。尋找你想要的文件也較為容易，而且最重要的是，絕對不會讓用戶擔心上傳的檔是否丟失。

Sia 也發佈了與 Crypti 合作的消息，Crypti 是靈活的後臺應用開發平臺。在這項合作中，Crypti 的工程師可以集成 Sia 的 API，訪問 Sia 的資料存儲用戶端。作為 Sia 去中心化應用開發的存儲層，Crypti 已經集成了 Sia。Sia 提供了 API，可以上傳檔到存儲網路。Crypti 是一個靈活的平臺，可以集成多個後臺，但是 Sia 是第一個去中心的嘗試，允許開發人員創建實實在在的非

信任 Crypti 應用。

　　最開始的 Sia 設計針對安全性、隱私權和資料的完整性。然而在建立這個網路的過程中，Sia 也建立了一個開放的市場，在這裡任何託管主機都可以參加，並且純粹以商業信譽來論好壞。一個託管主機的等級將取決於它的速度、價格和可靠性。託管主機將無須考慮客戶服務、品牌建立或法律條約等成本花費，託管主機只需在一個層面競爭：在技術上誰更好。其結果將是一個高度競爭的、價格不斷趨於下降的、更加可靠的和不斷提速的網路。Sia 的目標不僅僅是最安全的雲儲存平臺，而且還是最快的和最便宜的平臺。在早期，可以看到 Sia 的價格只占傳統雲儲存平臺的 10%~20%。目前，Sia 雲存儲網路售價是每 TB（百萬兆）每月 3 美元。據網站所述，該網路上已經存儲有超過 1TB 的資料。

　　Sia 網路的超級並行性意味著上傳和下載速度可以滿足絕大部分連接要求。大型分散式節點整列意味著 Sia 是一個強大的 CDN（內容分發網路）。廣義網上不存在程式設計邏輯，使得 Sia 在面對電力中斷方面更具靈活性，比如在電力供應中斷和發生自然災害的時候。Sia 網路在具體實現上的各方面都是非常先進的。

　　總之，Sia 是一個基礎設施，它為所有需要遠端儲存的應用軟體打下基礎。類似於去中心化的存儲專案 Filecoin 和 Storj，Sia 的目標是建立一個非信任的、具有容錯能力的檔存儲服務。無論你是備份你的電腦，傳輸你的影視檔，還是同步幾個機器間的檔，Sia 所建立的這個基礎設施在將來可以確保資料的安全。

## ＼＼＼ IPFS

　　IPFS（The Inter Planetary File System）是一種點到點的分散式檔案系統，它連接的計算設備都擁有相同的檔管理模式。從某種意義上來說這個概

念跟 Web 的最初理念很類似，但是實際上 IPFS 更像是互相轉發 Git 目標的單個 BitTorrent 使用者群。IPFS 具備成為 internet 子系統的素質，通過合理配置可以完備甚至替代 HTTP（超文字傳輸協定）。這聽起來已經有些不可思議，但其實它可以做到更多。

IPFS 的開發目前處於 alpha 試驗階段，還沒能替代現存的網站存儲系統。就像其他複雜的新技術一樣，有許多地方需要進行改進。但 IPFS 不是空想，它一直在實際運行著，任何人都可以試著在自己的電腦上配置 IPFS，為訪問使用者提供服務。儘管 IPFS 的開發還不十分成熟，但有人認為在未來，IPFS 將會取代 HTTP。

IPFS 從根本上改變了 HTTP 查找的方式，這是它最重要的特徵。使用 HTTP 查找的是位置，而使用 IPFS 查找的是內容。例如，伺服器上運行著一個檔 https://neocities.org/img/neocitieslogo.svg，遵照 HTTP 協議瀏覽器首先會查找伺服器的位置（IP 位址），隨後向伺服器索要檔的路徑。這種體系下檔的位置取決於伺服器管理者，而用戶只能寄希望於檔沒有被移動，並且伺服器沒有關閉。

IPFS 的做法則是不再關心中心伺服器的位置，也不考慮檔的名字和路徑，只關注檔中可能出現的內容。把 neocitieslogo.svg 檔放到 IPFS 節點，它會得到一個新名字：

QmXGTaGWTT1uUtfSb2sBAvArMEVLK4rQEcQg5bv7wwdzwU

這是一個由檔內容計算出的加密哈希值。哈希值直接反映檔的內容，哪怕只修改 1 比特，哈希值也會完全不同。當 IPFS 被請求一個檔哈希時，它會使用一個分散式哈希表找到檔所在的節點，取回檔並驗證檔資料。

IPFS 是通用目的的基礎架構，基本沒有存儲上的限制。大檔會被切分成小的分塊，下載的時候可以從多個伺服器同時獲取。IPFS 的網路是不固定的、

細細微性的、分散式的網路，可以很好地適應 CDN 的要求。這樣的設計可以很好地共用各類資料，包括圖像、視頻流、分散式資料庫、整個作業系統、模組鏈、8 英寸軟碟的備份，還有最重要的——靜態網站。

IPFS 檔還可以抽象成特殊的 IPFS 目錄，從而標注一個可讀的檔案名（透明的映射到 IPFS 哈希），在訪問的時候會像 HTTP 一樣獲取一個目錄索引。在 IPFS 上建立網站的流程和過去一樣，而且把網站加入到 IPFS 節點的指令只需要一條：ipfs add-r yoursitedirectory。網頁間的連接不再需要人去維護，IPFS 自帶的查找可以解決。

IPFS 不會要求每一個節點都存儲所有的內容，節點的所有者可以自由選擇想要維持的資料。就像書簽一樣，在備份了自己的網站之後，自願為其他關注的內容提供服務，所不同的是，這個書簽不會像以前一樣最終失效。

IPFS 節點間的拷貝、存儲和網站支援都很容易，只需要使用一條指令以及網站的哈希，例如：

ipfs pin add-r QmcKi2ae3uGb1kBg1yBpsuwoVqfmcByNdMiZ2pukxyLWD8

剩下的 IPFS 會搞定。如果 IPFS 得以普及，節點數達到一定規模，即使每個節點只存放一點點內容，所累計的空間、頻寬和可靠性也遠超 HTTP 能提供的。隨之而來，分散式 Web 將會變成地球上最快、最可靠、最大的資料倉庫，人類知識也就再也不會湮滅，亞歷山大圖書館永遠不會倒塌。

IPFS 哈希只能用來表示不可變資料，因為一旦資料改變，哈希值也會改變。從某種意義上來說，這是保持資料持續性的最好設計。但是也需要一種方法來標記最新更新網站的哈希，這種方法稱為 IPNS。

IPFS 哈希是網站通過哈希公開金鑰生成的，相對的 IPNS 使用私密金鑰來

標記 IPFS 哈希的引用，像比特幣地址就是一種公開金鑰哈希。IPNS 公開金鑰指向的位置是可變的，公開金鑰的值則是保持不變的。隨著 IPNS 的引入，網站升級的問題可以順利地得到解決。

由於 IPFS/IPNS 的哈希值都是很長和難記的字串，所以 IPFS 相容了現存的網功能變數名稱稱系統（DNS），即可以通過可讀的連結訪問 IPFS/IPNS 內容。其使用方法是在 nameserver 上創建一個文本記錄，插入網站的哈希值。

IPFS 還計畫支持 Namecoin。Namecoin 從理論上完全實現分散式 Web 的去中心化，整體的運行中不再需要中心化的授權。支援 Namecoin 的 IPFS 不再需要 ICANN、中心伺服器，不受政治干涉，也無須授權證書。這聽起來難以置信，但卻是今天可以實現的技術。

IPFS 在實現上加裝了 HTTP 閘道，使現有的瀏覽器也可以訪問 IPFS。因此無須等待，現在就可以開始使用 IPFS 作為存儲、分佈和搭建網站的設施。

# (11) 其他領域的應用計畫

## ▨ Maker

DAI Bond（Decentralized Autonomous Insured Bond）是基於乙太坊技術的一種可轉讓的、彼此等價可互換的「加密債券」，本質上它試圖在不穩定的數位貨幣上構建出穩定的數位貨幣，原理是通過一部分人來吸收其中的不穩定性從而釋放出穩定的數位資產。如果能夠成功，將在區塊鏈世界中誕生穩定的數位貨幣來大規模使用。

Maker 公司的創始人符文‧克裡斯坦森（Rune Christensen）分享了區塊

鏈技術在銀行業的應用，如把數位貨幣的短期穩定性和區塊鏈的長期穩定性結合起來的一家去中心化銀行。他們相信區塊鏈技術可以通過財務透明保證市場穩定。

DAI Bond 從設計上就保證了參與者在彼此不信任的情況下也能夠正常運行，參與者既無須事先認證，借貸行為也是低風險的。貸券的發行人（借款方）通過在乙太坊區塊鏈上鎖定比特幣、乙太幣和其他加密數位資產作為抵押品來發行貸券，然後再把這些貸券在市場上賣給貸券持有人（出借方）以換回流動性好的資產 / 貨幣。貸券的持有人之所以買入貸券是為了賺取穩定的現金流，這部分現金流來自借款方抵押貸款所需支付的利息。而「做市行」（Maker）作為一個「去中心化自治組織」，為此系統的每一個使用者提供有限的違約擔保，並收取保費作為回報。

### ⸜ Bitwage

就用戶數量而言，Bitwage 是業內最大的**比特幣工薪支付服務提供者**。Bitwage 提供的三種主要類型，即個體工資、雇主薪資和國際薪資，使用戶發放以及接收比特幣形式的工資變得極其簡單。使用比特幣發放工資有以下兩個好處：對於雇員而言，這種方式可靠便捷，取款不需要銀行；對於雇主而言，有助於獲得和留住高品質的人才，解決支付外國員工不方便的難題，而且能節省時間和花銷。

不管他們的雇主是否簽約 Bitwage，個體工資都能為任何員工提供以比特幣形式發放工資的服務。雇主薪資能讓雇主享受到以比特幣發放工資的益處。國際薪資使公司能為來自世界各地的員工提供比特幣形式的工資發放服務，同時為雇主、雇員和自由職業者節省 90% 以上的國際支付手續費，從而使得在整個薪資支付過程中，客戶們感覺就像是在使用當地貨幣般舒適。跨國工薪發放的平均手續費是 8%，正常情況下五個工作日內資金會到位，而且沒有外人知道資金的去向。

Bitwage 正在構建國際收支的未來，這是創造力與時間觀相結合的產物。通過區塊鏈技術來為客戶實現跨國資金轉移，取代了老式的通過數個仲介機構轉移資金的方式，從而避免了被數次收取手續費、交易進度耽擱和資金遺失的風險。因為沒有中間商的介入，客戶可以隨時瞭解資金的動向。Bitwage 使用了區塊鏈這項神奇的技術，並在客戶使用其在銀行之間、雲儲蓄和借記卡轉出和接收資金期間，讓客戶們享受到無盡的好處。

由於整個過程都涉及資金流動，我們可以看一下阿根廷的例子。考慮到他們當前金融系統的運行方式，在阿根廷運行這種支付方式，需要顧客繳納交易額 30%~40% 的交易手續費。這主要是因為官方匯率和實際匯率有較大的出入。非阿根廷國籍的人以美元兌換阿根廷幣時必須或多或少地經過國家的限制，而且要以官方匯率兌換。

然而，阿根廷政府不把比特幣視為貨幣。這意味著你可以將比特幣轉給別人，收款人隨後可以將比特幣從美國「攜帶」至阿根廷，然後在本地的交易所按當地的匯率兌換。所以，在這個案例中，直接將美元轉至阿根廷幣是不合法的，但使用比特幣來發放工資卻是合法的，同時也方便了員工在阿根廷當地的交易所兌換比特幣。

目前，一些自由職業者協同 Bitwage 的雲儲蓄技術在進行這個專案，它能使你的資金以 20 多種不同的貨幣和貴重金屬的形式儲存，包括美元和黃金，然後根據個人需要，以阿根廷幣的形式從帳戶中支出比特幣。

不管是大人物還是小人物，比特幣支持者還是反對者，Bitwage 都將讓他們接受用比特幣支付工資。如果雇主把工資直接打到工資本上，只需要切換一下帳戶，就可輕鬆實現比特幣轉換。

Bitwage 用戶可以任意比例轉換，可以是 100% 也可以是 1%，完全自由。Bitwage 發現，在支持比特幣的公司中，47% 的受訪者對比特幣工資持歡迎態度。2015 年 5 月，Bitwage 對 150 家支援比特幣的公司進行了一次社會調

查，這些公司主要在美國。其中 38 家受訪公司積極回應，18 家公司即將使用比特幣支付工人工資，10% 的公司早已使用。其他受訪公司就未使用比特幣工資做出了詳盡的解釋，其中 18% 的公司表示未來會使用，16% 的公司渴望使用，還有一家公司擔心與之相關的稅收問題。

可以想像一下，如果向菲律賓、俄羅斯和阿根廷的員工以便捷如發短信一般簡易的方式發放工資，當天晚些時候，菲律賓員工就能用剛收到的工資，去為他的孩子買一直想要的球衣，這是件多麼愜意的事。Bitwage 正努力創建一個當前銀行系統和支付方式的替代系統，立志於給人們財政上的自由。

Bitwage 系統希望能夠為全球 25 億人提供最無縫且自動的支付方式，將他們帶入數位金融系統，而且，Bitwage 希望將世界各地的雇主、雇員和自由職業者從緩慢、昂貴且低效的國際外匯寡頭壟斷的深淵中解救出來。

2015 年 4 月，Bitwage 與 Xapo 合作發行了世界上第一張國際比特幣工資借記卡，這是將比特幣應用於上班人群及日常生活中所邁出的一大步。Bitwage 的創始人喬納森・賈斯特（Jonathon Chester）表示，之所以發行比特幣借記卡，是因為目前的比特幣金融圈中缺少了這一環——工資借記卡。一旦某天比特幣被廣泛採用，那麼借記卡必然要成為比特幣金融領域的一部分。

這張比特幣借記卡能夠提供兩方面的服務。第一，它能夠幫助使用工資借記卡的企業減少管理費用，並且減少員工發放工資的等待時間。第二，它能夠為消費者提供更便利的消費服務，消費者只需要在讀卡器上確認一下就能消費，這就省去了在實體店裡使用比特幣的煩瑣程式。雖然此次合作還處於測試階段，但任何在 Bitwage 網站上註冊的用戶都能獲得一張免費的比特幣借記卡。該卡目前已經在 170 多個國家推行使用，並且已經應用於以這些國家當地的貨幣發放工資。雖然該卡目前還不能在美國使用，但是兩家公司保證該卡在不久的將來一定會在美國推廣。

2015 年 11 月，Bitwage 完成了 76 萬美元的種子輪融資。馬克思・凱瑟（Max Keiser）的 Bitcoin Capital Fund 購買了 Bitwage 在 BnkToTheFuture.com 上發行的股票。參與投資的公司和個人包括 Cloud Money Ventures（比特幣公司 Uphold 旗下的風投公司）、Saeed Amidi（Paypal 和 Dropbox 的早期投資人）、法國電信集團 Orange 、Draper Associates 等。在這段時間，Bitwage 還加入了由法國電信巨頭 Orange 在矽谷創辦的創業公司加速器專案。

Bitwage 的創始人喬納森・賈斯特表示，公司將利用這筆資金來建立自己的基礎設施，尤其是擴大公司在歐洲市場的業務。Bitwage 團隊計畫投入一定的資金來提高用戶體驗，簡化用戶整合的過程，讓客戶更容易整合 Bitwage 的技術。那些參加 Bitwage 近期融資的投資者稱讚 Bitwage 具有實際作用，能夠推動比特幣的使用，這也是他們投資 Bitwage 的原因。

2016 年 3 月初，Bitwage 宣佈與一家知名保險公司展開戰略合作夥伴關係。不過，Bitwage 發言人並未透露是哪家公司，只是表示這是一家規模非常大的企業，並且既不被 Coinbase 使用，也不被 Xapo 使用。憑藉 Sun Microsystems 安全部前首席技術官喬爾・魏澤（Joel Weise）的幫助，Bitwage 已實施其安全性原則。

Bitwage 指出，他們的安全標準向 ISO（國際標準組織）與 NIST（美國國家標準與技術）的標準以及「業內金融服務機構的最佳做法」看齊，包含使用者資料的銀行級別加密、嚴格的密碼管理政策、獲得所有敏感性資料與流程的雙重認證以及年度審計（含自身企業總部大樓的實物審計）。Bitwage 的安全性原則與流程正在接受頂級網路責任保險專家的嚴格審查。該企業還曾通過保險公司針對網路攻擊的檢查，並獲得 A+ 的 AM 最佳評級。

Bitwage 宣佈不存儲比特幣清單，也沒有持有客戶資金。這意味著資金只能在很短的時間內被持有。基於此，因惡意行為而產生損失的風險被降到最低。此類支付薪水的方式是個體努力與勤奮工作的絕佳體現。隨著不斷改進

與加強他們的安全計畫，Bitwage 希望以最大的關懷與最高的安全級別來處理整個流程。

同月，Bitwage 表示支持企業借記卡和信用卡發薪系統。用戶可以將借記卡或信用卡綁定到 Bitwage 帳戶，這樣發薪方式就不只局限於比特幣和傳統電匯，這個新的發薪途徑規定每月限額 500 美元。公司創始人喬納森‧賈斯特說，公司對一些收單機構挑選研究，最後確定了一家，但是拒絕透露公司名稱。

公司推出這個服務是針對客戶回饋做出的決策，繼而推動了信用卡和借記卡支付的發展。Bitwage 關注的是，怎樣給公司用戶帶來最大利益，無論是進行國際薪資支付的企業還是使用個人工資表系統的使用者。Bitwage 認為，現有薪資支付市場給企業提供的卡類支付選擇很少，這給創業公司帶來了機遇。鑒於企業需求帶來的機遇和解決方案的貧乏，Bitwage 希望開始探索更多可行的辦法。

與該項目一起啟動的還有 API 項目，並於 10 月進行了 beta 測試。目前，Bitwage 已經整合了 API 專案與員工監控服務專案 Hubstaff。

## Colu

以色列初創公司 Colu 旨在通過區塊鏈技術來分配物品的所有權，致力於讓那些不懂比特幣的開發商和消費者也能夠通過該平臺建立和交換資產，包括從金融資產（股票、債券）到記錄（證書、版權、檔）再到所有權（活動門票、代金券、禮品卡）。隨著平臺測試版的推出，個人開發者和企業都可以根據自己以及客戶的廣泛需求，在 Colu.co 上開發相關的數位資產和服務。

Colu 成立於 2014 年秋天，在很短的時間裡，Colu 就已經與超過 20 家公司建立了合作關係，包括音樂平臺 Revelator、加勒比比特幣交易所 Bitt，以及跨國諮詢公司德勤。

簡單地說，Colu 提供給你一種便捷的方式來使用區塊鏈技術。你可以使用代幣來交易任何東西，從汽車、藝術品到演唱會的門票。比如你買了一張演唱會的門票，一般而言你拿到的會是一張列印出來的門票，但是現在你收到的將是一串亂數（一張加密權杖）用於驗證你購買了的門票，而這是通過區塊鏈來實現的。你將得到一組私密金鑰，然後你就可以訪問到自己的門票。Colu 會將這個代幣置入到一個二維碼內，你可以通過自己的手機掃描後訪問。由於它是數位的形式，你也可以將其傳遞給別人。

Colu 的創始人阿摩司·梅瑞（Amos Meiri）最初從 Colored Coins.org 入手，這是一個為比特幣區塊鏈創建數位資產的開源標準協定。Colu 就是基於這種想法的延伸，它既是開發者的 API 工具，也是一種應用，可以讓消費者訪問現有比特幣框架上的彩色幣（Colored Coins）。它允許你線上購物，然後通過區塊鏈進行驗證。比如你買了藝術品後，就會明白這件藝術品就是你的了，你將得到一個基於區塊鏈技術的代幣證書，而這種數位憑證將比紙張證書保存的時間更為持久。Colu 是一個應用程式，但不是錢包，你需要將代幣存放在其他地方，比如你的電腦或者手機內，又或者 U 盤之類的地方。除了 API 以及消費者應用的功能之外，梅瑞還表示他們計畫推出一個可以讓人們使用區塊鏈技術來買賣貨物和服務的市場。

Colu 的目標就是繼續維護和開發工具以及產品，讓開發商和企業體驗到比以往更加方便簡單地整合區塊鏈技術的方式。由於比特幣區塊鏈技術的不可知性，Colu 也計畫在其他區塊鏈上建立平臺。Colu 在今後將會發佈更多的整合應用，包括金融、記錄和所有權。

2015 年 1 月 27 日，Colu 宣佈獲得 250 萬美元融資，投資方包括 Aleph Capital、Spark Capital、BoxGroup 以及 Bitcoin Opportunity Fund。

Colu 還宣佈與 Revelator 進行合作，幫助 Revelator 建立一個所有權管理 API。Revelator 是一個基於雲技術的資訊提供商，為獨立音樂公司提供銷售和市場情報。在目前音樂的數位化分佈中，仍然存在著一個複雜的權利歸屬

和使用權鏈。這個 API 將為數位資產的發行和分配提供安全管道，包括音樂作品的上市和註冊，並能夠為所有市場參與者收集和提供更高的透明度和效率。

Colu 表示在 2015 年 8 月將推出區塊鏈公測專案，並且與跨國諮詢公司德勤達成合作協定，這次合作將為區塊鏈技術帶來全新的「大市場」。儘管該公司沒有公佈此次合作的細節，但是該專案將涉及 Rubix 軟體平臺，德勤客戶可在該平臺上建立自己的應用程式，包括在區塊鏈上建立票務系統和登記系統。

# 5 區塊鏈在
# 非金融行業的應用
## DECODING GLOBAL BLOCKCHAIN AND INVESTMENT CASES

區塊鏈技術擴展了可被去中心化存儲和記錄的事
物範圍，有意思的應用可能出現在這些相關領
域，如事故、健康資料記錄、日常資料和相關的
認證功能等。「絕不會丟失資料」的理念將改變
社會對身份識別、隱私和安全的看法。

# (1) 區塊鏈 + 醫療行業

## ▨ 解決醫療最大的問題

除了金融行業之外，現在看來受益於區塊鏈技術最大的行業應為醫療行業。因為病人的醫療記錄和資訊在任何時候都是需要予以保密的，而中心化資料庫和檔櫃都不再是個可行的選擇。區塊鏈技術提供了一個可行的替代方案，這是一個能做到完全透明卻又能尊重用戶隱私的方案。在過去，我們經常會由於一些內部失誤，導致患者的資訊被洩露。

考慮到所有和健康相關的敏感資料：身份特徵、疾病情況、治療方案以及支付情況，一個人的健康狀況可能是其最私密的資訊，但是在過去，這些相關資訊往往出現過一次又一次的大規模洩露，導致個人健康資料被流傳到互聯網上。

下面是兩個大規模資料洩露的例子：

Anthem：8000 萬病人和雇員的記錄；

UCLA Health：450 萬病人的記錄。

在這些資料洩露的例子中，往往是由於網路操作的問題引起的，使所有的資料暴露在駭客的面前。一個單點故障就能夠導致所有人的資訊遭到洩露。

而隨著個人健康資料越來越多，不同於如身高、體重、血糖、血壓之類的傳統資料，一些其他重要資料已經到了絕不能洩露的地步。最典型的例子就是指紋資料或者虹膜資料，如果這些資料出現大規模的洩露，會產生非常深遠且具有災難性的影響，考慮到有太多支付方案牽涉指紋支付，也就是說一旦大規模洩露可能會引起金融上的災難。它不同於密碼資料，一旦洩露可以通過大規模修改來避免更大的損失，大多數類似於指紋資料或者虹膜資料是

無法隨意修改的，這產生的影響將會深遠得多。而隨著基因資料獲取變得越來越容易，我們甚至無法估量基因資料一旦大規模洩露可能帶來的災難性後果。

這種破壞性遠比蘋果公司的「明星私人照片外洩」風波還要大得多，如果連蘋果這樣閉源的系統資料庫都可以洩露，其他中心化的資料庫其實同樣都存在類似問題。這其中最大的問題就是由於單點故障，或者單把私密金鑰的洩漏導致資料庫安全防線的整體性崩潰。因此，很多業內人士認為區塊鏈是人類現在能想到的唯一解決方案。

對醫療行業來說，區塊鏈有三個很重要的優點：首先是**高冗餘**，因為每個節點都有備份，這使單點故障不會損害資料完整性。其次是**區塊鏈上的資料無法被篡改**，這對於醫療資料非常重要，醫療資料一旦被篡改很可能會導致重大傷害，而且在區塊鏈上的任何篡改都會留下密碼學上的證據從而被快速發現。除此之外，區塊鏈最大的優勢就是，**區塊鏈技術能做到多私密金鑰的複雜許可權保管**。比如，通過智能合約技術可以設置單個病歷分配多把私密金鑰，並且制定一定的規則來對資料進行訪問，同時必須獲得授權才能夠進行，無論是醫生、護士或者病人本身都需要獲得許可，比如讓只有一個或者多個人同時到場才能打開，還可以和 GIS（地理資訊系統）資料結合在一起，當你在某家醫院時，該醫院的醫生才可以讀取病歷，也可以和時間資訊結合在一起，在某個治療時間段內相關醫生護士才能夠讀取病歷。

區塊鏈的保管方案不同於傳統中心化資料庫的保管方案，第一次不需要依靠相信人或者相信制度來確保安全，完全通過演算法來確保資料庫的安全性。從演算法上就杜絕了由於單把私密金鑰的洩露而導致資料庫的整體崩潰。

對於區塊鏈和醫療健康領域進行結合，其中最令人感到興奮的原因是這完全是一個全新的領域。隨著企業和醫療機構看到區塊鏈技術對於金融領域的影響，醫療機構將會在醫療健康領域中逐漸開始推廣和實施該技術，並且希望獲得金融級的安全和效率。目前，全球醫療市場份額有 1.057 萬億美元，

主要的份額佔有者包括輝瑞（474億美元）、嬌生（163億美元）、亞培（118.4億美元）和諾華製藥公司（494億美元）。匿名交叉競爭引用了大量的動態醫藥資料和歷史醫療記錄，這種競爭也會給藥物發現和個性化醫療開發增加收入源流。

此外，生物識別技術融入量化資料（如運動追蹤器的資料），同樣能夠加入到健康區塊鏈中，區塊鏈技術帶來了許多機會來改善現有流程和商業模式，包括現有資料訪問、通用電子醫療記錄（電子病歷）、數位健康資產保護、健康代幣甚至是基因錢包等。

## ▨ 未來場景

可以先跟隨一名長期患有「蘋果綜合症」（該病是虛構出來的）的患者開始一段區塊鏈旅程。

首先，我們假設「蘋果綜合症」是個非常複雜的病症。這種病不會致命，但是它的症狀會讓人衰弱，可能引起失眠或短暫性失憶。但是它是可以治療並且能夠痊癒的，儘管恢復的過程非常艱辛。

小靜是個「80後」，從事動畫師的工作，是個普通的上班族。某個星期四下午，她剛剛完成一個極具挑戰的場景後就已經筋疲力盡了，她決定休息一下。外面風景很美，所以她準備出門在河邊跑跑步。差不多跑了兩英里後，小靜忽然感覺到噁心和頭昏眼花。她放慢腳步，但沿路走了100米左右就暈倒了。一個迎面過來的跑步者發現小靜昏倒在地上就撥了120急救電話。

當救護車到達時，急救醫生掃描了小靜手腕上的健身手環來檢索她的**健康鏈 ID**（Health Chain ID），這是一個專門用來記錄醫療資訊的公共識別符。當小靜註冊 Health Chain 時，就創建起了一個規則，這個規則規定了誰能通過驗證來訪問她的醫療記錄，她還給這些人命了名。急救醫生結合小靜的 ID 和他們自己的 ID，證明他們是受認可（可訪問）的急救人員。接著急救人員

在 Health Chain 網路中發佈廣播，廣播會自動向小靜的四個緊急連絡人發起警告，要求他們確認急救人員可以訪問小靜的記錄。10 秒鐘後，她的兩名緊急連絡人確認了急救醫生的訪問，急救醫生便能夠訪問她的緊急醫療資訊了。

　　幾個小時後，小靜在醫院中醒過來。她很好，但是很驚訝到底發生了什麼。候診醫生向她解釋說她是患上「蘋果綜合症」了。檢查之後，醫生詢問她是否願意在公共研究庫中分享她的匿名訊息，因為這是標準慣例，她對此沒有疑義。她願意分享她的醫療記錄、剛經歷事件的相關資料和醫生正進行測試的結果。

　　小靜想瞭解和她一樣有「蘋果綜合症」經歷的人以及她究竟如何才能痊癒。於是，她和其他人選擇加入到一個私人網路中來共用資訊。相比於自導式搜索，醫生根據她的資訊進行了一次標準匹配，選出了一批與小靜的重要特徵完全相同的人，包括年紀、地理位置和工作類型。

　　儘管「蘋果綜合症」頻發，治療該疾病的藥物也有所發展，但是康復仍然很難，並且治療的基礎條件不足也沒太引起醫學界的關注。小靜自己對這種情況也做了一些初步的研究，她發現，為發佈治療方案的人提供一些公開的眾籌獎金也許能從根本上解決「蘋果綜合症」的醫治問題。小靜的捐款由一系列智慧合約管理，這些合約在發佈時會提供有條件的治療訪問。與傳統眾籌不同，在她準備使用某個治療方式之前，她的捐款由合約保存在協力廠商那裡。

　　現在小靜對自己的情況有了非常透徹的瞭解。她開始去看專家，專家讓她每天進行體育課程，同時還配合服用知名的治療「蘋果綜合症」的藥物。堅持這兩項對於康復很重要，同時小靜也獲得了保險公司獎勵。通過一個可以追蹤她位置和活動的手錶和可以檢測的藥物來收集資料，保險公司和醫生就能夠獲得所需要的資料資訊了。只要小靜堅持雙方協定的治療方案，所有帳單都可自動支付，不需要紙質的證明。

　　由此我們可以發現，醫療和區塊鏈其實是非常匹配的。同時，還能夠引導以患者為中心的改革，比如我們應該怎麼照顧自己和別人。在我們最脆弱的時刻，我們能夠無障礙地與他人共用自己相關的重要資訊。我們可以預先承諾給我們想要的治療方案進行支付回報，而保險款的支付將在我們醫療行為被證實之後觸發。其實我們的醫療離現代化還很遠，一些高科技還沒有被完全運用到醫療的追蹤、診斷和治療上。如果同時利用區塊鏈的話，那麼就可以大幅度地改變這一現狀。

## ＼＼＼ 飛利浦醫療

　　2015 年 10 月 27 日，Tierion 宣佈和飛利浦醫療集團完成首個合作專案，Tierion 是一個專門從事資料收集和記錄的區塊鏈公司，通過使用區塊鏈記錄搭建了一個資料存儲和驗證平臺。

　　飛利浦醫療保險是一個專注於連接全球數以億計醫療設備運作的企業。目前非常需要大幅改變病人的醫療狀況，但是這一過程需要很長一段時間才能夠被實現。而採用區塊鏈技術也許將有助於實現這一目標，比很多人所期待的更早。儘管該專案的細節尚未公開，但飛利浦全球創新 IT 主管阿倫・萊文（Aron Laeven）告訴記者，「正如我們探索其他的新技術一樣，我們正在探索區塊鏈技術在醫療護理領域中的應用」。

　　在與 Tierion 合作的 6 個月時間裡，對於飛利浦而言，已經取得了不少進展。於是在 2016 年 3 月 4 日，飛利浦醫療宣佈建立區塊鏈實驗室來繼續推進研究。這樣能夠聯合更多其他公司的 IT 專家、醫療保健專家和區塊鏈技術開發者推進這方面的研究。該研發中心位於阿姆斯特丹，專門用於研究新興科技。飛利浦指出，他在尋找合作夥伴和開發者來合作這個項目。公司還特別暗示，飛利浦相信區塊鏈技術適用於醫療保健行業。

　　很多年來，飛利浦醫療已經在該領域上有了一些有趣的突破，使醫療服務

變得更加方便——並且能夠讓人更負擔得起——為發展中國家彌補了這個缺口。但是，這還不是全部，病人健康資訊的即時監測也許才是其中的首要任務。和大多數醫療護理企業和機構相比，飛利浦醫療更重視以人為本，非常重視病人的回饋。通過引領該領域取得更多的創新，讓醫療保健的患者們每天的生活變得更有意義。

所有由飛利浦健康所提供的產品和服務都有可能通過整合區塊鏈技術來獲益。也許這就是 Tierion 所帶來的創新方案，即能夠提供一個去中心化的即時資訊監測方案，它能夠解決以前中心化存儲資料方案中所不能解決的（資訊安全）問題。Tierion 提供的以區塊鏈為基礎的資料方案，同時也能夠給其他行業的企業帶來好處。

## Gem

2016 年 1 月，區塊鏈企業 Gem 宣佈獲得了 700 萬美元的投資來擴展它的企業平臺，並已經和健康行業內多個不同利益相關方進行合作，來評估是否需要區塊鏈技術。Gem 首席執行長麥克・溫克爾施佩希特表示，類似於金融行業，設計一個區塊鏈應用，需要考慮醫療健康行業內多個相關利益者。如果能夠將每個獨立相關方都連結到一個有凝聚力的、可以共用讀寫的資料庫的話，那麼真正的區塊鏈創新將會產生。如果能夠讓保險公司、醫院結算部門、貸款人和病人共同使用一個區塊鏈來管理支付，那麼在整個行業中就會大規模地減少冗餘。

另外，區塊鏈網路絕不僅僅用於解決醫療健康資料保存問題，收付款將會是另外一個發展方向。如果區塊鏈能夠在管理醫療付費的整個過程中被使用，那麼也將能夠管理病人醫療記錄的整個過程。區塊鏈能讓其他多個組織來訪問網路，而不需要擔心資料的安全和完整性。病歷可以被多方進行創建、共用，並且能夠讓多方進行追加更新，這將會重塑整個行業的效率和透明度。

2016 年 4 月 27 日，區塊鏈技術服務提供公司 Gem 發佈了 Gem Health 專案，該專案目的是通過新興科技促進醫療領域間的合作。其首個合作夥伴就是飛利浦醫療，飛利浦醫療會幫助其搭建一個私人乙太坊區塊鏈，來開發企業醫療的應用程式。Gem 希望通過此項目可以鼓勵醫療行業通過區塊鏈技術開發出更多健康應用程式、全球病人身份識別軟體及安全電子醫療記錄。

Gem 正在發佈一個可以讓醫療公司參與實驗及構建跨行業應用程式的網路，來解決不同問題的應用案例。Gem 正在幫助大量孤立運作的公司創建一個良好的合作環境，且正在投資該行業的通信管道和與身體健康有關的專案。

Gem 最初的定位是比特幣初創公司的 API 供應商，而通過此次專案又開發了為企業提供服務的業務。Gem 現在把自己定位於為從事區塊鏈領域公司提供諮詢及匹配服務的公司。Gem 表示，這是一個非常大且非常重要的機遇，醫療健康影響著我們每個人，通過這次機會有可能改變整個行業。

## Factom

Factom 和 HealthNautica 正在尋求安全的醫療記錄和審計跟蹤解決方案。他們通過資料加密寫入比特幣區塊鏈，並且通過時間戳記來確保資料的精確度。這些記錄完全無法被篡改，因為它是寫入到區塊鏈中的，並且在沒有許可權的情況下是無法進行閱讀的。HealthNautica 希望能夠提升賠償流程的處理效率和記錄無法改變的確定性。

## 愛沙尼亞

2016 年 3 月，愛沙尼亞宣佈啟動基於區塊鏈的醫療健康檔案安全專案。愛沙尼亞在區塊鏈投入和應用方面一直要遠遠領先於其他國家，儘管它只是波羅的海的一個小國，但很早就開始與 BitNation 進行合作，將區塊鏈技術應用於居民的身份驗證。並且在 2016 年初，納斯達克在愛沙尼亞的交易所，已

經開始使用區塊鏈進行股東的投票。而這次，則是把區塊鏈應用擴展到電子健康檔案的保管。

　　資料安全初創企業 Guardtime 宣佈與愛沙尼亞電子衛生基金會合作（Estonia eHealth Foundation），利用區塊鏈技術保證 100 萬份病人醫療記錄安全。該基金從此整合了 Guardtime 的無鑰簽名基礎設施區塊鏈技術（Keyless Signature Infrastructure,KSI）和基金會 Oracle 資料引擎，以實現即時查看病人病例。

　　愛沙尼亞早在 1997 年建立這個電子政務系統就引起了人們的關注。其實現方式是在身份證內嵌入晶片，然後國家公民就可以使用 100 多項電子政府服務，例如納稅申報、投票。整個服務過程是即時的，僅僅需要登錄一個網站。愛沙尼亞的電子政務系統內包含了電子病人記錄。而整合 Guardtime 技術的目的就是用「獨立的法醫品質的審計線索」保護這些資料安全。由於駭客、惡意軟體、系統問題等的存在，敏感性資料保護中存在的安全隱患包括資訊篡改、刪除、錯誤升級等。而區塊鏈技術可以保證資料的真實完整，並能完全記錄資料變更過程。

## IBM

　　2016 年 5 月，IBM 的區塊鏈雲服務升級，其目標鎖定政府和醫療保健行業。IBM 研發出一個新的框架，用於保護其雲服務平臺上的區塊鏈系統，並認為它可以幫助金融企業滿足監管和安全要求等限制區塊鏈技術發展的因素。IBM 區塊鏈部門副主席傑裡・柯摩（Jerry Cuomo）說，新的框架是為了「加快」區塊鏈應用步伐，消除這些缺陷和提高開發者的應用體驗。

　　IBM 認為現有公共區塊鏈很安全，只是受限於嚴格的資料保護要求而無法適用於商業領域。商業要求資料一致性，公共區塊鏈有精密的演算法；但是這些架構中的區塊鏈存在變化，也就是說存在兩個版本。而在商業中，這種

不一致是不能容忍的。

　　IBM 相信該框架可以幫助機構創建用於許可型區塊鏈的「安全雲環境」，突破行業的安全和合法性要求，對行業發展極其有利。該框架受益人包括政府或醫療保健服務供應商；因為他們希望利用基於區塊鏈的系統來滿足聯邦資訊處理標準和健康保險流通與責任法案的要求。

### ▨ 美國國會

　　2016 年 5 月中旬舉行的美國國會會議中，經濟智囊團代表提出區塊鏈技術可以完善新一代的醫療衛生資料體系。美國企業研究院（AEI）的斯科特‧戈特利布（Scott Gottlieb）提出，從某種程度上説，要想使美國保險市場有創新和競爭，科技的力量不容小覷。戈特利布建議建立一個在技術上更先進的風險池，能夠實現保險津貼的自動化管理，而 AEI 認為，這項技術就是區塊鏈。

　　一份完整的保險統籌方案，通常包含了民眾的津貼調整和個人醫療狀況等資訊，而這些資訊通常都屬於個人隱私，這就需要完善的資訊登記系統來保障資訊的嚴密性，但同時還要授權其他機構（例如醫院）調取這些資訊。區塊鏈正好符合以上所有要求。

　　過去幾年來，美國大力實施《平價醫療法案》，也就是「奧巴馬醫改」。目的是為沒有醫療保險的美國公民提供醫療保障，建立全民醫療保障體系。這個建議提出後，美國政府目前正在聯合飛利浦和區塊鏈創業公司 Gem 和 Tierion，計畫建立一個區塊鏈研究實驗室，積極研究區塊鏈技術的可行性。

## (2) 區塊鏈 + 保險行業

## ▨ 如何與傳統保險連接

　　人們對於風險的觀念很可能受到技術變革和應用的影響，比如區塊鏈。現有保險行業的主要業務模式就是一個有足夠資金支援的中心組織，並與個人訂立合約關係。而區塊鏈應用很可能會改變保險公司這種提供互惠關係的方法。通過基於區塊鏈的點對點互助保險平臺，**區塊鏈技術可以讓人們更加直接地管理他們的風險，**而且只需要部分資金支援。

　　回顧一下其他行業的共用協作案例（比如 Uber、Airbnb），如果應用於保險行業，這種情況下，保險公司的角色就逐漸轉變為專業諮詢和互惠池機制管理，而不是直接吸收風險。這種技術也可以支援普惠金融，以及個人與保險提供商之間互動的新模式，最終有利於提高客戶滿意度、忠誠度、信任度、透明度和可靠性。

　　區塊鏈技術的出現可以促進**合約自動化**的進程，通過使用智能合約來實現效率的提升，並使某些保險產品隨著時間的推移實現自我管理。另外區塊鏈也可以做到高效地解決索賠和減少保險欺詐——各方都可以使用區塊鏈驗證各方資訊（當事人核實保險的真實性，保險公司審核當事人和事件，如車禍、期債行為等）。這將極大地提高彼此的交互信任。此外，這種互動式的保險也會增加對保險的需求和傳播，減小保險行業中再保險的概率。

　　區塊鏈技術可以提高保險產業的安全性，並且將極大地降低保險公司的經營成本。根據美國財務部的統計，至 2012 年底美國保險公司持有 7.3 萬億美元的總資產。由於保險公司持有極大的資產，而要管理這些資產所付出的成本恐怕也不容小覷。因此，區塊鏈對保險行業的應用，將有著重要的經濟意義。

　　現階段，有三個領域值得主流保險公司關注。

　　第一，他們可以試著建立私有區塊鏈，不與比特幣或者其他區塊鏈連接，作為抓手與客戶和監管機構討論未來將如何發展。

第二，他們需要探索私有區塊鏈如何營運和收費，可以在不同協議和經濟機構上做實驗。

第三，他們不但應該嚴格審視現存資訊技術架構，而且應該審視他們現有的和未來的產品，看看產品和風險管理方面，哪些地方可以使用區塊鏈技術或者相關應用進行改進。每一家人壽保險公司的核心系統都是一個居於核心地位的，龐大的中心交易帳戶。最起碼作為今天集中式資料庫模型的可能替代方案，區塊鏈值得保險公司在技術上進行評估。

大多數保險公司並沒有準備好在區塊鏈技術上進行實驗。他們發現比特幣或者數位貨幣理解起來很困難。而非保險機構更可能首先創建保險或者與保險相關的應用。保險方面的區塊鏈應用很可能從數位身份識別系統和個人資料管理開始。

區塊鏈與個人保險相關的有四個不同業務領域：身份認證、空間、時間，以及互動。其中每一個領域，都將給保險行業提供一個新機會。

### 1. 身份認證

區塊鏈技術和相關應用能夠改變我們管理數位身份標識、個人資訊和歷史的方式。通過基於去中心化區塊鏈，結合保存記錄的公開帳本，以去中心化和密碼學的方式，保護隱私的力度足夠和政府所使用的身份管理方案相媲美，協力廠商機構比如保險公司甚至是分散式聲譽評級機構都需要獲得使用資料的許可。政府身份管理方案通常是比對多個資料庫，或者使用指紋等生物資料。

這個身份解決方案能夠填補數字身份驗證和認證方案之間的空白。目前已經有很多團隊在努力研究類似的可識別驗證的身份系統。社交媒體網路也正在尋求數位元身份的方式，但是通常不能滿足大多數無須驗證的基本信任需求。目前出現了不少數字身份的方案，包括 OpenID 連結，這是一個將身份

協議層和認證伺服器結合的方式，在不需要持有和管理密碼的情況下，能夠讓各類客戶（包括開發者）跨網站和應用來請求和發出認證資訊。政府部門也在建立自己的數位身份系統和驗證流程。以英國政府為例，在 2014 年 9 月其推出 Gov.UK 驗證，這是一個公共身份驗證服務，使用收信人的網路和協力廠商服務提供來替代目前的中心化資料庫，該系統目前還在測試中。愛沙尼亞營運一個數字身份的方案已有十多年，目前計畫將該方案擴大到非本國居民，如果其他國家也能夠通過它進行識別，那將使該方案不再局限在單一國家。

　　使用數位身份系統的主要問題是，它是否可以被信任，並且能夠被廣泛使用。在實踐中，以區塊鏈為基礎的身份方案可以建立一個去中心化協議上的分散式應用，使用仲裁員方式（如預先設定專家認證檔或資訊資料）或者使用不同資訊源（包括政府資料庫）來交叉確認資訊安全。這個應用還能提供更多額外的功能，包括個人資料存儲、為外部提供認證框架，甚至是信譽評級。

　　這些功能可以擴展到已經被開發的私人資料（例如 Meeco，這是一個免費廣告平臺的私人資料管理解決方案）。集合驗證和個人資料管理功能，通過去中心化管理和安全的區塊鏈技術可以建立身份管理的全新框架。如果成功的話，這種身份識別方案可以消除政府在身份認證、存儲和管理方面的壟斷。此外，將可以讓個人能夠存儲和管理他們自己的資料，還可以訪問個人歷史記錄。

　　個人不再需要可信的協力廠商存儲或者管理他們的資訊。這些應用可以減少識別和聲明欺詐，增進對產品的信任，降低費用，從而提高市場佔有率。區塊鏈技術擴展了可被去中心化存儲和記錄的事物範圍，有意思的應用可能出現在這些相關領域，如事故、健康資料記錄、日常資料和相關的認證功能等。絕不會丟失資料的理念將改變社會對身份識別、隱私和安全的看法。

　　首先，個人身份識別和驗證，以及資料管理對於許多行業都有莫大的好

處。在保險領域也是如此，數位認證可以讓保險公司和個人之間更好地管理大資料和歷史記錄，讓這個過程變得更加直接和有效率。隨著時間的推移，因為身份問題導致的欺詐風險將會降低。區塊鏈技術可以促進個人醫療健康的記錄存儲和管理並且幫助個人來管理類似於醫生訪問這樣的協力廠商存取權限。其次，區塊鏈可以支援醫療共用資料的研究，通過匯總區塊鏈上個人自願提供的健康檔案資料來為研究提供龐大的樣本，這樣區塊鏈匿名的優勢就能夠體現出來。最後，區塊鏈可以為保險、測試結果、處方、轉診證明等各類健康相關的資料證明。這種資料驅動的分散式方案對保險公司、產品和流程是非常有利的。

就目前而言，訪問和控制自己的資料變成越來越敏感的問題，增強個人存儲、更新和管理訪問他們的資料的功能變得越來越有吸引力，尤其是涉及醫療保健方面。假設你有一個便攜的、安全的、全球可用的個人資料存儲在區塊鏈裡，任何時候都可與可信的協力廠商分享健康記錄或者駕駛記錄。你可以將健康記錄提交給一位元新醫生或者得到一個人壽保險報價，或者可以將駕駛記錄提交到機場櫃檯，從而獲得汽車租賃安全折扣。你的個人資料存儲記錄也許包含你的生物特徵資料，這樣你就可以在任何時候證明自己的身份。

### 2. 空間

在空間方面，區塊鏈是在電腦網路上以分散式形式存在的，它們可以分佈在全球網際空間的每個角落。區塊鏈技術能夠重塑個人和空間之間的不同作用，也許將會進一步模糊本地和全球之間的差異。區塊鏈技術和相關應用，本身規模和影響範圍就是全球的。從用戶的角度來看，唯一的要求就是擁有一台可以接入互聯網的電腦或者移動設備即可。與此同時，區塊鏈應用程式能夠滿足全球各地任何人的特殊需求。

這個空間領域的雙重關係可以讓保險產品以兩種方式存在：一是通過擴大保險產品的空間範圍；二是通過調整保險覆蓋範圍和具體地點時間來調整價格。前者可以讓保險產品之前不具備的金融包容性成為可能，例如在某些地

方沒有足夠強勁的市場需求，或者沒有足夠的質量數據支援（如信用資料）。後者表明區塊鏈技術能夠作為「大資料」解決方案的一部分，包括能夠遠端連接設備（物聯網），通過更加全面的資料，以及橫跨空間和時間來進行深入分析，實現即時地調整保險範圍和價格，這樣可以極大地提高效率。

　　傳統的保險模式是非常中心化的，有固定的範圍（如一個保險企業總是有固定的國家、市場、地區）。區塊鏈技術可以實現「去當地語系化」，點對點的商業模式和互助保險，都讓位置這個因素或多或少變得不再這麼重要。好處是，人們彼此能夠使用強大的技術來建立合約，也可以更容易地建立本地企業保險。同時許多地區的車輛可以共用來自全球的準備金或者再保險服務。

### 3. 時間

　　區塊鏈技術的「**時間戳記**」能夠記錄區塊鏈整個時間週期內的交易記錄和「交易值」。區塊鏈和時間之間有兩種相互作用需要區分。

　　第一，區塊鏈技術能夠增大時間的範圍並增加各種可能性，如能夠將過去保險合約的時間分成多個部分，並且讓多種產品進行組合。例如，就像前面所指出的，分散式應用能夠根據情況，進行自我管理，即時調整保險覆蓋範圍和策略。此外，區塊鏈技術能夠讓多種保險產品具有不同的時間跨度，例如建立超短期保險合約或特定時間範圍的保險合約。因此，區塊鏈技術能夠縮短時間週期，通過裁減不同保險產品的時間來施加影響。

　　第二，有一個看起來和第一個特點相反的優勢，區塊鏈技術由於能夠讓記錄在區塊鏈整個存續時間內進行保存，所以讓人感覺似乎會是永久不變的，時間像是被延長了。這些記錄是不會隨著時間而更改的，但是其內容（所記錄的交易）可以進行轉移。例如，記錄在區塊鏈上的資產資訊是無法篡改的，而且是永久地保留，但是這個資產是可以轉移到其他使用者那裡的，這些記錄的長久存在和精確度，可能會讓人改變對於長期合約的看法，會極大地增

強對於長期保險合約的信心。

通過分散式應用，自我管理的風險協議能夠跨越時間和空間，調整保險覆蓋範圍來施加影響。最大的挑戰是如何能夠創建正確的區塊鏈保險模式，一開始我們可能會從最熟悉的風險（如車禍）和相關的保險產品（汽車保險）開始入手，或者有機會擴展這些風險，例如共用經濟帶來的 Uber 和 Airbnb 這些全新的商業領域。

### 4. 互動

建立於區塊鏈之上的智能合約，使投保人能夠自行管理自己的保險產品。智能合約能夠自動有效地處理保險過程，改變相關公司的業務方式。區塊鏈技術可能有助於保險業中的主要模型由風險共擔向替代型風險管理模型的轉移。基於區塊鏈的風險管理模型，可能包括自管理、風險管理協議，點對點保險平臺，甚至是充分的資金解決方案。

假設有些人現在可以創建他們自己的風險池系統。這些可能是即時的微保險或者微互助，是一種對於保險的互助經濟嘗試。廣大家庭可以互相提供互助健康保險，這種保險包含聯合互惠安排，可能是不相關的中國鄉村健康計畫或是一個標準的國際再保險產品。這個再保險產品是由一個全球再保險公司專門為這些家庭計畫而開發的。如果保險公司不再需要為風險設立基金呢？比如，人們可以更容易得到可調整的賠付資金池，以反映風險水準的變化。失業保險可以融合教育貸款和終身協議，這樣年輕人就可以得到教育方面的資金支援和失業方面的保險支援，與此同時，他們上班時工資薪金的一部分就被用於覆蓋其他人的風險了。

### ▨ 保險 DAO

更徹底的是，基於智能合約的「炫酷產品」最可能應用於保險新領域（比如互助保險產品），或者應對由區塊鏈技術應用而興起的新風險（比如數位

資產保護），而不是替代已有的產品。

基於區塊鏈的保險業解決方案，也可寫成一組規則，並轉變成一個DAO，使消費者能夠不再依賴中間人。區塊鏈技術將最終促使保險公司社會角色和功能的變化。例如，通過分散式微型保險解決方案，人們可以獲得價格合理品質相當的保險產品；或者通過擴展保險產品，為之前被排除在外的人群提供足夠的身份管理和資訊管理功能。隨著時間的推移，區塊鏈技術也將進一步擴大保險市場規模。傳統保險行業也能通過區塊鏈智能合約使某些產品達到自動化。

在這個新的商業模式中，保險公司關注的焦點會由資產管理（而不是供需匹配）轉變到風險計算研究。保險公司會提供一個類似於市場的平臺，在這個平臺上消費者可以説出他們的保險需求，可以是標準化的產品或是某一特殊需求。保險公司會根據歷史資料，使用其「風險智慧」或風險模式，在減去保證金之後，根據保費計算方式計算出預期回報。在公佈保費計算方式之後，感興趣的投資者可以競標或訂購想要的保險服務，也可以通過集體眾籌或個人P2P的方式。這都取決於保險需求的種類、投資者可用資源和他們的風險喜好。

除了去中心化帳本中的管理，若客戶提出保險索賠要求，通過使用智能合約，可以確保投資者能夠償付給客戶。智能合約被設定為傳統的保證書，但是不需要經過銀行。通過區塊鏈技術，管理和執行過程也會變得更簡單，傳統公司的業務更加透明，成本更低。保險公司同時可以驗證保險索賠的有效性，可以通過連接區塊鏈到其他帳本，以及外包給協力廠商，這樣就可以自動驗證了。

在這個模式下，在保險市場下智慧合約的使用範圍就不會局限在P2P的保險形式下了，而是幾乎可以應用在所有保險形式中。如果一個人聯合所有願意通過眾籌模式投資的投資者，就可以減少緊急事件對每個投資者的影響。

這個新的商業模式對所有人來說都是有利的，包括保險公司、投資者和消費者。資金可以留住投資者的客戶，反過來說，保險公司可以通過少量的資本甚至不需要資本進行操控。保險公司作為市場和風險智慧的供應商，可以獲得許多好處。與 P2P 借貸公司有相似模式的公司不需要監管許可證，甚至都不需要任何證書，只需要得到監管者的許可即可。平臺開發可以按次計費外包給協力廠商，讓公司更加智慧，最終成為一個精簡有效率的組織。從投資者的角度來看，這給精簡組織帶來了新投資，同時也有更高的回報。私人投資者也可以加入市場，投資者會對金融風險有更清晰的認識。最後，對消費者來說，由於有大量投資者競標、訂購，以及較少的操作成本，保險費用也會更低。這個模式可以讓消費者更容易選擇適合的保險，同時智慧合約可以使支付更安全。

當然，這個模式要面對許多挑戰，最大的挑戰之一就是監管者是否允許這些新的有效率的方法在市場中存在。從投資者的角度來看，在償付高額費用時，為了分散風險，保險公司需要讓大量的人參與進來，同時在面對特定保險時，還需要有一定的靈活性。至於風險計算，由於保險的特殊性，保險公司需要正確計算風險回報率，這對消費者和投資者來說都是非常有吸引力的。消費者的角色也很重要，因為他們需要在沒有協力廠商的情況下信任這個有區塊鏈的系統。

但是，總的來說，這種商業模式是非常有趣的，同時可以帶來許多好處，可以創造一個真正的 P2P 眾籌保險公司。有人認為，如果這種商業模式一旦被充分開發，也許就不再有傳統的保險公司了，全新的區塊鏈保險 DAO 會成為這個行業至關重要的商業角色。

## USAA

美國保險巨頭 USAA 開始投入資源來探索如何將區塊鏈技術融入其基礎設施。目前，USAA 處於早期階段，正在瞭解分散式的開放總帳如何能夠應用

於其業務中。

公司雖然尚未確定要如何實現該技術，可能會研究區塊鏈如何才能分散公司的後臺營運，但卻表示出該公司對區塊鏈技術有著「濃厚的興趣」。

USAA 進軍數位貨幣行業開始於 2015 年，當時 USAA 參加了 Coinbase 的 7500 萬美元的 C 輪融資。USAA 表示沒有任何計畫接受比特幣作為貨幣，但是看到了區塊鏈可以以某種形式應用於 USAA 的潛在途徑。2015 年 11 月試點方案出臺之後，為了擴大比特幣技術融合，2016 年 3 月，USAA 宣佈所有帳戶持有人都可以從 USAA.com 介面進入 Coinbase 平臺查看帳戶餘額。據 USAA 報導，這次試運行很成功，手機端應用可能很快發佈。USAA.com 和 USAA 手機應用都是首次實驗的一部分。

USAA 投資合夥人喬恩·喬拉克（Jon Cholak）說，自己很早就已經支持這個項目了。他表示，「USAA 的傳統就是善於走在新技術潮流的前瞻，我們要開發的項目是金融服務業最先進的」。

## ▨ SafeShare 保險公司

2016 年 3 月下旬，SafeShare 保險公司宣佈推出基於區塊鏈的保險服務。SafeShare 是一家保險服務公司，針對共用經濟商業模式，推出了一個新的以區塊鏈為基礎的保險產品。

區塊鏈技術存儲了重要的加密交易資料，並且是安全的。存儲在區塊鏈裡的資訊主要用於負責執行交易和防止重複支付。比特幣區塊鏈使用 SHA-256 加密技術保證資訊安全。

SafeShare 是新時代的保險解決方案供應商，位於英國倫敦，屬於 Cornerstone Insurance Brokers Limited（基石保險經濟有限公司）。SafeShare 專門為新成立的共用經濟商業模式提供保險解決方案。像 Airbnb 和 Uber 這樣的應用程式現在很流行。它們都是以共用經濟商業模式為基礎，

以個人名義提供服務，通過應用程式或平臺來運行。

　　這些商業模式（如果可以這樣稱呼）需要及時劃分保險責任範圍，當新客戶出現時，以提供保險解決方案為基礎的 SafeShare 就是這樣做的。根據亞曆克斯‧斯坦因阿爾特（Alex Steinart）表示，SafeShare 使用的區塊鏈技術是由 Z/Yen 集團創建，使用 MetroGnomo 開通「時間戳記」服務。當維護投保交易時，可以及時幫助公司提供保險產品給客戶。

　　SafeShare 通過區塊鏈提供的保險解決方案是由勞合社（Lloyd's）通過 24 小時理賠熱線簽署的。除了提供及時便捷的保險方案外，比特幣技術同樣能幫助保險公司降低成本。

### ▨ 安永會計師事務

　　2016 年 4 月 15 日，安永會計師事務所發佈了名為《區塊鏈技術作為數位化平臺在保險業的應用》的報告。

　　保險公司一直以來都對採用顛覆性創新技術不甚積極，其創新戰略唯一的目的就是維護客戶和企業的最大化利益。目前這些企業紛紛開始探索區塊鏈技術，認為該技術的去信任系統可以真正帶來長期的戰略性利益。因為它能提供安全的去中心化的交易；精準及時的變動通知可以降低風險，增加資本機遇；降低營運成本；提高企業管理水準。隨著技術進步，保險公司控制的活動應該慢慢轉變為全新的數位元化模型，其技術基礎設施也就要相對升級以適應新的生態環境。

　　新的分散式技術降低了保險公司的技術應用障礙，對現有金融模型構成了一些威脅。區塊鏈技術的潛能可以帶來前所未有的行業透明度和可靠性。

　　安永認為，對保險業而言，區塊鏈主要提供了四大機遇：詐騙探測和風險預防、數位化的投訴管理、新的行業顛覆和資源配置、網路安全責任。儘管區塊鏈技術在保險業的應用前景很好，可是像所有新技術出現的初期階段一

樣，該技術的可擴展性、實施技術、與企業和政府機構的實際融合都引起了行業的擔憂。

監管者擔心的是：基礎設施還不完善，會給現實技術融合帶來隱患；區塊鏈技術人員專業性不夠，難以保障各方利益；損失控制機制標準化也還在完善中。

保險公司主要的擔憂是：該技術的擴展性以及與現有系統的相容性、風險管理、計畫制定和時機把握。

市場的主要擔憂是：中心化基礎設施的減少帶來高額的監管成本和複雜性；技術發展可能使強制性、規範性監管變得低效；市場需要彈性的審慎監管；歐盟委員會計畫提高資料和隱私保護標準；消費者資料控制方式會改變。

總體來說，金融服務機構應該繼續加大對該技術的探索和開發，創造出適合行業發展的應用。安永也專門成立了核心團隊，為企業家和保險公司的發展提供機遇。

## John Hancock

2016 年 4 月下旬，保險業巨頭恒康金融集團（John Hancock）開啟了區塊鏈技術測試。人壽保險和金融服務業巨頭 John Hancock 開始研究多個區塊鏈概念證明機制，探索分散式帳本技術重塑現有保險業流程的方式。雖然目前概念證明機制與保險業之間沒有密切關聯，可是這個於 2015 年因客戶索賠損失 246 億美元的公司卻在行業內進行了廣泛的區塊鏈技術探索，相信將來就會出現實質性的保險業應用。

John Hancock 發佈和管理著很多金融產品，包括人壽保險、年金、投資品、401k 計畫、長期護理保險、教育儲蓄以及其他多種商業保險。他們的團隊正在進行區塊鏈應用探索，致力於提高公司的透明度和效率，而且更加關注該技術對運行效率和效益的影響。目前正進行「瞭解客戶需求」原則的測

試，公司法律部希望通過這個項目簡化企業後臺營運。

　　該公司在波士頓和麻省的 LOFT 實驗室（Lab of Forward Thinking）負責開發這些概念證明機制。LOFT 成立於 2015 年 5 月，7 月正式發佈，其成立的宗旨是幫助員工開發保險、財富和資產管理技術。LOFT 內部頭腦風暴會議研究出了幾個可行的用例，並且決定聯繫兩家基於乙太坊區塊鏈的初創企業，促成了公司與 ConsenSys 和 BlockApps 公司代表的交流。目前 John Hancock 公司的 LOFT 區塊鏈專題小組有四個成員，探索用區塊鏈技術開發與員工激勵應用相關的最低可行性產品，並在 2016 年 6 月後發佈最低可行性產品，它將包含工作組與 ConsenSys 和 BlockApps 合作的教育和平臺搭建階段。下個階段的工作焦點是研究 ConsenSys 的諮詢服務以及探索更廣泛的應用領域。然而這只是 John Hancock 搭建區塊鏈保險服務龐大專案中的一小步，也是整個行業在該領域的第一步。

## ⫸ IBM

　　2016 年 4 月下旬，「IBM 金融論壇」在杭州召開。其間，IBM 發佈了針對包括銀行和保險在內的金融業發展的最新洞察，並分享了 IBM 助力全球及中國金融行業構建認知未來、制勝變革的戰略與實踐。此外，IBM 還對目前大熱的區塊鏈技術進行瞭解讀，並展望融合區塊鏈技術的 IBM 認知解決方案。

　　該次會議提到要擁抱數位化保險。面對數位化時代，保險行業需要從提升客戶價值、業務人員效率以及內部營運效率和透明度這三個核心價值入手，著力打造三種關鍵能力：提供全管道統一體驗，建立認知計算能力，以及打造物聯保險生態系統。

　　IBM 擁有包括 360 度客戶統一視圖——包含了社交行銷以及風險識別 iOS APP( 蘋果系統的應用程式 ) 在內的成熟可落地的全管道統一體驗解決方案。在數字保險時代，認知計算將有兩種落地應用模式。第一種是重塑傳統業務

營運環節；第二種是通過資料洞察和對未知探索的深入，創造更新的商業模式。

　　IBM 大中華區全球企業諮詢服務部保險業總經理張育成表示：「所謂重塑營運環節，主要是指對傳統業務營運各個環節的智慧化改造，包括重塑客戶交互旅程體驗以及幫助保險公司轉變業務營運等，以提高營運效率和客戶感知，並最終提升客戶價值。而新的商業模式，比如 IBM 'Watson' 與物聯網以及保險的結合，可以產生互聯設備大資料的保險和相關聯生態，從事後賠償到事前保護，更多地去關注出行、健康、居住以及生產等保障性的需求。」

## (3) 區塊鏈 + 能源行業

　　能源領域也是區塊鏈能夠改變的行業之一。能源革命正在發生，未來是萬物互聯的趨勢，交易的主體是機器和機器，交易的屬性更加高頻和低密度。區塊鏈具有分散式帳本和智慧化的合約體系功能，能夠將**能源流、資金流和資訊流**有效地銜接，區塊鏈將成為能源互聯網真正落地的技術保障。

### ░ 未來設想

　　晚上 8 點仍然炎熱的澳大利亞偏遠內陸，一根電線杆突然倒塌，這可急壞了威廉和奧利維．門羅（William and Olivia Munroe)。他們在維多利亞大沙漠邊緣舊金礦鎮週邊 100 英里的地方圈養了 100 頭牛羊。夏天這裡的溫度時常飆升到華氏 120 度，孩子們要參加網上課程，這個家庭獲取醫療急救服務的唯一途徑也是互聯網。面對各種空調、通信和水源需求，家裡的備用發電機顯然撐不了多久。總之他們一家的生活完全依賴可靠的能源。

　　9 小時後，電力公司派了維修隊查找倒了的電線杆。客戶投訴時告知了事故位置，但是維修隊還是花了一天多時間才檢修好。同時，門羅一家和附近

鄰居、企業、機構一直處於沒電、沒通信狀態，給生活帶來諸多不便，增加了經濟損失和人身風險。對偏遠地區的居民來說，停電可不只是影響正常生活，對其人身也有風險性。因此為了把危險最小化，電力公司需要定期派工程隊來檢修電網。

想像一下，智慧的電線杆該有多安全、方便和實惠。可以報告運行狀況，對故障採取相應措施。如果電線杆著火，將很快生成事故報告，並通知維修隊帶著適合的工具到確定地點。同時電線杆還可以將電力傳輸任務暫時分配給附近的電線杆，畢竟它們都屬於同一個電網。這樣電力公司也就不需要花費相當高的現場檢修成本，還可以儘快地恢復用電。

物聯網的新軟體和技術可以為現有的基礎設施提供智慧系統，例如可以為電網添加可以互相通信的智慧設備。想像一下搭建新的安全、有彈性的網路，可以快速和相對低成本地提供更多服務。

這個結構被稱為**網狀網路**——電腦和其他設備之間直接互聯的網路。它們可以按照頻寬、存儲等網路特性來自動重新配置，因此不會損壞或中斷。缺少廉價服務或管道的社區可以用網狀網路實現基本的聯通。網狀網路代替了傳統的自上而下的組織、監管和控制模型，而由於整個環節不需要中央組織的參與，其安全性和私密性也更高。

## Filament

很多組織已經結合網狀網路和區塊鏈技術來解決複雜的基礎設施問題。美國區塊鏈創業公司 Filament 在澳大利亞偏遠地區的電線杆上進行了所謂的「龍頭」（taps）試驗，這些「龍頭」可以在 10 英里之內直接通信；因為電線杆的間距一般是 200 英尺，故障電線杆上的動作探測器會通知 200 英尺外的電線杆；假設這個探測器故障，它會按順序通知 10 英里內的其他電線杆，然後通過 120 英里內最近的回程網路與公司通信。

客戶可以用手機、平板或電腦直接連接到設備，這個「龍頭」包含了很多感測器——溫度、濕度、光和聲音等，客戶可以用這些感測器長期監測和分析電網狀況。他們可以獲取相關資料資訊，並通過授權將資料通過區塊鏈傳輸給其他用戶——政府、廣播員、電線杆製造商、環保部門。

Filament 的商業模式包括三個參與方—— Filament、客戶和電力公司。Filament 擁有硬體，它的設備一直監控電線杆狀況和資訊交換，把感測器資料賣給資料集成商，然後再賣給電力公司。電力公司按月支付監控設備費用，減少了現場檢查的高昂成本。因為電線杆很少會倒塌，所以網狀網路的通信功能基本是閒置的。

因為 Filament 擁有設備，可以出售跨越整個澳大利亞網路多餘的容量，甚至可以與聯邦快遞合作，聯邦快遞網點可以用網狀網路進行通信和追蹤車輛來預計到達時間和故障情況。

未來物聯網應用依賴於一個帳本——物聯帳本（the Ledger of Things）。上萬個智慧電線杆通過感測器收集資料，並在其他設備、電腦和人之間傳輸資料，因此系統需要持續追蹤所有資訊以保障其可靠性，包括區分每個電線杆。

沒有身份是不可能運行的，用於身份認證的區塊鏈是物聯網的核心，Filament 為每個設備設定獨特的路線，然後把這個路線——身份存儲在屬於 Filament 的比特幣區塊鏈中；而且這個身份資訊可以像比特幣一樣傳輸。區塊鏈還可以保證這些設備收到費用才會繼續運行，沒有區塊鏈的支付網路，物聯網不可能運行，而其中比特幣是通用的交易語言。

## ◾ LO3

2016 年 3 月 3 日，在紐約布魯克林，一家名為 LO3 的小公司和區塊鏈技術開發商 ConsenSys 合資成立了一家新公司，名字是 TransActive Grid，新

公司在布魯克林地區運行著一個微網項目，在他們看來，這個小項目很有可能改寫能源的交易方式，「在總統大道的一邊，五戶家庭通過太陽能光伏板發電；在街道另一邊的五戶家庭可以購買對面家庭不需要的電力。而連接這項交易的就是區塊鏈網路，幾乎不需要人員參與就可以管理記錄交易」。

未來的雙向電力系統由億萬交互的終端組成，包括微電網、光伏系統、智慧設備、分散式運算以及能源管理軟體等。面對電網運行環境的不斷變化，如何能夠即時、自動地驗證和確保不同節點之間的海量交易？許多人相信區塊鏈技術可以成為這一系統的技術基礎。

LO3 能源公司致力於打造「開源且加密安全的」區塊鏈來管理微網上的電力交易。除了一些早期的呈現，區塊鏈在電網的應用很大程度上還處於理論層面。在現階段，一些先期參與者正在為能源和用電設備設計驗證系統。但更多的人埋頭於尋找區塊鏈的用武之地以及實現方式。越來越多的人相信，能源領域也是區塊鏈能夠改變的行業之一。

布魯克林的 ConsenSys 用公開的乙太坊區塊鏈搭建可審計、透明的點對點能源交易方式。LO3 的另一個相關項目布魯克林微電網（Brooklyn Microgrid）的目的是將當地社區加入可以獨立於大型電網的區域。該電網設備可以記錄家庭消費以及由太陽能光伏板產生的能量。其創意是，通過融合微電網概念和 TransActive Grid 支付基礎設施，社區居民可以在區塊鏈上撰寫智能合約，並選擇自己使用的電能來源、類型，甚至決定將電源信賣或贈送給誰。

TransActive Grid 包括了智慧型儀器表硬體層以及使用區塊鏈智能合約的軟體層──在乙太坊區塊鏈自動執行的合約，乙太坊平臺提供一個可審計的、無法篡改的、加密的自動交易歷史。參與的家庭都有連接到區塊鏈的智慧型儀器表，追蹤記錄家庭使用的電量以及管理鄰居之間的電力交易。微電網中參與者的能源智慧型儀器表資料，可以為 ConsenSys 代幣發行及管理系統創建代幣，代表生產消費者太陽能光伏板的剩餘電量。這些代幣就代表著可再

生能源生產的一定數量的能源，可以通過區塊鏈智慧型儀器表錢包進行交易。如果成功了，就可以運用到整個布魯克林微電網中。目前有 130 戶家庭對此專案感興趣。Orsini 的重點是當地智慧能源電網交易比傳統自上而下的能源配電系統更有效率──可以節省整體開支，給全社會帶來好處同時展示分散式帳本的力量。

「產消者」──既是生產者又是消費者──是新興股份制經濟的流行詞。在 TransActive Grid 概念中，生產消費者可以控制自己的能源：消費者可以選擇從鄰居或其他可再生能源來源處購買。家庭能源生產者可以把多餘的電力賣給鄰居，社區可以保存當地的能源資源，減少能源浪費，提高微觀電力和宏觀電力的利用率。

LO3 能源已建立了雙節點的模型，在微電網中收集消納和發電資料，並將其應用到區塊鏈中。由於計畫剛剛開始，試驗節點仍在正常運行中。

2016 年 4 月 11 日，區塊鏈迎來了世界首個點對點能源交易。兩名布魯克林居民通過使用乙太坊區塊鏈直接完成了一筆能源買賣交易。這是世界上首個使用消費者區塊鏈交易的小型電力網，也就是微電網，這意味著微電網已經開始在紐約使用了。這樣的微電網是和國家電網分離的，如果遇到颶風還可以選擇其他電網而不至於斷電。通過微電網、屋頂太陽能設備安裝等方式充分利用能源效率，在給客戶提供廉價服務的同時可以對能源使用方式進行多種選擇。

2016 年 4 月中旬，紐約推出區塊鏈技術能源網路改革。紐約州正致力於將現有電網改造成分散式平臺，促進大型公用事業公司與創新者合作，而不是競爭。為了奠定新的分散式電網基礎，紐約州能源和金融部門主席考夫曼（Kauffman）頒佈了「改革能源願景」（Reforming the Energy Vision，REV）的政策，使紐約州現有的電網結構更清潔、低成本、有彈性。電力公司也轉型成為分散式系統平臺供應商（Distributed System Platform Providers，DSPPs），並將現有落後的電網系統升級，轉變成個人微電網的

集合體。作為 REV 專案的一部分，紐約州分配了 4000 萬美元用於支持對電網去中心化感興趣的合作夥伴。包括 LO3 在內的 150 家申請機構中，已經有 83 家收到 10 萬美元的可行性研究經費。紐約州希望儘快發佈 REV 第二階段的提議競爭，意見採集截止日期可能是 2016 年秋天。第三、四輪的獲勝者分別會獲得 500 萬美元獎金，用於完成相關專案。

　　這個舉措收到了意外的效應，為 LO3 提供了很好的發展環境。儘管 LO3 沒有入選專案的第一階段，但是卻很符合第二階段的要求；第二階段設置了 10 個獲獎名額，每個提供工程設計和企業計畫的企業各自會獲得 100 萬美元獎金。

## ░ 德國電力公司 RWE

　　2016 年 3 月 8 日，德國電力公司 RWE 將整合乙太坊區塊鏈技術與汽車充電站服務。不同於其他德國公用事業公司，RWE 最初的能源生產模式面臨著監管問題。這個事實推動了 RWE 的革新，其中一項舉措就是建立內部工作小組，評估區塊鏈技術怎樣幫助公司減少能源傳輸成本。公司與基於乙太坊區塊鏈的初創企業 Slock.it〔乙太坊前首席文化官史蒂芬·蒂阿爾（Stephen Tual）創立的〕合作研發了「概念證明」機制。

　　RWE 區塊鏈團隊領導人卡斯滕·斯托克（Carsten Stocker）談到了一項可行的應用，利用區塊鏈智能合約驗證用戶身份和管理計費過程的電力汽車充電站，通過建立無縫低廉的充電基礎設施推動電力汽車使用率。這個專案的工作模型在瑞典日內瓦創新 LIFT 會議中首次亮相。下個階段就是對這個模型進行電力汽車和充電站的實際測試。

　　相關「概念證明」機制是基於乙太坊區塊鏈的，客戶身份驗證和支付程式都是在充電站進行的。在這個模型下，使用者同意乙太坊網路智能合約後就可以與充電站互動。充電之前，使用者需要在相關網路中存一筆錢，交易

完成後便會退還。現有充電站與 RWE 模型功能的顯著不同是收費方式，在 RWE 模型中，使用者無須支付通常數小時的充電站連接耗時費用，而只需支付充電電量費用。這個試驗項目的論點是小型交易幫助使用者省錢，同時電力利用率也更高。

公司接下來需要考慮的是，政府監管政策對該系統實際應用的影響，RWE 已經著手這個項目。鑒於公司對政策的理解和現存基礎設施，RWE 強調德國是首批試驗的最佳地點。區塊鏈的應用可能給公司與使用者交流方式帶來轉變。基於區塊鏈技術的充電站將使客戶與 RWE 的機器設備進行交易。真正讓人興奮的是，用戶將不再與公司或個人簽訂合約，而是利用智能合約直接與機器簽約。

區塊鏈技術會改變 RWE 公司營運充電站的方式。這是公司縮減充電站搭建和營運成本的必經之路。還可以將其他創新項目融合到這個工作中，例如車輛自主運行。這個概念曾是智能合約應用的可行領域。區塊鏈技術與公司科技創新遠景規劃非常契合，對公司發展至關重要。

## ▨ 歐洲能源零售市場

歐洲會員會聯合研究中心在英國分散式總帳報告中，探討了歐盟能源聯合框架戰略（European Commission Energy Union Framework Strategy）規定的「能源聯盟」的願景，「以人民為核心，人民能夠有能源轉化的所有權，能夠從新技術中受益從而節省支出，參與市場的活動，並且保護弱勢消費者」。然而，儘管智慧電網的發展也在穩步推進中，但是能源零售市場還在等待現代化。該委員會正在啟動的「新能源市場設計」將需要面對以下幾

其二，如何獎勵積極參與者，有利於合約交換和管理，根據需求提供相應的動態價格。

其三，如何確保市場中對於住宅性能源服務的交交交互操作，擴大消費者的選擇，能夠從自生產和自消費中獲利，形成局部的微生產。

在這種情況下，分散式帳本能夠成為一個全新的驅動力，用以幫助能源市場進行整合發展。歐盟的聯合中心正在調查以下案例中的實際應用可能性。

### 1. 微發電的能源市場

微發電指的是消費者在住宅內或者在一個當地社區內進行發電。這個「市場」概念意味著，那些微發電產生的能源將可以在消費者和產消者（既是生產者也是消費者）之間進行交易。按傳統方式，這個市場已經被產消者和能源零售商預先定義的雙邊協議確定。直到現在為止，發電的產消者還沒有能夠真正進入能源市場，這依舊是機構能源供應者特權壟斷的領域，這就極大地限制了微發電對於終端使用者的經濟優勢。分散式帳本通過和智慧電錶系統，以及下一代電池（能夠本機存放區電量）結合，已經有潛力向能源市場提供產銷一體的生產潛力。智慧電錶可以被用於註冊和在分散式帳本記錄微發電的資料（成為「能量貨幣」系統的代幣）。

自發電能夠用於房屋內的消耗，也可以被存儲在下一代電池中供以後使用，或者簡單地返回到智慧電池。另外，帳本的分散式和通用性，使其所產生的能量可以在任何地方被贖回。例如在國外對電動汽車充電時，或者賣給出價最高的買家，這類似於股票交易市場中所提供的相似機制。

### 2. 能源合約台帳

一個消費者打算更換能源供應商時需要結束目前供應商之間的合約，再和新的能源供應商建立新的合約，並且重新訪問由協力廠商提供的所有補充能源服務的合約條款。這些業務的複雜程度已經成為一個障礙，阻礙了一個有競爭力的能源零售市場的形成，也會成為能源供應商和分銷商需要承擔的成

本。消費者從一個供應商過渡到另外一個供應商，只需要在電腦和移動設備上點擊幾下滑鼠就可以完成。同樣，能源供應商和能源服務提供者將能夠節省資源，無須支付更多的管理操作成本。

　　這些可擴展、安全且穩定的應用肯定還會有各種各樣的問題。但是，從它的優勢來看，是值得團隊展開進一步調查的。

# 6 傳統金融行業
# 的區塊鏈戰略

DECODING GLOBAL BLOCKCHAIN AND INVESTMENT CASES

……「矽谷來了」，如果銀行再
不更新他們的遊戲，新技術企業將
會接收銀行業的生意……成百上千
的初創企業擁有大量的大腦和資
金，正在致力於開發傳統銀行業的
替代品。

# (1) 銀行的區塊鏈戰略

## ░ 高盛

　　高盛集團（Goldman Sachs）是一家國際領先的投資銀行，向全球提供廣泛的投資、諮詢和金融服務，擁有大量的多行業客戶，包括私營公司、金融企業、政府機構以及個人。高盛集團成立於 1869 年，是世界上歷史最悠久且規模最大的投資銀行之一，總部位於紐約，並在東京、倫敦和中國香港設有分部，在 23 個國家設有 41 個辦事處。其所有的運作都建立在緊密一體的全球基礎上，由優秀的專家為客戶提供服務，同時擁有豐富的地區市場知識和國際運作能力。

### 高盛報告

　　高盛在 2015 年 12 月發佈的《高盛全球投資研究》報告中指出，比特幣的底層技術——區塊鏈技術已經做好準備「顛覆一切」。高盛認為區塊鏈技術可以徹底改變傳統的支付體系，可用於包括發行證券、智慧合約等大量事物中。相比於傳統的交易體系，區塊鏈技術可以讓交易更迅速、成本更低。

　　高盛非常看好區塊鏈技術的未來應用，該行業分析師羅伯特 · D · 布魯傑迪（Robert D. Boroujerdi）在報告中曾表示：這種去中心化基於密碼學的解決方案去除了中間人，具有重新定義交易和多行業後端支持的潛力。布魯傑迪表示，一旦認識到比特幣的底層技術，它便能夠迎來一些削減成本的新工具，挑戰那些中間人的利潤池，有望讓這些中心化機構變得過時。這種解決方案承諾的，不只是針對消費者的機會，同時也針對那些更想獲利的企業。去除中間人意味著區塊鏈技術能夠更有效地運作，比目前的系統更可靠，且成本運行更低。它還可以減少對手的風險，具有潛力提供交易風險和成本的即時回饋。布魯傑迪在報告中還強調了區塊鏈技術的一些應用案例，範圍從

支付系統到銀行的後端流程（如會計、人事、結算等）和監管文書工作，到為替代性資產做公證（如藝術品），還有投票系統或車輛登記，還可以用於提供學歷證書的記錄。

不過，報告中也指出了一些區塊鏈技術存在的潛在問題。例如社區內常談到的被限制的交易輸送量問題，目前比特幣區塊鏈限制在了每秒進行 7 筆交易，這與 VisaNet 的核心網路支援的每秒 47000 筆交易相比，並不具有優勢。

**投資 Circle**

2015 年 5 月前後，高盛集團與中國 IDG 資本（IDG Capital Partners）結成了夥伴關係，對比特幣創業公司 Circle Internet Financial 領投 5000 萬美元，這是一家以利用技術支援下的比特幣來改良消費者支付方式的創業公司。

Circle 的聯合創始人計畫利用比特幣來進入生機勃勃的 P2P 支付市場，這個行業目前的領導者是 Venmo 等公司。Venmo 是貝寶旗下的一個應用，允許用戶與好友之間迅速進行轉帳，而且無須使用支票或銀行轉帳等手段，不過這些匯款方式可能需要幾天時間才能完成轉帳。

Circle 近期的目標是像 Venmo 那樣提供免費的瞬時轉帳服務，但該公司希望比特幣能在未來允許其提供同樣方便的跨境轉帳服務，而這是 Venmo 無法做到的。此外，Circle 還宣佈推出新的帳戶功能，可使用戶持有、發送和接收美元。據 Circle 透露，這些資金將由美國聯邦存款保險公司負責投保。該公司推出的新帳戶功能，意味著用戶可同時持有比特幣和美元，選擇持有美元的用戶也可以同接收比特幣的商家和使用者進行交易，Circle 會即時地將美元資金轉換成比特幣，反之亦然。

中國市場的消費者採用創新數位支付產品，其增速是非常驚人的。

Circle 首席執行長傑瑞米·阿賴爾（Jeremy Allaire）聲稱，他們所提出的這種法幣和數位貨幣混搭的模式，可以給使用者帶來數位貨幣的優勢，包括即時結算、全球互用性、無交易費且高度安全，同時用戶還無須使用新的貨幣，並重申這種混合式的模式可以讓使用者享受到數位貨幣的所有好處，且不存在風險。而 Circle 下一步計畫是添加更多種類的貨幣，希望將比特幣的好處與世界的幾種主要貨幣相結合，其中包括英國（英鎊）、歐洲（歐元）以及中國（人民幣）。

### SETLcoin 專利

高盛在 2015 年 11 月遞交了一份專利申請，是基於稱為「SETLcoin」的一種全新數位貨幣，可以用於證券結算系統。申請日期是 11 月 19 日，其中標題是「證券結算的密碼學貨幣」，允許點對點的參與者使用代表證券的數位貨幣來進行交易，並且能夠進行即時結算，即交易者使用他們各自錢包中的相關資金，通過一個開放的交易，並使用所描述的技術來交易證券。SETLcoin 的所有權在確認和驗證後，將被即時地轉移給新的所有者，這是基於點對點網路系統中的網路帳本，能夠確保可以準確即時地執行。

根據申請的內容，SETLcoin 的交易是在一個錢包軟體中來實現，在一個將 SETLcoin 標記為某種特定證券的系統中，申請中使用 IBM 和谷歌的股票作為例證：一個 SETLcoin 的錢包或者交易可以容納一個單種證券，如上所述，或者多個相同面額的證券（例如，1 個 IBM-S SETLcoin 的價值相當於100 IBM Shares）。多個 SETLcoin 的錢包或者交易也可以容納多個證券（例如，1 個 IBM-S SETLcoin 和 2 個 GOOG-S SETLcoin）。在一些實施方案中，專案內置的密碼學貨幣（Positional Item inside Cryptographic currency，PIC）可以讓某高度權威機構來進行發行（或銷毀）。比如，在 SETLcoin 的網路中，美元可以表現為「USD」的設置代號，可以由美國財政部這樣的權威機構來發行。並且，其所描述的技術可以基於其他技術（例如網路節點協

定、交易規則、租賃或購買、拍賣等），還可以基於例如公司名稱、市場標識、品牌、證券符號任何可選的方式來命名，也可以採用更好的格式（如長度、縮寫等）。

SETLcoin 也是可以交易的，例如可以和其他數位元貨幣進行交易（如Peercoin）。比如，1 個 IBM-S SETLcoin 可以和 1 個或者多個「GOOG」SETLcoin 進行交易，也可以和 13000 個 USD SETLcoin、100 個 litecoin 或 5 個 bitcoin 進行交易。

### ▨ 摩根大通

摩根大通集團（J.P.Morgan Chase & Co，NYSE：JPM），業界常稱其西摩或小摩，總部設在美國紐約，總資產 2.5 萬億美元，總存款高達 1.5 萬億美元，占美國存款總額的 25%，分行 6000 多家，是美國最大的金融服務機構之一。摩根大通於 2000 年由大通曼哈頓銀行及 J.P. 摩根公司合併而成，並分別收購芝加哥第一銀行和貝爾斯登銀行和華盛頓互惠銀行，是一家跨國金融服務機構及美國最大的銀行之一，業務遍及 60 多個國家，包括投資銀行、金融交易處理、投資管理、商業金融服務、個人銀行業務等。摩根大通的總部設于曼哈頓區的第一大通曼哈頓廣場（One Chase Manhattan Plaza），部分銀行業務則轉移到德克薩斯州休士頓的摩根大通大廈（J.P.Morgan Chase Tower）。

摩根大通執行長傑米·戴蒙（Jamie Dimon）非常不看好比特幣。他曾經公開表示，比特幣不受監管的狀況不會發生，沒有政府會長期對比特幣忍氣吞聲。現在比特幣規模還較小，許多參議員和眾議員會表示支持矽谷創新。但是事實上，沒有貨幣能避開政府監管。但是他也承認，區塊鏈技術讓比特

是 J.P. 摩根今後投資的重點。工作團隊正被催促發展市場主導的平臺，但沒有透露具體的細節。

作為 R3 聯盟的創始銀行的一員，J.P. 摩根已經幫助嘗試將區塊鏈帶向主流。R3 是召集銀行業來開發銀行清算結算標準和使用區塊鏈案例的聯盟。並且在 2015 年 12 月，軟體非營利組織 The Linux Foundation 也「宣佈共同努力發展流行的區塊鏈技術」，其中也包括 J.P. 摩根。

戴蒙説「矽谷來了」，如果銀行再不更新他們的遊戲，新技術企業將會接收銀行業的生意。他表示，成百上千的初創企業擁有大量的大腦和資金，正在致力於開發傳統銀行業的替代品。目前看到的大部分都是在貸款業務，這個領域公司可以很快地借錢給個人和小企業，這些實體相信運用大資料可以有效地促進信用擔保。他們非常善於減少「痛點」，使他們可以在幾分鐘之內貸款，而這可能會花費銀行幾周的時間。摩根大通將會更加努力地使自己的服務像他們一樣更加順暢和有競爭力，也完全樂意在合適的領域合作。同時，他們極其詳細地分析了所有的競爭者，瞭解正在做什麼，並據此制定摩根的戰略。

戴蒙的警告和 J.P. 摩根對區塊鏈、大資料和機器人的推進，最大的原因應該就是銀行也已經感受到來自技術企業的壓力。

### ▒ 瑞銀集團

瑞銀集團（UBS）是 1998 年由瑞士聯合銀行及瑞士銀行集團合併而成的，是一個多元化的全球金融服務公司，在瑞士巴塞爾及蘇黎世設有總部，2001 年底總資產 1.18 萬億瑞士法郎，資產負債表外管理資產超過 2.0 萬億瑞士法郎，2002 年淨利潤 35 億瑞士法郎。瑞銀集團是世界第二大的私人財富資產管理者，以資本及盈利能力也是歐洲第二大銀行。其中，瑞士銀行共設有 96 個分行，遍佈全美國及 50 多個國家，全世界的雇員大約共有 49000 名。

## 對於比特幣的態度

早在 2014 年 3 月，瑞銀集團就已經開始著手研究比特幣等數位貨幣，並且發佈了一份比特幣報告。報告指出，從技術上來說，比特幣的確提供了一種革命性的全新支付系統。比特幣已經作為國際轉帳的一種廉價形式——該市場具有極大的潛力。

原則上來說，金融機構和現有的反洗錢系統（如銀行）可以採用類似於比特幣的技術，在終端使用者間構成安全和便捷的轉帳手段。但是瑞銀也明確指出，比特幣如果要作為一個真正的貨幣，將面臨經濟、技術和監管的挑戰。投機驅動的波動性阻止了比特幣成為一個穩定的存儲價值或者單位帳戶，其半固定的供給加劇了波動和通縮。作為交換手段，它已經為相對較少的交易消耗了大量的計算資源。比特幣也存在一些監管真空，而且在一些司法管轄區中，它是被禁止或被限制的（如在俄羅斯、中國），破壞了人們對比特幣的信任感。

就像高盛一樣，瑞銀更看好比特幣的基本概念：區塊鏈技術。通過給使用者直接控制自己資金和使用加密方式的私密金鑰，比特幣式的系統能增強安全性，降低成本。原則上來說，這種支付系統可能會成熟，並被協力廠商所使用，甚至在處理存款上挑戰銀行（可能僅僅是線上業務上），因此有可能對現有的銀行構成威脅。

## 區塊鏈實驗室

瑞銀一直是對資料區塊鏈技術最開放的大型銀行之一，並在倫敦開設了一個名為「Crypto 2.0」的技術研究實驗室，該實驗室將研究如何在金融業務中利用區塊鏈技術。

該實驗室於 2015 年 4 月正式開放，在倫敦最新建成的 39 層標誌性建築金絲雀碼頭大廈中，擁有能容納 12 個辦公桌的辦公室。瑞銀集團稱，實驗室將彙集銀行業和金融業的專家。實驗室的成員和特邀專家將研究區塊鏈是如何

工作的，如何利用區塊鏈技術完成大規模的金融交易，同時讓交易變得更有效率、成本更低。實驗室將努力開發相關技術用以解決一些全行業都面臨的共同問題，例如如何管理和分析海量資料，以及如何更好地評估投資風險等。

越來越多的金融機構對比特幣背後的區塊鏈技術產生興趣，而瑞銀集團是第一家公佈將正式研究區塊鏈技術的金融公司。這個決定將讓瑞銀集團與倫敦的金融創新前瞻技術聯繫得更為緊密，為瑞銀集團的發展提供外部創新動力。瑞銀稱其已經開發出資料區塊鏈技術 20 多種用途，正在對一些最佳用途進行孵化。其中一項實驗就是通過所謂「智能合約」來開發出一種「智慧債券」，包括利用資料區塊鏈技術來重建債券的發行、利率計算、票息支付和到期過程。

在 2014 年 10 月接受記者採訪的時候，瑞銀集團首席資訊長奧利弗‧巴斯曼（Oliver Bussmann）就表示，區塊鏈技術具有強大的潛力，它不僅會改變現有的支付方式，它還會改變整個金融交易結算的方式。他稱這項技術具有顛覆現有金融服務方式的潛力，可能會觸發大規模的銀行業簡化交易流程和降低交易成本的革命。對於金融科技實驗室，巴斯曼認為，只有在銀行家、創新者和投資者之間營造一種開放和諧的環境，各方才能更好地合作，為金融行業創造出真正有價值的技術。

### 投資回報率

對於全球金融機構而言，這是一個分水嶺時刻：世界上最有錢的投資銀行之一，將它們的財富以及公眾形象投放到區塊鏈技術之上。從 2013 年開始，越來越多的銀行再次開始與金融科技創業者們進行互動，它們希望能夠和金融科技一起發展前進，而不是被這些威脅到它們的創新技術所淘汰。

瑞銀集團「區塊鏈創新實驗室」前任負責人亞曆克斯‧巴特林（Alex Batlin）認為，雖然例如 P2P 借貸以及眾籌平臺這類金融技術，仍處於上升階段，但區塊鏈技術，才是瑞銀集團最大的威脅或者說是機會，因為它可能

是目前匯合最多東西的技術以及商業之一。而巴特林的主要任務就是為銀行的股東們從這些日新月異的變化中找到一種能夠獲利的方式。

通常情況下，對於一個新的想法，瑞銀集團在其承諾進一步探索之前，都能夠評估其投資回報率（ROI）。然而，由於區塊鏈技術實在太新，而且變化過快，該銀行的常規對策顯然已不再適用了。在這種情況下，想要計算出投資回報率，就必須花很多的錢……需要一個 ROI 中的 ROI。在巴特林看來，這就是一個雞與蛋的關係問題。而瑞銀集團所創建的這支團隊，用他的話來描述就是：這是一支由開發者、業務分析師以及歐洲最大 Fintech 加速器 Level 39（歐洲最大的金融技術類公司孵化器）的項目經理組成的敏捷小團隊。團隊有很多時間就是在會議室裡進行頭腦風暴，大家一起想新的商業模式，然後進行測試。他們所進行的測試，與概念證明是不同的，因為他們沒有一個概念，而只是說，這裡有一個假設，然後大家來弄清楚它能否行得通。這樣的系統具有潛力去除市場的複雜性，並降低參與成本。

然而，隨著越來越多的區塊鏈爭奪市場份額，公司們可能會遇到另一個問題 ——**交互可操作性**的減少。相比於多個閉源系統，例如 MSN（微軟網路服務）以及 AOL（美國線上），巴特林心中真正的成本節約，是來自一個共同的標準，這就好比是互聯網，作為一個多資產鏈，人們可以在同一個平臺上，進行證券交易、衍生品交易以及現金交易。

英國倫敦正迅速成為金融與技術交叉點的樞紐。該國 2015 年的 Fintech 企業投資，佔據了歐洲市場 42% 的份額，而相關的企業員工更是超過了 13.5 萬，其中的大多數都在首都倫敦。除了其成熟的 Fintech 生態系統，英國政府對於數位貨幣豁達的監管態度，對於這家瑞士銀行的項目來說，也具有很強的吸引力。

在金絲雀碼頭的 Level 39 中心，這裡的 Fintech 與政府之間有著緊密的聯繫，金融市場金融行為監管局（FCA）就在馬路的對面，而英國央行，也是 Level 39 中心的一個常客。人們很樂意來這裡開會，並非是因為瑞銀集團，

而是因為 Level 39。雖然在生態系統中的一些創業公司以及風險投資者們，包括 Index 的奧菲利婭·布朗（Ophelia Brown），都在嚴厲指責銀行拒絕為比特幣初創公司提供銀行帳戶服務，但巴特林則有不同的看法。他認為全球數以千計的客戶，依靠他們這類專業人士給予意見、專業知識以及機會，所以他們自然要更謹慎一些，拿客戶進行冒險是不負責任的。而有些問題，讓初創公司來解決，又可能有些過於昂貴。比如，一個 12 人的團隊，當然可以完成很棒的東西，但有一些挑戰需要資源來克服，而例如瑞銀集團這樣的公司可以為此提供幫助，成為這個新世界有價值的合作夥伴，所以，大公司與初創公司之間的合作關係，可以進行得非常融洽，因為雙方之間可以進行互補。

### 開發數位貨幣

據《華爾街日報》報導，瑞銀正致力於開發一種數位貨幣原型，希望銀行和金融機構可在未來使用這種貨幣作為主流金融市場交易的結算手段。

但瑞銀正在開發的這種「**結算幣**」（settlement coin），與數位貨幣比特幣有所不同，這種貨幣將與真實世界的貨幣和央行帳戶聯繫在一起。數位貨幣將被用於對機構金融平臺上的交易提供支援，這些平臺基於區塊鏈技術而被建立起來，類似於比特幣賴以完成交易的分散式總帳。

舉例來說，瑞銀可能會擁有自己基於區塊鏈技術的平臺以發行債券，而另一家銀行則可能擁有一個基於區塊鏈技術的股票交易平臺，但這兩個平臺都可使用同樣的「結算幣」來進行結算。

瑞銀正在與倫敦創業公司 Clearmatics 聯手開發這種數位貨幣，這家公司已經開發出了一種基於區塊鏈技術的軟體，可以對金融交易進行清算和結算。瑞銀高管表示，並不計畫單靠自己發行這種數位貨幣，而是希望與其他市場參與者——如資產管理公司、監管機構以及票據交換所和交易所等市場結構提供者——合作來打造一種全行業產品。

瑞銀的電子商務商業主管海德‧傑佛瑞（Hyder Jaffrey）表示，該行已經與一些潛在的合作夥伴進行了接觸，但並未透露具體有哪些機構。該行及其他金融機構認為，如果區塊鏈技術能得到廣泛採用，那麼就能讓金融機構在短短幾秒鐘時間裡完成交易結算，而不是像現在這樣需要兩三天才能完成。

瑞銀的這個項目現在還處在概念階段，由該行旗下倫敦的區塊鏈實驗室負責。該實驗室的主管巴特林和瑞銀的首席資訊官奧利弗‧巴斯曼稱，這種數位貨幣可能是基於區塊鏈技術的平臺，在主流金融市場上得到廣泛採用的第一塊「積木」。

## 德意志銀行

從 2014 年開始，德意志銀行就開始研究區塊鏈應用，後來加入了多個銀行組成的聯盟，來共同探索區塊鏈技術。而他們目前獲得最重要的結論就是，該技術「將會改變許多金融行業的商業模式」，並且在未來可以看到許多不同的形態。

德銀《流動》（Flow）雜誌 2015 年 10 月報導，該機構稱其已經發掘通過一個「創新實驗室」來研究資料區塊鏈技術的潛力。德銀指出，資料區塊鏈技術的應用將面臨「巨大的法律和監管障礙」，但承認它可能對當前銀行業產生巨大顛覆效應。

2015 年 12 月初，德意志銀行進行了基於區塊鏈技術的可程式設計債券實驗後，認為區塊鏈技術將會在未來十年內逐漸成為主流。

儘管拒絕透露和該銀行一起參與實驗的兩家供應商，但是德意志銀行表示價值證明（Proof-of-Vall,PoV）測試已經成功完成。**公司債券是測試基於區塊鏈資產的理想標的物，德意志銀行將會用它來測試資產的完整生命週期**（發行、票面利率、贖回），這就是為什麼德意志銀行選擇了它。在這個階段，作為本行首個商業化的產品，德意志銀行將不會追求實現智能合約。

根據該銀行的說法，測試結果既獲得了令人信服的答案，也發現了一些全新的問題，將在未來對技術進行更進一步的探索。

德意志銀行最近的測試重點是可程式設計債券，因為該機構要探索「智能合約的完整生命週期概念」。這將會涉及對基於不同區塊鏈的案例進行同步調查。

目前測試的結果是，區塊鏈技術實現了所有他們在 PoV 測試中設置的規模目標，需要更進一步充分測試這些用例的可擴展性和穩定性。

德意志銀行表示，他們希望看到在未來兩年的時間裡，更多基於區塊鏈的商業化產品投入到市場中。將會有許多有訪問限制的私有鏈出現……而在他們之間實現資料移動會變得非常重要。

## ░ 桑坦德銀行

桑坦德集團成立於 1857 年，總部位於西班牙北部的桑坦德。桑坦德是西班牙和拉丁美洲主要的金融集團，擁有 150 年的歷史並且在 40 多個國家設立了分支機構，是歐元區排名第一的銀行，同時也是全球市值排名位居前列的銀行之一。

根據桑坦德銀行在 2015 年發佈的一份預測報告中稱，到 2022 年，它每年可能至多為銀行省去 200 億美元的費用，通過使用某些非比特幣類型的分散式總帳和區塊鏈技術，每年可以為銀行節省近 200 億美元。桑坦德風險投資基金 Oliver Wyman 和 Anthemis Group 表示，到 2022 年區塊鏈技術每年可以降低 15 億 ~20 億美元的基礎設施成本。桑坦德總經理馬裡亞諾‧貝爾金（Mariano Belinky）表示，銀行不應該專注於數位貨幣本身，其底層協定才是最強大的。相信在未來，該技術將會更多地被採用。

福拉（Faura）是桑坦德銀行研究開發方面的領軍人物。同時，他也致力於銀行的 M&A（企業並購）事項及金融投資。他認為技術和資金同樣重要。

他以前是 SIDSA（西班牙半導體公司）的晶片設計師，後來到麥肯錫公司當顧問，加入到西班牙、歐洲及拉丁美洲的金融機構中。2007 年，福拉來到了桑坦德銀行，致力於消費金融、投資銀行學、技術運算等方面。作為桑坦德在創新方面的領軍人物，福拉專攻數位貨幣、手機支付及電子商務。雖然桑坦德還不確定是否使用區塊鏈技術，但是福拉表示銀行內部最近正在進行區塊鏈技術的研究，他認為區塊鏈技術在國際支付上很有潛力。

在 2015 年 11 月 13 日倫敦舉辦的英國央行公開論壇上，瑞士投資銀行和西班牙最大的銀行桑坦德銀行討論了區塊鏈技術。桑坦德創新部的全球主管喬‧瑪麗‧福斯特（Jose Maria Fuster）在小組討論中評論了區塊鏈技術對於金融行業的潛力，旨在闡述金融創新和技術將如何為經濟提供支援。他說區塊鏈技術非常符合比特幣的理念……這種技術允許人們在貨幣轉移、貨幣存儲的基礎設施上創建出一個全新的空間，並且在其中建立智能合約來完成許多複雜的行為，從而在根本上改變目前金融業的面貌。但這並不意味著改變就會在明天發生。儘管在小組討論中大多數人並沒有提及比特幣和區塊鏈技術，但福斯特還是敦促他的同行們不要忽視創新，創新是一個全新的概念，也是一種戰略工具，如果你不創新，就有人會取代你的商業模式，這對於金融業而言有著非常廣泛的意義。

### 區塊鏈競賽

桑坦德創新風投（Santander InnoVentures）是桑坦德銀行的互聯網金融投資基金，在 2014 年設立 1 億美元資金，專門用於支付、市場借貸、電子投資諮詢、客戶和風險分析，以及提供數位金融服務。

2015 年 11 月，桑坦德創新風投宣佈啟動一個全球區塊鏈競賽，尋求對那些採用分散式總帳技術的早期初創企業提供支援。這個來自西班牙大銀行的 1 億美元的風險投資公司——最近參與了 Ripple 的 3200 萬美元的投資——這次將會為勝利者提供 15000 美元的現金獎勵，以及提供專業的技術和企業專家。

桑坦德創新風投的管理合夥人，馬裡亞諾‧別林基（Mariano Belinky）表示，分散式總帳技術，將會讓客戶、銀行和企業圍繞著它帶來極大價值。這個競賽將會激勵和加速互聯網金融創業企業的進程。桑坦德創新風投已經和初創代理 OneVest 結成夥伴關係，將會為天使投資者提供輔導和指導。

## 巴克萊銀行

巴克萊銀行（Barclays Bank）是全球規模最大的銀行及金融機構之一，總部設於英國倫敦，於 1690 年成立，是英國最古老的銀行，具有逾 300 年歷史，也是全世界第一家擁有 ATM 機的銀行，並於 1966 年發行了全英第一張信用卡，於 1987 年發行了全英第一張借記卡。截至 2013 年，全球雇員達到 140000 人。截至 2012 年，總資產高達 1.49 萬億英鎊，成為全球第七大銀行，是位於滙豐銀行 (HSBC) 之後的英國第二大銀行。巴克萊銀行在全球 50 多個國家經營業務，在英國設有 2100 多家分行。

### 接受比特幣捐款

巴克萊銀行在 2015 年 5 月表示，比特幣在多方面創造了一種「比當前支付體系更優雅的解決方案」，但在多個領域依然「存在不足」。該行在報告中預計未來將會有更多數位貨幣問世，而且可以彌補第一代比特幣的缺陷。該行首席設計和數字官德里克‧懷特（Derek White）明確表示，巴克萊允許比特幣交易所幫助慈善機構接受比特幣，並透露了一些關於和比特幣交易所合夥的細節。

巴克萊銀行也在不斷研究和擴大比特幣區塊鏈技術，計畫讓客戶們通過與比特幣交易所相互合作，來使用數位貨幣進行慈善捐款。這表明，巴克萊銀行並不想被時代拋棄，同時他們也看到了比特幣降低基礎設施成本的潛力。該銀行已經在倫敦建立了兩個比特幣實驗室，並且和一些初創公司進行合作。巴克萊銀行還使用了倫敦東區白教堂內的一個翻新倉庫來舉辦比特幣愛好者

之間的聚會，這樣做的目的在於加強對比特幣和資料庫感興趣的初創企業、學術界、政府的相互合作及彼此聯繫。

比特幣區塊鏈記錄了所有比特幣交易，並不是只有巴克萊銀行看到了其中的潛質，瑞士銀行也想要在這方面研究一番。前巴克萊執行長安東尼‧詹金斯（Anthony Jenkins）在 2015 年或更早的時候，曾經發出警告，認為銀行正在面臨「Uber 時代」，這將會讓銀行削減掉 50% 的職員。一些跡象表明，11 個大銀行在 2015 年已經削減了 10% 的職員。

### 巴克萊加速器

2015 年 10 月 24 日，紐約的巴克萊加速器（Barclays Accelerator）演示日上，有 11 家公司展示了它們創新的互聯網金融方案。在其中有 8 家企業已經和銀行簽訂了合約。在演示後的 13 周內，將會有密集的網路搭建、指導和發展活動。

巴克萊加速器計畫是作為 Tech Stars Global（隸屬於 TechStars 公司）網路提供合作的，主要的內容包括為金融技術初創公司提供輔導和機會，可以讓創業企業來接觸行業專家，以及有影響力和潛在的客戶。該項目覆蓋了互聯網金融的大部分領域，包括從網路安全到人工智慧，從財富管理到投資銀行，還有大資料和數位貨幣。接下來 13 周課程將會在倫敦進行，直到 2016 年 1 月。巴克萊宣佈，接下來的兩次的巴克萊加速器機會將會是 2016 年 3 月，在特拉維夫和開普敦進行。

2015 年 6 月，10 家公司參加了巴克萊的倫敦 12 周加速器計畫，有 7 家公司和銀行獲得了「探索性機會」。巴克萊銀行和一家瑞典企業 Safello 簽訂了協定，該公司參與了倫敦的加速器計畫，研究區塊鏈如何在傳統金融領域使用。

巴克萊首席設計和數字官德里克‧懷特表示，在巴克萊正在擁抱數字革命、開拓創新，在初期，巴克萊會幫助他們來構建發展規劃，和這些初創企業共

同打造金融服務的未來。還將領導行業新技術的開拓，這將是極為重要的，幫助巴克萊實現「去銀行化」的雄心。

2015 年 3 月，在倫敦舉辦的摩根士丹利歐洲金融會議上，前巴克萊銀行的 CEO 安東尼·詹金斯警告說，銀行業還沒有遇到技術的「全面破壞性力量」——但它一定會遇到。他闡述說，金融機構的擔憂正在快速增長，更加低成本的系統將會在未來幾年中搶走他們的消費者和企業客戶。TechStars 的董事總經理珍妮·菲爾丁（Jenny Fielding）表示，成為紐約市快速發展中的互聯網金融系統的一部分是非常令人驚訝的，並且在產業轉型中發揮積極作用。11 個初創公司分別對應不同的金融服務類型，進一步證明瞭在這個巨大的市場有不同的機會。對於這些高速成長中的初創企業而言，與巴克萊銀行一起工作，將證明巴克萊的確是一個強有力的合作夥伴，巴克萊很高興能夠在世界範圍內推出更多的互聯網金融方案。

巴克萊選擇了兩個特別專注於區塊鏈技術的互聯網金融公司，巴克萊的金融犯罪和交易監視小組，它們將會使用 Chainalysis 工具來深入即時地分析區塊鏈交易資料，以獲得在區塊鏈上的客戶金融交易資訊。Chainalysis 是一家總部位於瑞士的企業，該企業使用合規的手段來對區塊鏈進行即時分析，並且以此來為金融機構提供服務。Wave ——另一家開發了完全去中心化點對點網路的企業，用以連接所有的相關營運商，這些營運商可能包括諸如銀行、代理、貿易商，以及國際貿易供應鏈中的任何一方，它們也是用基於區塊鏈的工具，來幫助那些與巴克萊企業銀行（Barclays' Corporate Bank）在供應鏈上進行合作的相關商業客戶降低成本。

很明顯，比特幣正在逐漸走向主流和合規化，因此類似於 Chainalysis 這樣的服務會被需要，但是這樣的服務正在遭受比特幣社區眾多人的反對，一份已經洩露的 Chainalysis 發展路線圖被公佈在 Reddit 社區，引發不少憤怒和有敵意的評論。

2015 年 8 月，據稱巴克萊銀行將成為首家幫助某些它挑選的客戶——英國

的慈善團體——用自己的銀行直接接受比特幣的機構，這開創了歷史先河。可以預期的是，在主動將注意力放在慈善事業之後，巴克萊銀行考慮逐步讓普通商業客戶和長期客戶來接受比特幣支付。在此背景下，Chainalysis 系統可以讓巴克萊銀行能夠完全使用合規的應用來分辨出客戶的優劣程度。

### 區塊鏈實驗室

2015 年 9 月，英國銀行業巨頭巴克萊已經在倫敦營運了兩家工作站，或稱「實驗室」，專注於區塊鏈創新技術。這兩家機構位於諾丁山和倫敦的老街區，靠近倫敦金融城。它們將致力於比特幣和區塊鏈領域、業務和開發，大約有 75 個工作人員在進行探尋比特幣和其區塊鏈的工作。

## ▨ 美國銀行

### 大量專利申請

美國銀行（Bank of America）正在試圖通過不斷地申請區塊鏈技術相關的專利，謀求在該技術領域搶佔先機，並嘗試通過申請該技術的某些用例專利。美國銀行營運和技術辦公室主管，凱薩琳·貝松（Catherine Bessant）2016 年 1 月的達沃斯論壇上表示，美國銀行已經申請了區塊鏈技術相關的 15 項專利，目前正在起草的另外 25 項專利將會在 2016 年提交給美國專利和商標局（USPTO）。

她指出，區塊鏈技術非常有趣，但對於美國銀行而言需要取得一種平衡，既不想坐著傻等，最後變成滅絕的尼安德特人，也不想馬上把它投入到商業應用中，畢竟截至目前該技術在商業中應用的前景還不是太明晰，儘管其極具吸引力。

美國銀行正在試圖站在行業的最前端，在該領域已經有了 15 項專利，有許多人或許會對於美國銀行正謀求在區塊鏈技術和數位貨幣獲得更多專利感到驚訝。但是他們知道，在瞭解其真正的商業應用前景之前，進行智慧財產

權的儲備對我們來說非常重要。

在 2015 年 12 月，美國專利和商標局公佈了美國銀行申請的 10 項專利，美國專利和商標局一般在他們申請專利 18 個月後進行資訊公佈。但資訊顯示，美國銀行申請和正在申請的專利數量顯然要高得多。

美國銀行申請的專利包括「數位貨幣的風險檢測系統」「可疑使用者警報系統」等，這些專利還沒有被授予。區塊鏈技術要成為銀行業的主流可能還需要一點時間。但目前，多家銀行正在積極探索這一領域。

### 區塊鏈貿易融資試驗

美國銀行在 2016 年 3 月宣佈，銀行正針對貿易融資開發一種基於區塊鏈技術的試驗。此舉是近期跨國銀行機構將自身定位於區塊鏈技術早期採納商的最新例證。2015 年 12 月下旬，美國銀行披露已提交一系列與該行業相關的新專利。就在 2015 年 11 月，該銀行發佈新聞宣佈與財團新秀 R3 展開戰略合作。

美國銀行認為區塊鏈有望取代在全球貿易領域居主導地位的手工流程。

美國銀行全球交易服務創新部負責人傑森·蒂德（Jason Tiede）向媒體表示，他們正在貿易融資領域進行試點測驗。貿易融資以往過於依賴手工、紙筆流程，這個試驗能夠體現在分散式總帳上數位化資產的價值，是有趣的用例。值得注意的是，該專案是美國銀行與另一家不願透露姓名的銀行聯合開展的。蒂德說，該試驗應該在 2016 年春季之前完成。

公告顯示，美國銀行已加入渣打銀行與新加坡發展銀行（DBS）之列，成為積極尋求在貿易金融領域採用區塊鏈技術的大型銀行。

# (2) 金融和 IT 巨頭的區塊鏈戰略

## ⫶ DTCC

美國存管信託和結算公司（Depository Trust & Clearing Corporation，DTCC）及其子公司通過全球各地的多個經營性設施和資料中心，使全球數千家機構的金融交易處理實現自動化、集中化和標準化。

DTCC 擁有近 40 年的經驗，是全球金融服務行業首屈一指的交易後市場基礎設施，可簡化股票、公司和市政債券、政府和抵押支持證券、衍生品、貨幣市場工具、銀團貸款、共同基金、另類投資產品和保險交易的清算、結算、資產服務、全球資料管理和資訊服務的複雜性。2011 年，DTCC 處理了總價值約為 1700 萬億美元的證券交易，其儲存庫為 122 個國家和地區發行的價值 39.5 萬億美元的證券提供託管和資產服務。DTCC 的全球場外衍生品交易資料儲存庫記錄了總名義價值超過 500 萬億美元的全球交易（包含多個資產類別）。

DTCC 全球交易資料儲存庫打算將其業務拓展至新加坡，建立一個總部位於亞洲的全球資料中心，以確保監管機構可以無縫訪問用於場外衍生品市場系統性風險緩釋的資料。DTCC 致力於幫助全球客戶和監管機構建立強大的經營性基礎設施，這種設施可以提高場外衍生品市場的透明度並降低其風險。DTCC 的全球交易資料儲存庫服務發揮了重要作用，幫助全球的公共和監督管理機構全面瞭解有關市場參與者從事場外衍生品交易的風險，以及更好地瞭解這個複雜市場的規模和範圍。DTCC 的這個計畫和策略旨在確保全球交易資料儲存庫能夠為全球的監管機構提供及時和同等的交易資訊。此外，隨著全球監管機構制定新的規則（要求向交易資料儲存庫報告所有衍生品交易和其他場外交易），該資料中心將幫助市場參與者滿足當前和未來的監管要求。

　　DTCC 還在荷蘭建立了一個新的歐洲資料中心，以支援全球交易資料儲存庫。新加坡的資料中心預計將於 2012 年末建成並投入營運。DTCC 還打算在新加坡為全球交易資料儲存庫註冊所有五個資產類別，並且將與新加坡所有地區監管機構和業界緊密合作，在 DTCC 將業務拓展至亞洲的過程中使全球交易資料儲存庫獲得更高的認可度。DTCC 從全球場外衍生品行業獲得了極具競爭力的儲存庫建造合約，這些儲存庫旨在向監管機構報告有關全球場外信用、股票、利率、商品和外匯衍生品交易的資訊。信用、股票、利率和商品衍生品的全球儲存庫已經投入營運，而外匯衍生品的儲存庫也將投入營運。

　　DTCC 為場外信用衍生品開發了最初被稱為 TIW 的全球首個交易資料儲存庫。如今 TIW 儲存著超過 98% 的全球所有場外信用衍生品的交易資訊。經過一個競爭過程之後，DTCC 隨後獲得了行業批准，為股票、利率、商品和外匯場外市場開發全球交易資料儲存庫服務。為了支持這些市場，DTCC 還開發了一個基於網路的獨立監管門戶網站，該網站基於自願報告協議和監督管理機構授權，讓全球各地的監管機構可以獲得有關信用衍生品交易的準即時資訊。後來該門戶網站經過拓展覆蓋了場外股票衍生品和利率衍生品，並且還將用於商品和外匯交易報告。目前全球約有 40 家監管機構使用該門戶網站來監控衍生品。

### 《擁抱顛覆》白皮書

　　2016 年 1 月，DTCC 發表了一篇白皮書，呼籲全行業開展協作，利用分散式總帳技術改造傳統封閉複雜的金融業結構，使其現代化、組織化和簡單化，該技術還可用以解決目前交易後過程局限性的問題。

　　DTCC 的總裁兼首席執行長邁克·博多松（Mike Bodson）表示，金融業面臨一個曠世難逢的機遇，抓住這次機遇，就能使金融市場結構現代化，解決長期存在的可操作性挑戰。為了以負責任的方式挖掘分散式總帳技術的潛力，避免多個無關聯的封閉式方案，整個行業必須通力合作。

白皮書的名稱是《擁抱顛覆：開發分散式總帳的潛力，改善交易後的環境》。該白皮書指出，儘管目前的金融市場結構可以提供穩定的、可靠的、可追溯記錄，但金融市場結構仍非常複雜、封閉，無法進行一年 365 天 24 小時的處理。DTCC 認為一系列資產配上完整的，可追溯的交易記錄的分散式總帳才是安全的，而這些記錄只對信託方開發，如此將會大大改善交易，同時降低風險和交易後成本。

依據 DTCC 的研究和分析，DTCC 建議開發目的機遇，在某些確定的領域改善既有結構，這些確定的領域是：自動化受到限制或不存在，與既有處理過程相比，新技術提供了明顯的優勢。需要開發的機遇包括：主資料管理、資產 / 債券的發行和服務、確認資產交易、交易 / 合約確認、記錄和配比複雜的資產類型，目前對這種資產沒有有效的解決辦法、淨額清算、抵押品管理，以及長期結算。

但是，白皮書提醒，分散式總帳技術還不夠成熟，且未被證實，目前該技術還有內生規模化限制，缺少下層結構，所以不能完全整合到既有金融市場環境之中。因此，該技術可能不會是每個問題的解決辦法，但 DTCC 可以將其看作是一個替代方案，博多松通過標準化的工作流程和拓展雲技術的使用來降低成本降低和風險降低的概率。

另外，白皮書指出，迄今為止，各方並沒有開始合作進行研究，因此，行業面臨重複過去失敗經驗的風險，產生無數基於不同標準的，經過重大妥協的複雜的封閉解決方案。最符合邏輯的方法是：既有的經過監管的具有公信力的中央權威機構在幫助技術發展中扮演領導角色，為分散式總帳技術的應用引入標準、管理和技術。此外，認為這些機構應與全行業展開合作，以確保新機遇、新技術能為交易後過程帶來益處，與長降低風險這個長遠目標相一致，提高效率，為市場參與者降低成本。

博多松認為，目前很多公司私下裡的測試方法是利用一種使用共識協議以提高透明度的技術。這種方法可能會導致交易後的環境沒有發生改變，很多

公司仍會面臨整合與和解的問題。作為一家存在了超過 40 年的金融市場公司，DTCC 是唯一一家能夠領導研究力量，探索分散式總帳技術如何能簡化或取代現有交易後系統的公司。

DTCC 給出了承諾，推動交易後領域分散式總帳技術。作為此承諾的一部分，DTCC 付諸實際行動，他們為 DAH 注入了一筆資金。DAH 是一家為金融服務領域開發分散式總帳技術的公司，博多松將成為該公司的董事會成員之一。DTCC 通過這筆資金，促進了全行業的合作，幫助引進標準，企業管理和技術為分散式總帳的應用提供了支援。

**教育和實驗**

2015 年 DTCC 在證券交易了 1.6 萬億美元，如果停止金融交易鏈，DTCC 就會有巨大損失。所以 DTCC 過去幾個月一直努力把自己放在大範圍實驗的中心，和其他公司一樣也在開展區塊鏈技術。

DTCC 不僅沒有與比特幣分散式總帳技術對抗，相反接受了這個新工具，同時使用此技術定義了該行業的未來架構，即使這意味著改變公司的商業模式。

DTCC 首席技術架構師羅伯特‧帕拉特尼克（Robert Palatnick）表示，DTCC 的部分責任是幫助行業創新，如何使用分散式總帳解決行業問題。如果這意味著 DTCC 需要改變商業模式，那就是這個行業需要 DTCC 做的。

DTCC 向用戶收取帳戶費但不包括臨時月租費和手續費。每年證券交易總額超過 1 萬億美元，在最近的年度報告中，即使少量手續費疊加起來平均也有 1.4 萬億美元。但是理論上，區塊鏈的潛力能讓企業消費者自己進行交易後找到的解決方案來改變。

為了普及區塊鏈顛覆性潛力，DTCC 在 2015 年 12 月加入了非營利 Linux 基金會的超級帳本專案，這是一個推動區塊鏈技術的合作項目。利用這層合作關係，DTCC 可以在創立公司管理，在技術制定標準的過程中起關鍵

作用，並確保技術是開源的。DTCC 系統總監帕爾達·維士努莫拉卡拉（PardhaVishnumolakala）成為該專案技術指導委員會的一員。雖然現在仍然處於初級階段，超級帳本主要使用區塊鏈技術來提供開源金融解決方案。帕拉特尼克説，但這只是公司推進計畫的開始。

帕拉特尼克並沒有提及 DTCC 正在與哪個具體的銀行和機構聯繫，但是他表示正在做實驗把區塊鏈技術整合成一個大的資料庫基礎建設，努力把過往交易識別做到和 Google 搜索一樣簡單。

頻繁的實驗在 DTCC 的「閒置地區」中進行，平均結算時間大約三天，但是需要數月來關閉結算。在 2016 年 3 月，500 位元 DTCC 客戶參加的圓桌會議中，公司討論了在 2017 年 9 月 5 日前把結算時間縮短到兩天的方案。

帕拉特尼克表示，DTCC（由幾個使用它的銀行組成的私有公司）沒有使用單一區塊鏈，但使用的是不同的分類帳本，這個分類帳本是每個用自己的方式去中心化並從屬於公司的貿易後服務。

確實，區塊鏈的潛在顛覆性影響在全球證券行業促成了一些有趣甚至令人驚訝的合作。雖然 DTCC 資助的實際實驗內容仍然處於保密狀態，但那是當數位資產的另一位元投資者 ICAP 宣佈，已經完成了針對交易後流程的內部區塊鏈測試，也能夠得到一些關於正在進行的工作的暗示。

### 阻力和生存

儘管所有的研究都是關於區塊鏈技術如何與清結算貿易進行結合，但是這樣的公司模式被分散式總帳所影響的聯合創始人認為，DTCC 的努力恐怕是無用的。

Firm 58 主要是管理紐約證券交易所和美國股票和期權交易所的交易費，其首席技術官吉姆·馬倫（Jim Mullen）就表示，無論他們準備做些什麼，都需要認真審視這個技術，本質上，他們需要記住區塊鏈的精髓就是，有了區塊鏈，他們將變得不再重要。

馬倫的公司通過分析客戶的資料幫助客戶，他認為還沒有一種方法能給 DTCC 提供區塊鏈技術，公司採用分散式總帳技術，這樣就不再需要交易商了，但是仍然需要一個中心化的有經驗的權威機構來資助、託管和維護去中心化總帳。

事實上，DTCC 曾經就有一段在顛覆性技術下生存發展的歷史。

這家公司是 1999 年由存管信託公司（DTC）和國家信託清算公司（NSCC）合併而來，兩家公司都是在 1968 年「華爾街文書作業危機」（Paperwork Crisis, 也稱證券洪流危機）時成立的。

那時候，老式的文本交易檔已經跟不上加速變化的匯率，機構使用新技術使過程數位化。現在在 139 個國家中，DTCC 每天處理超過 1 億美元的數位元交易。儘管有這樣的經驗，但帕拉特尼克承認他接到的每個從供應商（做區塊鏈實驗）打來的電話都能讓他更瞭解這項技術如何影響公司帳本底線。

帕拉特尼克最終表示，他非常希望能夠按快進鍵來看一年後事情會變成什麼樣子，這樣他就可以集中所有的資源來做這件事。

博多松還承諾在紐約進行區塊鏈實驗，他把 DTCC 在未來區塊鏈改變商業扮演的角色，定位為一個解決過於擁擠的環境的方法。他相信，傳統的信託機構應該扮演一個領導者角色，來支持分散式總帳的實施。

博多松假設這樣的參與可以幫助提高效率並且減少成本，進而幫助行業處理大量的挑戰，討論新技術的存在問題。圍繞分散式總帳的可擴展性的持續性問題，博多松引用了圍繞比特幣的討論，某些網路特徵是否應該被改變，來允許每次進行更多交易。他注意到最近比特幣把交易驗證時間提高到 43 分鐘，認為這是區塊鏈運用到更廣泛領域的標誌，可能正努力調節 DTCC 使用的現存技術量。

最近的一個區塊鏈測試成功地將分散式總帳技術應用於信用違約掉期，掉期市場的合約金額高達百萬億美元。

### 百年難得一見的機遇

2016 年 4 月，博多松在最近一封致股東書中，將 2015 年稱作「區塊鏈技術成為主流」的一年。他透露了 DTCC 首席技術架構師帕拉特尼克的意見，即區塊鏈將會從「炒作」可以轉變成現實。

博多松指出，這是百年難得一見的機遇，可以實現交易後環境的現代化，因此需要聯合起來確保第一步行動的正確性。

這個聲明回應了 ASX 首席執行長埃爾默‧馬克‧庫珀（Elmer Funke Kupper）的觀點，他說區塊鏈技術是「20 年難得一見的機遇，我們可以擁抱更低成本和更高效率的創新」。

帕拉特尼克在金融服務領域從業的 30 年間，從未見過圍繞區塊鏈技術的這種狂熱。帕拉特尼克說，儘管區塊鏈技術的潛能和機遇讓人興奮，但還是存在一定的限制。

博多松引用帕拉特尼克的話，指出分散式總帳仍不成熟，還缺乏證明。他們本質上有規模限制，也缺乏無縫整合到現有金融市場環境的底層基礎設施，並且帕拉特尼克認為短期內分散式總帳技術也不會被廣泛採用。

大型銀行和服務供應商之間的區塊鏈狂熱最終會變成現實，一系列的技術開發熱潮會創造「分散式總帳的孤立迷宮」。因此帕拉特尼克呼籲全行業的廣泛合作，進行金融業的現有核心流程的開發和重新架構，用分散式總帳替代它們。

### ⧉ Visa

2015 年 11 月，Visa 歐洲宣佈使用區塊鏈技術來進行匯款。不過，儘管目前有許多的同行正在尋求構建封閉或者私有的帳本，Visa 歐洲聯合實驗室（Visa Europe Collab）創新合夥人喬恩‧唐寧（Jon Downing）已經明確表示，目前他們測試的項目使用的是運行中的比特幣區塊鏈，進行支付的「概

念證明」，並解釋説，在測試環境中，資金通過區塊鏈進行跨境發送，並且通過 Visa 設備進行接收。可以用法幣發送一筆支付交易，然後通過 M-Pesa（肯亞移動貨幣服務）來接收，但是通過利用某個區塊鏈供應商，能夠完成匯款。

這次測試之所以引起很多人的關注，是因為**匯款領域長期以來一直被認為可能會被區塊鏈上的點對點支付所打破**。然而到目前為止，比特幣能夠讓匯款成本降低這個説法遭到行業內許多人的反對，例如 MoneyGram（速匯金業務）和西聯匯款，都試圖描繪現金作為支付手段是不可能被任何數位貨幣所替代的。項目負責人指出那些被 MoneyGram 和西聯匯款所描述的對於匯款行業的挑戰，是因為他們作為行業服務提供者固守自己的想法，缺乏創造性思維。比特幣也許是一種解決「最後一公里」問題的創造性解決方案，因為業內認為匯款的主要成本來自運輸物理錢幣到專門的兌換點。

如果「概念證明」被證明是成功的，也許會通過特定市場與特定的金融服務夥伴來進入「孵化期」。比特幣在這裡最大的機會就是可以分割這一切，通過使用一種開發和非專有的標準，可以讓本地玩家整合到系統中，從而為你提供一個更加廣泛的網路效應。

不同於投資上下通道的方式，像 Visa 這麼大的支付機構可以很簡單地利用開放的比特幣區塊鏈技術，從而擴展到其網路覆蓋範圍。其他類似的專案，因為一些相似的結論和理由來支持使用更加私人化的比特幣區塊鏈，Visa 歐洲和 Epiphyte 已經創建了相似的內部帳本系統，這是通過一個來自 Ripple 的協議可以合併銀行自有帳本和分散式總帳的系統。

Visa 已經有了全球最為強大的支付網路，通過極強的功能性證據，有能力擴展其功能到任何其他支付網路。從這個角度來看，「概念證明」將被視為跨境結算引擎，支援在分散式總帳上「即時結算」，並且最終將橫跨「多個專有支付系統」。基於比特幣的安全性和網路效應，對於像 Visa 歐洲這樣的企業客戶，區塊鏈是一個擴展他們的支付系統的理想方式。例如，如果一個

比特幣供應商倒下，鑒於比特幣網路的開放特性，將會讓用戶通過其他提供商來使用另一條支付路徑。可以在每個交易的基礎上動態傳輸價格，正因為比特幣是一個開放的網路。這並不是說不綁定一個特定的供應商，只不過，你不需要預先知道是在使用哪一個供應商。

Visa 歐洲同時也在研究物聯網和零售環境中全新的技術，他們認為區塊鏈是一個「非常需要關注的重點」。在 Visa 歐洲聯合實驗室中有一小群人正在探索數位貨幣和區塊鏈，這對 Visa 歐洲和支付生態來說將會是一個機會。對於 Visa 歐洲最關鍵的是，區塊鏈能否讓傳輸變得更快，並且獲得更多的擴展能力。

## ▨ SWIFT

SWIFT 是一個國際銀行間非營利性的國際合作組織，總部設在比利時布魯塞爾，同時在荷蘭阿姆斯特丹和美國紐約分別設立交換中心 (Swifting Center)，並為各參加國開設集線中心 (National Concentration)，為國際金融業務提供快捷、準確、優良的服務。SWIFT 營運著世界級的金融電文網路，銀行和其他金融機構通過它與同業交換電文（Message）來完成金融交易。除此之外，SWIFT 還向金融機構銷售軟體和服務，其中大部分的使用者都在使用 SWIFT 網路。

但 SWIFT 顯然已經被這些新興崛起的金融技術所威脅，一些區塊鏈初創企業和合作機構開始提出一些全新的結算標準，例如 R3 區塊鏈聯盟已經在制定可交互結算的標準。一旦形成全球性的標準，SWIFT 很有可能會被邊緣化。

因此，在 2015 年 12 月，SWIFT 宣佈將於 2016 年初開始實施新計畫，通過使用更快更安全的跨國支付手段——通過整合類似於區塊鏈這樣的全新技術來提出一個全新的路線圖，以提升其跨行支付結算的競技能力，並將銀

行業務在速度方面達到「像光速一樣快」。它的市場部全球負責人雷莫克斯（Wim Raymaekers）表示將會改變一下跨銀行結算，也許會使用區塊鏈技術來替代雙邊通匯的對應帳戶。這樣在兩個跨國帳戶之間 nostro/vostro（國外／我方）結算的改變涉及消息層和結算層。

雷莫克斯解釋說，「隨著時間的推移，你必須要在需要的時候進行提升。這就是一個戰略路線圖，但是你沒辦法簡單地直接去掉過去的系統然後換上新的，這顯然不現實。銀行已經在它們的系統中內置了這套合規性，你必須要保持在這個層級的控制。」SWIFT 表示將繼續開發全新的和更好的服務，利用 SWIFT 的 Innotribe 機構來進一步拓展互聯網金融社區，探索能夠實施付款跟蹤的支付系統，使用點對點資訊傳輸和區塊鏈技術。

### 構建分散式總帳平臺

由於區塊鏈技術有可能會取代金融仲介機構，這個問題已經被區塊鏈行業創新者和互聯網金融專家問過很多次了。SWIFT 可以視為是「全球金融行業的主心骨」。那麼，SWIFT 會如何回應這個潛在威脅的問題呢？

該金融資訊型服務供應商在 2016 年 4 月宣佈，他們正努力構建自己的分散式總帳平臺。目前關於 SWIFT 開發此技術的具體細節尚不清楚，但是 SWIFT 確實表示其概念證明機制目前正在探索如何把分散式總帳融合進 SWIFTnet PKI 保護層，同時用現存的電子資料標準來評估其可操作性。

至今，SWIFT 還不相信分散式總帳能夠「完全滿足金融社群的要求」，甚至其服務的 11000 家金融機構也有同樣的疑問。使用分散式總帳進行消息傳送的機構已經有了一些進步，通過科技支付服務的供應商，包括 CGI 集團、Earthport 和 IntellectEU，都在提供基於 Ripple 技術的產品。

有一些合夥人認為這是讓他們能夠進步的好事，然而更多的先進分子如巴克萊銀行的西蒙·泰勒（Simon Taylor）稱其為「遲了兩年的贊同」。Needham & Company 的股票研究助理斯賓塞·鮑嘉（Spencer Bogart）

很好地總結了全部的觀點，他把這稱為區塊鏈市場主導的跡象。鮑嘉說，SWIFT 的聲明是多餘的，區塊鏈行業人士早就知道，區塊鏈技術會對金融仲介機構造成威脅。

　　當泰勒在其聲明中做出激烈的辯駁時，大多數受訪者表示 SWIFT 的計畫可以被解讀為該公司已經在金融市場受到了威脅。西北航道首席執行長亞曆克斯·泰普史考特（Alex Tapscott）爭論到，說區塊鏈技術會取代 SWIFT 還「過於籠統」了。他建議，SWIFT 的戰略核心應該是用區塊鏈技術徹底改造自己。

　　康·泰普史考特（Don Tapscott，《Blockchain Revolution》一書作者）認為應該把這次區塊鏈改革看作是積極的，他說，金融行業一直都樂於接受新技術，思維模式陳舊的領導者是最難接受新技術的。

　　至今還有人對報告持有一種非常挑剔的態度，他們覺得該技術還是沒有提供充足的市場細節。各種各樣的受訪者包括：電子交易諮詢公司 Consult Hyperion 的創新主管大衛·博馳（Dave Birch），公共政策研究組織 Cato Institute（卡托研究所）高級研究員吉姆·哈珀（Jim Harper），他們都表示對這份報告中的語言和想法感到困惑。

　　博馳認為該報告討論了 SWIFT 創新實驗室的一些概念證明機制，但是沒有提供足夠的細節證明其合理性。他尤其引用了一些分散式總帳的正面影響，包括「交易可追蹤性」和「傳播資訊的高效率」，他認為這些技術目前還是比較薄弱的。

　　總體上來說，哈珀對報告的評價也並不樂觀，不能因為一些區塊鏈網路的推斷，就想解散 SWIFT。他認為在 SWIFT 系統下，分散式總帳發展的機會很小。斯賓塞表示，SWIFT 面對的巨大問題是其分散式總帳平臺應該如何發展，在其他機構掌權的情況下如何實現中心化。

　　目前仍然與 SWIFT 合作的產品及服務的受訪者，仍然對聲明持有一種積

極的態度。IntellectEU 業務開發副主席漢娜‧祖布科（Hanna Zubko）表示仲介商解決方案公司「經常建議」SWIFT 應該接受分散式總帳。祖布科稱讚了 SWIFT 是一個可靠的創新夥伴，同時該公司也接受分散式總帳生態系統。她認為沒有什麼事情經過一夜就可以完全改變，至少要謹慎地採取第一步措施，同時朝著正確的方向發展。同樣地，在 CGI 集團負責區塊鏈開發的蜜雪兒‧勞克林（Michael O'Laughlin）說，他把這次聲明看作是批准公司使用分散式總帳技術的信號。

博馳推斷即使分散式總帳技術被廣泛接受，還是需要一個像 SWIFT 這樣的機構，他確信分散式總帳的實現會取代 SWIFT 系統——可以想像銀行會有 SWIFT 通道，但 SWIFT 不會作為中間商因為每個通道都有帳本——但是不會取代 SWIFT 機構。

## 微軟

### Azure

2015 年 10 月，乙太坊專案和 ConsenSys，這兩個項目的共同創始人之一，宣佈已經和全世界最大的企業軟體供應商之一的微軟建立了合作關係。將會在微軟的 Azure 雲平臺上，為其企業客戶提供開發工具。旗艦產品將會包括 BlockAppsStrato ——一個能夠構建乙太坊應用的工具包，和 Ether.Camp —— 一個區塊鏈瀏覽器。

美國微軟金融服務部的技術戰略總監馬利‧加里（Marley Gary）表示，他們已經看到許多有潛力的框架專注於金融服務，而像乙太坊這樣的跨金融機構的平臺，能夠把許多還停留在過去的人拉到現代。對於開發基於分散式總帳的應用，他們認為乙太坊的確是一個非常好的平臺。

通過在微軟的 Azure 雲平臺上，開發人員可以創建半私人的或者純私人的網路環境，而不用花費任何資金。

在某些時候你可以打開一個公開節點，在整合式開發環境中，通過點擊按鈕就能把你的偵錯工具部署到公開的乙太坊區塊鏈上。這將花費價值 2 分到 5 分的乙太幣，這樣你的應用程式就可以部署了。人們大約會花費 1 分錢或者不到 1 分錢來使用你的應用進行互動。

潛在的應用將會包括由銀行組建的聯盟之間進行期貨匯款交易或者搭建公開交易所。微軟將會和 ConsenSys 一起協作，但是微軟並沒有購買乙太幣，加里表示說，微軟僅僅是為客戶提供一個可以使用 ConsenSys 的平臺。

作為專案的一部分，盧賓（Lubin）介紹說他們已經在這個系統中開發了一系列的應用程式。公司表示他們涉足的應用範圍相當廣泛，無論是有趣的還是嚴肅的項目都有。如 DAOWars（人類玩家可以設計一個自動代理機器人來對抗其他競爭者設計的機器人），又如 GroupFnosis（預測市場平臺）和 EtherSign（應用於文檔管理和簽名的加密工具）。

微軟和 ConsenSys 之間合作的第一個成果在 2015 年倫敦召開的乙太坊開發者大會上被宣佈。

BaaS

微軟公司不僅在區塊鏈技術上看到巨大的潛力，同時也認為其中蘊含巨大的商機。在微軟 Azure 雲平臺上，將會通過部署包括乙太坊在內的區塊鏈基礎設施，為客戶提供「**區塊鏈即服務**」（Blockchain as a Service，BaaS）。

據微軟 Azure 的美國金融服務技術戰略部門主任馬利·加里說，區塊鏈和其所在的整個系統發展迅猛。無論是「雲」端還是本地，或者是混合的分散式總帳的開發、測試和部署領域，微軟的 Azure 都將會做到最好。

基於區塊鏈技術帶來的優勢，一大批有興趣的企業（尤其是金融服務業）開始接受它並從中受益。這是微軟正在挖掘的機會——它希望銀行和金融公司使用 Azure 雲平臺來承載其區塊鏈。

加里表示，在區塊鏈行業，他看到了巨大的商機。在未來的幾年中，企業級的區塊鏈基礎建設作為編織這一金融基礎設施的基礎，將會非常重要。

事實上，微軟在區塊鏈的專案上已經與許多初創企業和大公司有合作。在微軟 Azure 的 BaaS 系統中，現有的合作夥伴包括 ConsenSys、Ripple、Eris Industries、CoinPrism、Factom、BitPay、Manifold Technology、LibraTax 和 Emercoin。

微軟 Azure BaaS 的最新進展是 MultiChain 和 Netki 的加入。Multi 使組織能夠快速設計、部署和操作分散式台帳；Netki 設計解決方案，使基於區塊鏈的產品的操作更加便捷。

此外，Azure 的 BaaS 還宣佈了新的開發 / 測試實驗室的整合。報告中指出，目前使用的 Azure 的開發 / 測試實驗室將會使區塊鏈技術變得更加易於構建和測試。現在所有區塊鏈相關的服務和合作夥伴可以在實驗室環境下作為物品來設置和添加。

區塊鏈的分散式總帳是以「有許可權的」或「無許可權的」方式，防止記錄和存儲的資料被篡改。已有多份報告闡述分散式總帳技術的優點和成本優勢，吸引實體經濟進行實驗。世界經濟論壇調查報告預測，到 2025 年，全球 GDP（國內生產總值）的 10% 將用區塊鏈技術保存。

大多數版本的區塊鏈還處於起步階段，在這一技術正式投入生產之前，測試和提煉的過程將會持續下去。微軟表示，這不僅為各種實驗專案提供了平臺，為這一過程提供了保障，而且已經準備好把 Azure 的 BaaS 平臺變成一個重要的營利來源。

### 幫助大銀行開發區塊鏈技術

2016 年 4 月，微軟宣佈已與由多家大銀行組成的區塊鏈聯盟 R3 Consortium 達成合作協定，將幫助開發區塊鏈技術。

微軟和由摩根大通、花旗銀行等國際大行組成的 R3 Consortium 聯盟表示，它們將會攜手合作，「加速這種被稱為區塊鏈的分散式總帳技術的普及」。

根據雙方達成的「戰略合作」協議，微軟 Azure 將會是 R3 的雲服務提供者。雙方稱，微軟將會為 R3 提供基於雲端的工具、服務和基礎設施，以及技術架構師、專案經理、實驗室助理和支援服務。

微軟全球業務拓展執行副總裁佩吉·詹森（Peggy Johnson）表示，有了智慧的雲端技術，R3 及其銀行成員將能夠加快實驗和學習進程，並加速分散式總帳技術的部署。R3 及其成員還將能夠接觸到微軟的區塊鏈合作夥伴，其中包括 Ethereum 和 Ripple 等創業公司。

## IBM

2016 年 2 月 17 日，IBM 公佈了其全面的區塊鏈戰略，這讓 IBM 的「區塊鏈戰略大戲」終於達到了高潮。IT 巨頭 IBM 第一次對基於區塊鏈新興技術的商業解決方案展開深入的研究。

儘管之前 IBM 就已經主導了 Linux 的超級帳本項目，並將自己的論文向其他技術提供者開放，但本次宣佈的消息可以說是全面發動攻擊，標誌著 IBM 已經全速進軍區塊鏈行業，其研究的深度和廣度在同行業中都是獨一無二的。

IBM 透露戰略的中心內容是，多年的戰略規劃，包括 BaaS 與公司既有的資產整合，例如 IBM z 系統，該系統是全球前 100 名銀行的核心 IT 系統；Watson 物聯網（IoT）平臺，以及它的開發工作組專案 Bluemix Garage。IBM 已經成為第二家推出 BaaS 服務的科技巨頭，另一家是微軟，微軟在 2015 年 10 月公佈了其沙箱開發計畫，在區塊鏈行業中掀起了一股熱潮。

IBM 區塊鏈技術副總裁傑瑞·柯摩（Jerry Cuomo）詳述了公司市場戰略的特別之處，他認為，用戶使用 IBM 的區塊鏈專案服務後，可以迅速測試區

塊鏈網路，這些特點是對微軟進行補充，但是強調他所認為的最大的潛在差異。柯摩認為微軟在既有的區塊鏈網路上更為開放，然而對於 IBM 的 BaaS 服務，商務客戶將會使用 IBM 區塊鏈結構，因為這是 IBM 精心製作的一種受專利保護的公共服務。

柯摩認為 IBM 的最新共識演算法改進了隱私保護和可審性，商務客戶可以為更廣的用例創建區塊鏈應用，而創建速度無可匹敵。

平臺的最初用戶包括一些知名企業機構，例如倫敦股票交易所（LSE）、Kouvola 創新和日本交易所，東京股票交易的操作員認為由於上述大型機構的加入，也讓很多企業用戶產生了共鳴。

### 區塊鏈的 DNA

IBM 表示，他們設計的區塊鏈結構與其他既有區塊鏈網路有些不同。

他們所指的區塊鏈「結構」是指「區塊鏈的 DNA」以及一種商業網絡，在這個商業網絡中，交易可以被複製，使用者成員可以訪問共用帳本。

這裡的帳本有三個特性，第一，可複製，當你輸入資料時，該資料會複製到所有的帳本中，即所有的帳本都是同步的。第二，它擁有特殊許可權，你只能在你的許可權範圍之內瀏覽有限的帳本，也只能在這些帳本上進行商業操作。第三，借助這種區塊鏈結構，使用者可以創建含有邏輯性的交易，例如可程式設計的合約，該合約可在特定時間段內，處於特定條件下自動管理一筆資產。這種結構使分散式總帳成為可能，加快網路創立的進程。

IBM 指出，開展這項服務可以在「可插結構」中起主要作用，使用者將體驗多種軟體模型，加密身份管理工具可在 Java 和 Golang 中寫入智能合約。此外，通過隱私和機密控制操作，用戶可以設置許可權，明確誰可以瀏覽帳本，誰可以執行智能合約。

這項功能與當前的公共區塊鏈大為不同，例如比特幣和乙太坊，在比特幣

和乙太坊中，所有人都可以加入到網路中參與操作。而 IBM 的智能合約用大眾更熟悉的開發語言寫出，而乙太坊卻全部用新語言寫出。

### 與超級帳本互動

BaaS 服務的一些特性與超級帳本項目相重合。超級帳本是另一個合作專案，截至目前共彙集了 30 多家行業利益相關者，包括初創公司，傳統金融機構和潛在的終端技術使用者，各方的目標一致，即創立一個開源區塊鏈服務。

IBM 的共識演算法將會使用 IBM 貢獻給超級帳本專案的 4.4 萬行代碼，但由於附加價值的服務，這種共識演算法還是有所不同。這種共識演算法所使用的都是基於那些編碼，而不是編碼之上的價值；所增加的是精心創立的區塊鏈網路能力，以及一系列樣本和服務。

作為一個測試環境的例子，IBM 將一個區塊鏈應用樣本上傳到其網站之上，開發者可以在此應用上測試資產交易。

IBM 嘗試在其網站上提供更多的內容，網站中有一個還未開放的介面，其中包括「智能合約研究者」，開發者可以利用這個介面，體驗智能合約，還有一個「汽車租賃」介面，為大家提供一個基於區塊鏈的供應鏈端應用全景。

### 對合作持開放態度

IBM 將 BaaS 服務描述為一種能夠讓用戶在雲端協作的技術，用戶可以通過這種技術與其他同業者進行交流。如同 Azure 服務，這項技術還處於測試階段，首先對開發者開放，之後達到規模化的目的，最後公開發佈區塊鏈的生產版本。

日本交易所也有這個目標，日本公司研究的「概念證明」，旨在創新低流動性資產交易系統。他們在使用 IBM 的測試服務，目的是進行分級。根據日經指數（Nikkei），日本交易所想發表一份報告，主要是關於 2016 年末他們對工作研究的最新發現，而倫敦股票交易所（LSE）指出他們在創立一些風

險管理的專案，並提高全球市場的透明度。

　　IBM 承認超級帳本專案和他們的工作之間有交集，而且日本交易所也加入了超級帳本技術研發，事實上，正是應日本交易所的要求，監管者才加入該專案。

　　IBM 表示，加入的交易所希望其監管者也能訪問編碼，所以監管者也參加了超級帳本項目。但是 IBM 與監管者的工作關係是託管式服務。IBM 的共識演算法相關的商業業務和超級帳本專案向監管者發出了積極的信號，即監管物件希望他們的專案符合全球政府機構的要求。這也是加入開放式環境的另外一個原因，監管者不想對所有的區塊鏈結構做背書，但是 IBM 希望通過這種措施，也許他們會背書一兩個結構。

### 迅速面向市場

　　IBM 服務的關鍵在於，它可以撬動既有服務系統，例如 IBM z 系統，這是 IBM 的大型電腦和分散式伺服器技術系統。在 IBM 的網站上，IBM 宣傳説它的 z 系統可以將區塊鏈帶入「一個新的高度」，因為該系統可以處理「大規模的交易資料」。通過介面交易記錄系統以及訪問 z 系統上的既有資料，可以加速估值時間，降低成本，簡化程式。

　　通過 z 系統，使用者可以「調整他們自己的結構」，在網路中傳遞資訊，尋求同業人員認證時，對交易進行加密。z 系統由於其出眾的大規模加密性能而被大眾所知，所以如果在 z 系統中運行區塊鏈系統，那麼其規模化將輕而易舉。z 系統就像是專門為這種工作量而準備的。

　　IBM 也將推出 IBM 區塊鏈 DevOps 服務，客戶可以在 12 秒內創建微型區塊鏈網路。同時，為了讓潛在客戶更好地理解其技術的這些層面，IBM 正在倫敦、紐約、新加坡和東京啟動 IBM Bluemix Garages，目的是尋找區塊鏈概念證明的設計和實施的發展者提供個人支援。

　　IBM 還將為客戶提供和相關專家一起參加「90 分鐘互動會議」的機會，這

些專家能夠幫助他們快速實施自己的想法。遠端呈現和網路會議同樣也對客戶開放。IBM 相信客戶會發現這其中的價值，他們能夠利用團隊的知識讓技術以最快的速度得到應用。

## Infosys

2016 年 4 月，在 Infosys Confluence 三藩市會議上，IT 服務巨頭 Infosys 最近通過其分公司 EdgeVerve Systems 發佈區塊鏈平臺。

Infosys 是印度歷史上第一家在美國上市的公司（納斯達克股票代碼：INFY），總部位於印度資訊技術中心──班加羅爾市，在全球擁有雇員超過 100000 名，分佈於 27 個國家的 56 個主要城市。Infosys 公司的主要業務是向全球客戶提供諮詢與軟體等 IT 服務，經營理念是採用低風險的且在時間和成本等方面可預測性高的全球交貨模式（GDM），加速公司的發展。

該專案被稱為「EdgeVerve 區塊鏈框架」（EdgeVerve Blockchain Framework），致力於深化金融服務業的區塊鏈技術應用。Infosys 表示，該平臺建立在許可型分散式總帳的基礎上，可以使銀行「快速部署」區塊鏈服務。

EdgeVerve 在宣傳材料中描述分散式總帳平臺為不受資本類型限制的、高度擴展性和「最小化金融服務運行和交易成本」的最佳選擇。該平臺專門為銀行業設計開發，可以擴展到國際跨境交易所需要的水準。這些技術優勢使該框架內的應用平臺能夠運行支付和高容量地交易這些銀行業務。

EdgeVerve 客戶和業務總裁安迪・戴伊（Andy Dey）說，公司將投資愛爾蘭的相關專案研究所，並與幾個未具名的機構合作探索其應用。EdgeVerve 表示，已經圍繞數位資料庫、發票處理、支付、智能合約、銀團貸款和貿易金融展開概念證明研發工作。

就在數周前，Infosys 曾公佈相關技術理論研究，公司相關領導表示相信未

來幾年內區塊鏈技術會滲透到金融業，儘管同時存在相反的觀點。Infosys 通過該平臺，加入微軟、IBM 和紅帽（Red Hat）等 IT 巨頭的技術探索大軍，在企業區塊鏈解決方案的新興市場中爭奪業務。

## (3) 諮詢業巨頭的區塊鏈案例分析

### ░ 德勤

德勤會計師事務所（Deloitte & Touche）是世界四大會計事務所之一，為德勤全球（Deloitte Touche Tohmatsu）在美國的分支機構，後者在 126 個國家內共有約 59000 名員工。

#### 德勤數位貨幣社區

繼花旗、瑞銀、USAA 等銀行巨頭之後，全球四大會計事務所之一的德勤，成為目前對區塊鏈技術感興趣的最新主流金融機構。該公司透露其正在嘗試將區塊鏈技術應用到用戶端的自動審核及眾包（公司以自由形式外包給非特定大眾網路）公司在應用程式上的諮詢服務。

德勤公司首席諮詢長艾瑞克‧皮斯尼（Eric Piscini）表示，德勤一直在對區塊鏈技術潛在的商機進行研究。公司有 20 萬雇員，所以他們需要對區塊鏈及其底層技術有更多的瞭解，並且相信它真的可以改變客戶的經營方式以及他們的運作過程。公司將這個團體命名為「德勤數位貨幣社區」（Deloitte Cryptocurrency Community，DCC），該團隊在全球 12 個國家中有約 100 名成員。目前主要將精力集中在告知銀行業及零售客戶區塊鏈技術的優勢，同時發揮協調實體店與產業初創公司間關係的功能。

DCC 社區有三個任務：

一、培訓德勤及其客戶群抓住機會；

二、研究該技術如何提升現有服務水準；

三、深化比特幣使用案例：貨幣切換式通訊協定、管理員工薪資支付、央行擁有的數位貨幣的可行度。

**兩大陣營**

德勤表示，他們的許多客戶目前仍處於對區塊鏈技術的探索階段。大多數公司還在嘗試區分比特幣和其他區塊鏈間的差異。然而，還有些客戶正在將這一技術應用到具體某個方面，比如增加額外收入或降低成本。

德勤透露，有一小部分的客戶已成功將區塊鏈技術應用到具體業務實例中了。因為通常當某一新技術發展到第三階段時，他們才會開始分析這一技術並且好奇如何將其應用到具體業務中去。這些客戶正在尋求建立在比特幣之上的其他協定，包括 Blockstream 協定（核心為側鏈技術）、合約幣協定及 Factom 協定（核心為應用程式開發）。關鍵問題是，現有協定究竟是在與這些公司合作還是在創建一個私人區塊鏈。

瑞波實驗公司和乙太坊研究的區塊鏈替代產品目前也處於探索階段。對於德勤來說，兩邊都有其客戶。他們想使用 Factom 協議，因為這是個很好的解決方案。於是他們將一個抽象概念擺在了德勤和區塊鏈之間。一種看法是，不必非得讓他們知道我在用比特幣，但是我的確在支持他們的業務、大型社區和大型挖礦網路時加入了這一技術。另一種看法是，有些人說我不想和比特幣扯上任何關係。因為我不想和比特幣打交道，我打算用乙太坊。這就是所謂的兩大陣營。

皮斯尼認為德勤在紐約的銀行客戶，主要對使用區塊鏈進行交易、轉帳結算等感興趣，其他地區的零售客戶則對區塊鏈能起到像禮品卡提供商 Gyft 的獎勵作用感興趣。德勤表示，目前就區塊鏈技術在公司業務上尚未確定某個具體的計畫，而這恰好說明公司想把區塊鏈用在最合適的地方。目前的想法

是，找到最適合用這一技術的地方，來創造更多收入、產生不同的客戶體驗或者降低成本，找到之後再植入技術來實現這些目標。

也許最值得關注的是德勤作為初創企業和企業之間的調解人作用，目前這兩個團體之間的交流尚不平穩。一些相對傳統的公司仍找那些不會把技術和業務銜接起來的「科技極客」尋求幫助。現實的確如此，很多初創公司缺乏經驗，也不知道該怎麼和客戶談生意，事實證明，如果你沒有用對正確的術語，對方連 10 分鐘的時間都不會給你。截至目前，這已經讓大公司對該技術產生了「錯誤的預想」。比如，德勤注意到，還不能證明區塊鏈可以高效低廉地取代共用型資料庫。一些大公司已經假定了區塊鏈可以解決商業或技術上的問題，因此他們對其抱以極高的期望。有些時候，德勤會告訴他們，區塊鏈只能幫到這裡了，貴公司應該考慮其他的解決方法。

區塊鏈正在成為一個流行語，人們試圖用它來解決所有出現的問題，儘管有時候人們還弄不清楚區塊鏈究竟是怎樣起作用的。專業人士正在想讓該技術轉行，因為這樣他們才能想出合適的解決方案。但相互理解可能需要幾年的時間。

### 德勤區塊鏈平臺 Rubix

德勤已推出軟體平臺 Rubix，它允許客戶基於區塊鏈的基礎設施創建各種應用。Rubix 被稱為「一站式區塊鏈軟體平臺」。Rubix 官網羅列了該軟體的四個利益方面，包括貿易合作夥伴關係、即時審計功能、土地登記功能以及信用積分。公司內部則專注於通過隱秘方法自動解決審計處理中存在的問題。

因為公司的每筆交易都在區塊鏈上進行，所以利用區塊鏈設計出的解決方案將會加快審計進度。同時由於區塊鏈具有不可逆性和時間戳記功能，對於需要審核的公司，德勤會核查該公司的區塊鏈及全部交易。這將加快審計進程，使其更便宜、更透明。

Rubix 發佈於 R&D 之後大約一年，德勤目前已經具有了這種平臺，可以幫

助德勤的商務客戶。客戶才剛剛認識到，未來建立在區塊鏈技術上的無限可能。大部分的客戶以其行業、目標和需要來確定以及執行計畫。德勤將他們對技術的理解，與技術對客戶生意所產生的影響相結合，不僅僅是今天他們繼承的商業遺產，而且對未來兩到三年客戶生意的一個預測。

在服務中推動各方興趣的關鍵在於：金融服務提供者想急切地確定區塊鏈技術如何成熟，然後他們就可以開發出一套有遠見的商務戰略。Rubix 的團隊目前正在與一家醫藥健康領域的客戶合作，準備建立一個方便支付的模型。Rubix 透露，客戶的需求是這些「概念證明」，將會向組織中剩下的人提供提醒或給出信號，告知他們各自的組織，未來會發生什麼……其他可能的關注區域，將會研究應用的信用積分和供應鏈系統，在這兩個領域，自動化將會改變現有的商務操作。某些過程的自動化將會產生重大的影響，可以提高透明度和開放帳本，如果你能在既有的過程中提供效率，那麼這些就是技術的非常有價值的貢獻。

也許 Rubix 最令人矚目的特點，是它為客戶提供多種分佈共識平臺。截至目前，Rubix 已經在乙太坊協定上集中了大部分的工作，就提供功能性而言，企業客戶對此非常感興趣。

主流金融服務提供者在私有鏈和許可鏈上有不少興趣問題，但是那些主流金融服務提供者也許方法不對，所做的努力可能達不到預期效果。例如，很多大型金融機構對比特幣成為數位貨幣保留意見，而他們繼續追求那些人們已經不再使用，或者有限度使用的專案，例如數位代幣 。但是，奧裡斯‧瓦利安特（Oris Valiente）指出為了確保分散式總帳系統運行，仍然需要代幣化。瓦利安特深信未來，數位貨幣一定會成功，因為數位貨幣有一個光明的未來，尤其是在新興市場，國家發起的貨幣或數位貨幣，為那些被排除在金融服務之外的人們，提供了更多參與世界經濟的機會。

但要讓發達市場的主流接受數位貨幣，還有很多困難需要克服。比如在發達市場，已經有消費者和其他替代產品，數位貨幣會佔據主導地位嗎？也許

發達市場的人們不缺金融產品工具，只是要看人們如何理解這種技術，後者將成為主要的障礙。就此而言，客戶是將區塊鏈技術視為在新興市場中，創造新產品的一種方式，在這些市場中之前幾乎不可能創造或分配新產品。一個最恰當的例子就是保險業，人們可以使用區塊鏈技術，解決投保人與保險商之間信任的問題。如果區塊鏈技術可以作為新興市場 P2P 保險平臺的一個促進器，那麼，就等於為整個社會創造可帶來價值的新產品，也就將向實現金融准入和消除貧困前進一步。因此，一旦區塊鏈技術走過探索階段，進入鞏固階段，這種轉變將很有可能發生。就像是一旦你看到這些細小的碎片最後彙集成一個全面的網路，那時你就會感受到很多有意義的影響，而這些影響將在一兩年之後發生。

### 德勤不可取代

德勤不認為 P2P（區塊鏈技術的核心）技術有可能會取代類似於德勤這樣服務供應商。嘗試失敗的可能性是很有限的，但這個機會是不能錯過的。之前的例子將改變德勤今後的工作方式，但並不認為德勤會被（區塊鏈）替代，只是業務處理更有效率了。至於在納稅服務方面，由於技術尚不明朗但有可能獲得業務。此外，德勤還看到了技術在諮詢服務方面的應用機會。

在諮詢方面，德勤將會見證生態系統從適應、改變至將區塊鏈作為解決方案的過程。其潛力在於通過 P2P 眾包平臺提供大範圍的諮詢服務，而不是幫助客戶制定發展策略。顧客可以在區塊鏈上進行諮詢，然後區塊鏈將針對顧客的問題匹配合適的公司（來解決您的問題）。正是考慮到諮詢逐漸成為德勤業務的重要組成部分，公司「非常認真」地對待這一發展過程。

即便是企業用戶，目前最受關注的仍是區塊鏈技術能否被廣泛應用，但支付功能作為核心功能仍將受到比特幣和區塊鏈的影響。站在德勤的角度看，比特幣應被當作一種為全部交易（包括金融行業外）提供服務的技術。當你想對各種類型的交易進行管理時，比特幣是一種非常有意思的應用。你和我之間可以互傳比特幣，也可以讓司機來接機。今天我用優步叫車，但明天我

可能用區塊鏈叫車。而隨著時間的推移，區塊鏈將在資產轉讓、智慧合約、投票表決等事宜上逐漸成為一個基礎層，而且有可能針對不同的用途創造出不同的區塊鏈。像比特幣這樣的數位貨幣就很有可能繼續在區塊鏈的管理中發揮作用。

儘管德勤正在研究的用例超過 20 個，但他們仍表示並不清楚哪種機會是區塊鏈最好且最直接的用例。德勤預計將會有一款「殺手級」的應用上市，而公司可以從中獲得極大的利益。

### 建議央行發行數位貨幣

2015 年 7 月 10 日，德勤發佈了一份報告，探討如何讓央行發行自己的數位貨幣。這篇報告題為《國家擔保的數位貨幣：將比特幣最佳的創新應用於支付生態系統》，該報告設想了一個與比特幣類似的生態系統，其中金融機構扮演無償的礦工，而整個總帳系統由中央銀行負責管理。

由央行發行數位貨幣，這一想法其實很早就被提出，已有的概念如美聯儲幣（Fedcoin）以及由新加坡央行提出的評論。理論上來說，由央行發行的數位貨幣，央行能夠控制貨幣的供應量，而網路上的數位代幣能夠與由央行發佈的法定貨幣相聯繫。

德勤認為，這樣的實驗是值得追求的，尤其是像美聯儲這樣尋求改善型數位元支付方式的機構，該報告指出：好的結果就是，這種新型支付方式將徹底改變現有的系統，其具有降低成本、減少錯誤、提高資金轉移的效率，平衡隱私和匿名性的潛力，並且它無需一個中央式的組織來每天負責維護，這可能會真正地成為變革。

當然，由德勤假設而出的央行數位貨幣，與比特幣之間存在關鍵的區別。例如，這種央行數位貨幣並不對網路的代幣數量設限，而比特幣的總量上限被設定為 2100 萬。央行將控制其發展，並決定哪些實體驗證交易。此外，央行將提供面向使用者的服務，例如錢包服務，根據德勤的報告，用戶將保留

私密金鑰的控制權。

至於央行究竟如何去控制這種系統中的貨幣供應量，德勤給出的建議是：為了增加貨幣供給，央行可以即時轉帳數位美元（crypto-dollars），從它的私密金鑰傳輸到不同金融機構的私密金鑰裡。為了縮小貨幣供給，央行可以提高準備金要求，而金融機構將加密美元傳輸到央行的私密金鑰，從某種意義上來講，在功能上它等同於當前的系統。所以，由央行發行的數位貨幣，可能不會替代比特幣或任何其他數位貨幣及法定貨幣，這種概念，某一天會使數位貨幣的生態系統更為廣泛。

### 質疑監管過早

2015 年 10 月 21 日，德勤公司發表了一篇報告，稱當前去嘗試監管比特幣是否還為時過早。在這篇題為《比特幣處在十字路口》的文章中，德勤談到了比特幣和區塊鏈技術的優勢，探討了監管數位貨幣是否對於它們在未來的發展及大規模的普及，會產生負面的影響。

德勤認為，在很多方面，政策制定者和監管者的行為，皆是遵循自己的使命宣言，保護公眾和金融市場的誠信，那麼一個重要的問題就會隨之產生了，現在去嘗試監管比特幣，是否還為時過早呢？

文章提到了一些歷史的證據，試圖說明，不對新技術的發展進行干擾，即為最好的行動，並指出了三個原因，解釋為什麼全球政策制定者，應避免在比特幣萌芽期對其進行監管。首先，比特幣的市場滲透率，相較於傳統的法定貨幣系統和交易平臺而言，還是比較小的。比特幣受到了世界各地政策制定者和監管機構大量的注意以及審查，遠遠超出了其目前的規模和市場影響力。事實上，從任何相關的指標來看，比特幣目前的價值風險，也只是金融業海洋中的一滴水。其次，其他變革性的技術，往往在受到監管之前，會擁有更多的時間來進行發展。作者援引了電話（發明於 1876 年，於 1913 年才受到調控）、飛機（發明於 1093 年，於 1938 年受到調控）、互聯網（發

明於 1969 年，最近才被加強調控），以及比特幣這個開源平臺（最先是於 2009 年發佈的）來說明。比特幣的發展僅僅經歷了 6 年的時間，根據以往的新技術例子來看，它距離實現大規模的普及，還有很長的路要走。最後，比特幣目前尚未發現其最具價值的應用，它和區塊鏈技術的潛在應用名每天都在擴大，當前還只是處於早期階段，但其中一些新出現的應用，已經讓人非常興奮了。

### 與 Colu 進行合作

區塊鏈初創公司 Colu 透露已經與跨國諮詢公司德勤達成合作協定。它在 2015 年 8 月推出了區塊鏈公測專案，並表示這次合作將為區塊鏈技術帶來全新的「大市場」。儘管該公司沒有公佈此次合作的細節，但是該專案將涉及 Rubix 軟體平臺，德勤客戶可在該平臺上建立自己的應用程式，包括在區塊鏈上建立票務系統和登記系統。

Colu 公司的首席執行長阿摩司‧梅瑞認為，過去的兩個月裡，他們一直在與德勤代表溝通，並與德勤在加拿大的分公司以及 Rubix 開發團隊建立了密切的聯繫。因為德勤已經嘗試為一些客戶提供不同的有趣用例，所以德勤需要 Colu 在技術方面以及在定義不同的「概念證明」上提供幫助。

在 2015 年 7 月時，有四大會計師事務所專業服務機構透露，它們已經發現了超過 20 種區塊鏈技術的用例，並且已經對這一領域的研究超過 18 個月。在短短的三個月時間裡，Colu 就已經與超過 20 家公司建立了合作關係，包括音樂平臺 Revelator、加勒比比特幣交易所 Bitt，現在又增加了德勤。對 Colu 而言，看這些不同的公司如何使用區塊鏈技術建立不同的應用是一件非常有意思的事情。他們正在追蹤這些不同的用例，並且希望未來能夠開發出更多有趣的應用。

### 駭客馬拉松

萬向區塊鏈實驗室和德勤於 2016 年 1 月，在中國上海舉辦了全球區塊鏈

駭客馬拉松接力賽。參與者分成若干個小組，在兩天時間內「頭腦風暴」碰撞出區塊鏈的創新應用，並完成展示版本的設計與開發工作。乙太坊開發團隊、德勤 Rubix 團隊、萬向區塊鏈實驗室技術團隊等區塊鏈技術專家在比賽期間全程為參加者提供技術指導。在完成開發後，每個小組向大家展示了該小組開發的原型版本，並瓜分了由組委會提供的高達 10 萬美元的豐厚獎金。

在 2015 年成立的萬向區塊鏈實驗室（WanXiang Blockchain Labs）是一家專注於區塊鏈技術的非營利性前瞻研究機構。實驗室聚集了領域內的專家就技術研發、商業應用、產業戰略等方面進行研究探討，為創業者提供指引，為行業發展和政策制定提供參考，促進區塊鏈技術服務於社會經濟的進步發展。

**5 個合作夥伴和 20 個應用案例**

2016 年 5 月，德勤表示已經同包括 BlockCypher、Bloq、ConsenSys Enterprise、Loyyal 以及 Stellar 在內的區塊鏈初創公司建立合作關係，並且開發了一系列業務模型，包括保險、員工管理以及跨國支付，包括 20 個技術原型。

在銀行領域，兩家初創公司幫助德勤在區塊鏈上建立了所謂的「數位銀行」。雖然這種銀行並不是在區塊鏈基礎上從頭建起的，但是其構造的不同業務元件目前已經出售給了銀行。加利福尼亞的 BlockCypher 是德勤的新合作方之一，這家公司目前已經籌得 350 萬美元的風投資本，為德勤提供了核心技術，即一個應用程式介面層，來運行乙太坊、比特幣區塊鏈上各種數位銀行工具。此外，還提供了各種定制的私鏈。

德勤表示，這些合作方代表的是各種各樣的業務種類，而德勤則致力於在全球建立戰略合作，從而推動區塊鏈技術從理論發展到現實世界的應用。紐約的 ConsenSys Enterprise 是德勤早期區塊鏈合作夥伴，它正在幫

助德勤建立一系列出售給銀行的金融產品原型。這家公司是 ConsenSys 眾公司名下的一家，正在建立各種乙太坊區塊鏈的公共及私人產品。德勤把 BlockCypher、ConsenSys 以及 Bloq 歸為一類，這反映出對這三家公司幫助德勤擴大區塊鏈全球應用的厚望。但是，德勤又指出 Bloq 與其他兩家不同，它不是銀行業，這家芝加哥公司的任務是為德勤開發非區塊鏈技術保險產品。

初創公司 Loyyal，前身是 Ribbit.me，就專門研究獎勵機制；另一家 Stellar 則致力於跨國支付。Loyyal 在它以 Ribbit.me 的名義建立區塊鏈驅動的獎勵平臺時，就籌得了 150 萬美元風投資本，德勤認為這一原型能夠改變各行各業員工的行為。而 Stellar 則與其他合作方不同，它是一家非營利基金會，目的是推動跨國支付的發展。Stellar 同德勤的合作項目是為北美之外的銀行專門建立金融領域的服務。

這五家合作者中，有三家已經獲得收益，德勤並沒有透露是哪幾家，也並沒有去預估每家公司能夠帶來的潛在收入。相反，它消除了任何阻止區塊鏈在各領域及相關部門應用的障礙，從而挖掘各行各業的潛在需求。這樣，公司扭轉了傳統工程關係，以專心滿足這些需求。

如今除了銀行業，其他領域的擴張也愈演愈烈。在保險、醫療保健、零售、銷售，或者籠統地說——商業領域，其實都存在很多機遇。德勤的客戶已經要求區塊鏈產品覆蓋更多領域了，比如保險、石油及燃氣、資產管理等。德勤透露，它有一個「大型的使用案例庫」，相信跨國支付意味著能夠有值 200 億美元的突破性機遇。

## 普華永道

普華永道（Price waterhouse Coopers,PwC）是一家全球集團，有超過 20 萬名的雇員，主要集中在美國、歐洲和亞洲，在 2015 年有 350 億美元的收入。它被認為是世界四大會計事務所之一，也是美國第六大私人企業，

「《財星》500 強」中有 35% 的企業是由它進行審計的。在 2015 年，它吸引了財富 100 強中 43% 的審計費用。而現在，它把目光投向了區塊鏈。

### 2016 年的三個預測

傑瑞米‧德雷恩（Jeremy Drane）是普華永道中，致力於研究美國互聯網金融，區塊鏈和智能合約的高級主管，凱薩琳‧馬什（Cathryn Marsh）是普華永道 FSI 研究所的主管，該研究所致力於新技術情報對於金融服務業的研究和分析。他們二人在 2015 年底發佈了一篇對 2016 年區塊鏈行業發展的三個預測，勾勒出未來一年中區塊鏈技術的發展趨勢，以及這些發展趨勢中的關鍵點：

在 PwC 看來，區塊鏈技術極可能導致在金融服務行業內出現完全不同的競爭力，現有的盈利方式將會被徹底顛覆，那些擁有全新高效區塊鏈平臺的擁有者將成為最終的贏家。

預計在新的一年時間裡將會出現很大的變化，並且其中有三個大的趨勢將會是非常重要的：

（1）傳統金融機構將會在探索他們與客戶、供應商和競爭者新的合作機會時，尋求需求保護他們的智慧財產權；

（2）大型金融機構需要在設定戰略規劃時確立自己的風險控制參數；

（3）市場參與者將會圍繞著交易層面來開發相關流程。

那些傳統的金融機構，如銀行和交易所，正在尋找各種方式來改進和提升各種類型的交易，而那些非常瞭解這種全新技術的初創公司和服務提供者們也正在努力更好地接入和部署這種商業模式。當進入 2016 年，會鼓勵這些金融機構進行互相對話合作，瞭解和分享它們之間的智慧財產權。

在 2015 年，大部分市場工作的重點都放在基於交易解決方案的概念證明

上。隨著金融機構在 2016 年的大舉進入，可以觀察到從目前交易事務層面轉移到支援系統和流程。該行業需要開始探索治理、審計和 IT 安全。

也可以看出，金融機構的問題將從「我該如何使用區塊鏈技術」變成「我們該如何充分利用區塊鏈技術建立配套流程」，甚至是「這些全新的流程將會對我們的風險控制有何種影響。」

建議各個企業應該儘早地開始嘗試使用區塊鏈技術來測試各種公司內部職能（如合規性、風險和內部審計），這樣就不會止步於概念證明，而且更加容易確定資金的投放方向。

新技術帶來的好處，往往並不會讓市場中每個參與者都受益。換個說法就是，總會有贏家和輸家。這種情況下，對於大多數參與者很難將這些技術優勢變成實實在在的收益。很可能會看到這樣一個未來，精明的市場參與者聯合一些少數技術企業（這種戰略關係可以稱為「微聯盟」）將能夠把他們成本高昂的內部流程改造為高效和共用的平臺。由此產生的平臺，將會作為一種服務出售給更小的競爭者。

只有少數幾個關鍵合作夥伴能有能力同時協調戰略和商業之間的關係，用普華永道的觀點來看，這在未來幾年將會成核心競爭優勢。由於區塊鏈技術的發展速度驚人，可能會讓你感覺剛從幼稚園畢業就被送到了大學。而 2016 年就像這個幼稚園畢業的暑假，必須在很短的時間裡完成大量的準備工作以應付後面的大學課程。

如果要問我們有何建議，那就是確保你的學習能力可以跟上你要學習的內容。你會需要一個戰略規劃，以確定你的重點方向。此外，你還需要對這個技術進行深入的學習研究，以確保你真的可以從中受益。

### 正式進軍區塊鏈

2016 年 1 月，PwC 正式宣佈進軍區塊鏈技術行業。他們已經開始組建其區塊鏈技術團隊。該團隊設立在英國的貝爾法斯特，預計到 2016 年年底，該

團隊將會從目前核心的 15 人擴展到 40 多人。這些小組將會調查 PwC 客戶對於區塊鏈技術的潛在應用，以及推動金融行業對於該技術的理解程度。

PwC 合夥人和 EMEA（歐洲、中東和非洲地區）部門金融技術負責人史蒂夫·大衛斯（Steve Davies）表示，有明確的證據表明，無論是銀行、機構還是政府，都在尋找將區塊鏈技術作為一種安全存儲和分散式解決方案——當區塊鏈的巨大潛力正在逐漸顯現時，PwC 將會很好地為其客戶提供世界級的相關服務。

PwC 英國執行委員會成員阿什利·安維（Ashley Unwin）表示，區塊鏈技術正在讓金融服務業中的一些主要參與者感到擔心，因為他們不知道它會如何發展，它對於變革目前的商業模式究竟會有多大的潛力……PwC 確信，這個顛覆性的金融技術將會使得整個金融業對於區塊鏈專業知識的需求大幅增加，而他們將會試圖成為探索這些顛覆性新技術的領導者。

這已經不是 PwC 第一次對區塊鏈技術的潛力表現出興趣。在 2015 年，該公司發表過一篇題為《貨幣不是對象：瞭解不斷變化的數位貨幣市場》的報告，主要探討如何去理解數位貨幣，特別是比特幣，將會影響金融行業未來的發展。從這份報告中，就足以看到 PwC 對於數位貨幣潛力的認識程度。

3. 與 Blockstream 建立合作關係

Blockstream 在 2016 年 1 月底宣佈，和 PwC 建立戰略合作夥伴關係，為全球企業提供區塊鏈技術和服務。

Blockstream 是由比特幣生態圈內一些重要的貢獻者成立的，目前正在通過一種稱為「側鏈」的機制來擴展比特幣協議的能力。隨著側鏈的開發，該企業開始尋求將比特幣的區塊鏈技術應用到更多的資產類型，包括數位貨幣、開放資產和智能合約。

Blockstream 的商務高級副總裁亞曆克斯·弗勒（Alex Flowler），闡述了這次 Blockstream 與 PwC 合作夥伴關係之間的契合點：Blockstream 為企業

提供了非常成熟的且經過完善測試的安全區塊鏈產品──通過可以交交交互操作的側鏈技術來擴展比特幣企業用以支持新的應用──因為他們是整個行業中經驗最為豐富的團隊。PwC 帶來了深厚的行業經驗、廣泛的業務服務和最前瞻的客戶見解。將其合併在一起，PwC 和 Blockstream 將會幫助企業評估數位貨幣、區塊鏈技術，以及為比特幣協議帶來新的使用者。

PwC 合作夥伴以及 Fintech 聯合負責人哈斯克爾·加芬克爾（Haskell S. Garfinkel）表示，對於 PwC 的客戶而言，瞭解比特幣和區塊鏈上技術新的全球應用，接受它的無數種用途，使用它來提升金融安全性、效率和合規性是非常重要的。PwC 正在聯合 Blockstream 來為他們的客戶提供兩個團隊的共同知識和能力──讓他們有目標，讓兩支團隊能夠最大化地利用專業程度、人才和資產。

總之，和 Blockstream 的合作將會通過對現有解決方案來幫助他們客戶，以及開發新的產品使公司能夠跟上新的步伐，採用這種市場顛覆性力量，並且領導創新。

PwC 首席 Fintech 聯合負責人迪恩·尼克勞斯凱奇（Dean Nicolacakis）表示，正如幾個月前所表示的，區塊鏈技術在多個行業都具有開放和顛覆性的潛力。從 2016 年揭開序幕，將會與 Blockstream 一起，跨越雙方熟悉的領域來提供全方位的專業合作，為市場帶來全面的區塊鏈實施方案。

根據 Blockstream 的說法，PwC 已經把該技術介紹給他們在美國、歐洲和亞洲的客戶，並且正在探索金融和非金融領域的區塊鏈用例。

弗勒補充說，PwC 已經和比特幣交易所共同實施了第一個行業側鏈案例，稱為 Liquid，這已經提供了一個通過深入開發該項技術，為某個行業提供支援打開了大門。PwC 為 Blockstream 打開了大門，並且為該領域帶來全新的能力，許多企業能夠探索因為區塊鏈來臨而帶來的全新機遇。

PwC 還選擇了另一家區塊鏈技術初創企業 Eris，作為其區塊鏈技術合作夥

伴之一。

## ░ 安永

2016 年 3 月，安永會計師事務所發佈報告，專門研究作為數位化平臺的區塊鏈技術在保險業的應用。保險公司一直以來都不積極採用顛覆性創新技術，其創新戰略唯一的目的就是維護客戶和最大化企業利益。

目前這些企業紛紛開始探索區塊鏈技術，認為該技術的去信任系統真正可以帶來長期的戰略性利益。因為它能**提供安全去中心化的交易；精準及時的變動通知可以降低風險，增加資本機遇；降低營運成本；提高企業管理水準**。

隨著技術的進步，保險公司控制的活動應該慢慢轉變為全新的數位元化模型，其技術基礎設施也就要相對升級以適應新的生態環境。新的分散式技術消除了保險公司的技術應用障礙，對現有金融模型構成一些威脅。區塊鏈技術的潛能可以帶來前所未有的行業透明度和可靠性。

對保險業而言，區塊鏈主要提供了四大機遇：詐騙探測和風險預防、數位化的投訴管理、新的行業顛覆和資源配置、網路安全責任。

儘管區塊鏈技術在保險業的應用前景很好，可是像所有新技術出現的初期階段一樣，該技術的可擴展性、實施技術以及與企業和政府機構的實際融合都引起了行業的擔憂。

監管者擔心的是關鍵基礎設施還不完善，給現實技術融合帶來隱患；區塊鏈技術人員專業性不夠，難以保障各方利益；損失控制機制標準化還在完善中。保險公司的主要擔憂是，該技術的擴展性以及與現有系統的相容性，風險管理、計畫制訂和時機把握。市場的主要擔憂是，中心化基礎設施的減少會帶來高額的監管成本和複雜性；技術發展可能使強制性、規範性監管變得低效；市場需要彈性的審慎監管；歐盟委員會計畫提高資料和隱私保護標準；消費者資料控制方式會改變。

　　總體來說，金融服務機構應該繼續該技術探索和開發，創造適合行業發展的應用。安永也專門成立了核心團隊，為企業家和保險公司挖掘提供機遇。

## 麥肯錫

　　根據麥肯錫商務諮詢公司的最新一篇報告：《超越炒作：區塊鏈在資本市場的發展》，報告中認為傳統金融行業最終大規模採用區塊鏈技術，將很有可能經過四個階段。最終，區塊鏈技術將會「**深刻改變資本市場的面貌**」，影響這個領域的商業模式、成本節省和資金要求。麥肯錫報告聲稱，一旦社會採用區塊鏈技術，社會將會獲得可觀的近期利益，加快資本市場的結算清算手續，同時降低金融機構需要保持的帳本數量，並且確保審計跟蹤更加精確。

　　但是，麥肯錫最主要的發現是，金融業必須協調一致，才能享受區塊鏈帶來的好處，這個結論支持了大銀行所做的一些努力，也為分散式 R3 聯合帳本提供了支援。因為只有所有市場參與者、監管者和技術人員的通力合作，才能挖掘區塊鏈技術的所有潛力，但這需要耗費時間。麥肯錫建議，區塊鏈部署過程中的障礙，包括區塊鏈資料不可逆的特性，可能會要求網路之類的參與者達成一個共識機制，以解決衝突。而且，麥肯錫確實提供了一份詳細的路線圖，介紹了不管遇到多少挑戰，區塊鏈如何完成轉變，為金融機構提供了一扇窗，啟發他們如何應對分散式金融技術的轉變。

　　鑑於區塊鏈的上述益處，麥肯錫認為這種技術的推出將歷經四個階段，分散式總帳將第一次把所有法人實體的金融機構聯合在一起。在這種情形下，每個公司的法人實體會成為分散式總帳上的「節點和記帳人」，之後借助技術的發展，機構將有機會與其既有平臺「重新接線」。而隨著時間的推移，設計問題可以內部解決或修改。第一步可以是如何把資產移入和移出封閉的區塊鏈系統。從這一點來講，區塊鏈技術通過在銀行中取代手動輸入，可以達到擴大規模的目的，然後為技術提供「堅實的測試基礎」。

　　麥肯錫認為，在市場參與者的小規模網路，他們可以達成一致，共同遵守預定和轉帳的協定和標準，而且投資少，具有改良目前操作的潛力。此階段過後，區塊鏈技術將進入交易商經紀占主導地位的市場，最後被公開市場的購買者和銷售者大規模採用。除此之外，區塊鏈技術更有可能擴散的其他領域會是：金融資產證券化、貴金屬、回購協議、聯合銀行債、產權保險和出售證券。而早先進入比特幣領域的競爭者，他們當時專注的很多用途，將會需要更長的時間去發展。需要指出的是，包括在支付系統的應用技術，隨著時間的推移，以往在比特幣市場上，基於經驗的貨幣交易將會向外匯商務發展，因為比特幣互換將會獲得吸收現金儲蓄的執照。此外，區塊鏈技術在支付領域的應用將會超出目前的散戶和小規模應用。

## ﹨ 埃森哲

### 亞太投資報告

　　2015 年 11 月，一份來自埃森哲的報告預測，亞太的金融機構和服務將會增加在雲技術、移動錢包和區塊鏈技術的投資。此外，亞太地區的互聯網金融投資額將會是 2015 年的 4 倍。根據這份已經在 11 月 3 日公佈的公告：「整個亞太地區在金融技術（互聯網金融）方面的投資在 2015 年直線上升──2014 年整年全部投資額約 8.8 億美元，而到 2015 年 9 月投資額已經接近 35 億美元。」

　　在這個趨勢中最主要的動力是來自中國的投資額出現了大幅度的增長。除了有來自阿里巴巴控股集團的投資，來自移動支付和電子商務 Paytm（印度最大的電子支付平臺）的投資外，還有來自平安保險集團的 P2P 貸款和金融內容資產交易機構陸金所的投資。

　　埃森哲金融服務集團在東盟高級董事總經理及互聯網金融創新實驗室亞太執行長喬恩·奧拉維（Jon Allaway）表示，金融服務機構正在更多地採用雲

技術、移動錢包和區塊鏈技術來重新定義自己的業務和營運模式。可以看到，來自銀行互聯網金融風投基金、孵化器和創業公司的投資正在增加。

此外，埃森哲澳大利亞兼紐西蘭高級董事總經理葛列格·卡羅爾（Greg Carroll）表示，澳大利亞的所有銀行正在尋求將區塊鏈技術整合到他們自己系統的方式。這對於創新來說已經打開了大門，互聯網金融初創公司也許能夠在澳大利亞找到最好的機會。

來自埃森哲的研究顯示，**6%** 的董事會成員和全球最大銀行中只有 **3%** 的首席執行長有技術方面經驗。埃森哲最新的報告建議：金融機構和金融應該將重點放在區塊鏈、雲和網路安全方面，這是因為，作為一種獨立的技術，區塊鏈能夠幫助銀行、信用卡公司和清算企業進行合作，以創造更加安全、更快速的彙集和通過降低對手風險和交易延遲率來優化資金的使用。

### 互聯網金融創新實驗室

2016 年 1 月，埃森哲的 2016 年倫敦互聯網金融創新實驗室宣佈，將會包括 15 個初創企業。在這 15 個企業中，Crowdaura 將是唯一一個使用區塊鏈技術的初創企業。Crowdaura 能夠使用區塊鏈機制，通過眾籌的方式來發行證券。

這些被選出的公司將會在未來 12 周內和埃森哲的員工一起工作，還有來自主流金融機構的管理人員也將會一起參與，其中包括美國銀行、德意志銀行和滙豐銀行。

埃森哲金融服務部門主管理查·倫波（Richard Lumb）說，公司「極其高興」並迎接這些初創企業加入孵化器。他們提供一些非常令人振奮的創新，在超過 30 多個國家中已經獲得了極其良好的記錄，倫敦也是正在蓬勃發展的歐洲互聯網金融社區的中心。

Crowdaura 是第二個在埃森哲孵化器中工作，基於區塊鏈技術的初創企業。在 2015 年夏天，在香港的匯款初創企業 Bitspark 也參與過埃森哲 2015

年亞太互聯網金融創新實驗室。

## ⧅ 蘭德公司

蘭德（RAND）公司是一家具有全球政策影響力的智庫公司，它與美國的國防和國土安全部門有著緊密聯繫，2016 年 1 月，該公司發表了一篇名為《數位貨幣對國家安全之影響》的報告。該報告研究了非國家成員，包括恐怖分子和叛亂集團在正常的經濟交易中通過使用數位貨幣，從而增強他們的政治和經濟能力的可能性。

這篇報告由美國國防部部長辦公室資助，整個研究過程是由蘭德國防研究部門所轄的數位貨幣國防政策中心所主導，研究數位貨幣對國際和國內安全的影響。蘭德國防研究部門是一家聯邦政府資助的研究和發展中心，資助單位包括美國國防部部長、參謀長聯席會議，統一作戰指揮部、海軍、海軍陸戰隊、國防部門和國防情報局。

該報告認為，經過巴黎和聖博娜迪諾的一波恐怖襲擊之後，可以預測數位貨幣將會成為恐怖分子策劃犯罪活動的工具。就在巴黎恐怖襲擊之後，有人就要求增加數位元貨幣交易的控制，以防止恐怖分子借助數位貨幣繞過法幣交易的監管和控制──或者完全禁止使用數位貨幣。

蘭德更進一步建議，政府應使用先進的技術手段去主動破壞數位貨幣。這包括恐怖組織，也有其他和平利用數位貨幣的非政府機構，是對隱私和加密的全面戰爭。

根據蘭德的分析，數位貨幣表現出資料存儲的強大適應性，資料以高度分佈的方式存儲，而且很難被破壞。這可能會導致資訊洩露（博客，社交平臺、論壇、新聞網站），使國家干涉失靈。

報告中這樣說道：「數位貨幣代表了去中心化網路服務的最後一步。特別是，歷史趨勢表明，發展一種適應性很強的公共網路金鑰，我們將此定義為，

不管國家機構擁有多麼複雜的系統，都不能阻止簡單的網路行動者獲得持續的、穩定的網路服務。」

　　報告並建議美國國防部門應**摧毀去中心化數位貨幣，以防止全球任何人都史無前例地獲取任何資訊和交流服務。**

　　蘭德的研究者分析了基於區塊鏈系統的去中心化特徵，包括但不限於數位貨幣，其中比特幣是一個為大眾熟知的例子。但是不含貨幣應用的區塊鏈技術，例如複雜的加密存儲系統和去中心化網站的格式，以及交流服務，蘭德認為它們也是威脅之一。事實上，比特幣追捧度的增長帶來了大眾對複雜加密技術認知的提高。

　　這篇報告認為，大眾對區塊鏈技術的認知提高了，人們就會提高對分散式共識和計算的複雜加密技術的認知，連風險資本家現在都在談論電腦科學概念了，而之前這些概念僅限於學術圈子。

　　有個重要的考量就是，相對來說，公眾對數位貨幣還是認識有限，也不太信任。但是當更多的人瞭解到去中心化，基於區塊鏈系統的 P2P 等的長處時，包括價值存儲、交易等，人們就會改變看法。事實上，數位貨幣變得越來越受大眾歡迎，它不僅在發達國家被人追捧，在發展中國家也受人喜愛，那裡惡劣的經濟條件和低效的金融系統可能促使人們去接受一種非國家發行的數位貨幣，作為一種可靠的替代品。

　　因此，蘭德的報告似乎在建議一次先發制人的打擊，阻撓數位貨幣的發展，也許美國和其盟友最好的戰略就是：瞄準數位貨幣增加接受度的特性，即匿名交易、安全和全球可用性。報告中同樣給出了一些例子，說明如何對數位貨幣和基於區塊鏈系統的其他應用實行打擊。

　　與此同時，美國總統候選人希拉蕊·克林頓近期呼籲發起「類似曼哈頓計畫」，加增強式加密通信的執法。全球其他國家政客也呼籲向加密技術開戰，包括英國首相卡梅隆，他計畫在英國推行強力加密技術禁止措施，該計畫被

一些高端網路活躍家嗤之以鼻。希拉蕊和蘭德的建議區別在於，一家傾向於技術措施，另一家著重監管和禁令。

# (4) 證券交易所的區塊鏈案例分析

## 納斯達克證券交易所

### 代理投票系統

2015 年 10 月，納斯達克首席執行長鮑勃・格雷菲爾德（Bob Greifeld）宣佈，交易所將會使用區塊鏈技術管理代理投票系統。

簡而言之，代理投票對於交易所而言，是一件非常重要且費事的工作，它需要由一系列在交易所上市的公司來處理。而通過這個全新方式，可以讓股東在每年的股東大會上用手機進行投票，而不需要一定出席在周年大會上。這一舉措首先將會在愛沙尼亞的納斯達克市場進行測試。

格雷菲爾德說，納斯達克打算把代理投票放在區塊鏈提供的永不更改的公開帳本上，這樣人們就能夠使用手機來操作（投票），並且記錄可以永久保存。值得注意的是，納斯達克一直非常支援這種區塊鏈技術，因為這種技術看起來能夠在更短的時間內讓交易變得更加透明。

這個行動雖然出人意料但也是情理之中，因為早些時候，納斯達克的首席資訊官布拉德・彼得森（Brad Peterson）已經在這個主題上分享了他的觀點，區塊鏈技術在改變股票市場上具有非常大的潛力。這些語言來自全球資本市場上，僅次於紐約證券交易所的全球第二大交易所的納斯達克高管，這對區塊鏈技術而言算是一個極大的讚賞。

### 首個基於區塊鏈的證券交易

2015 年 12 月 30 日，納斯達克宣佈通過其基於區塊鏈的平臺完成了首個證券交易。在被稱為 Linq 的基於區塊鏈技術的平臺上，完成了首個記錄——這對於主流金融系統中將會是使用區塊鏈技術的里程碑。

納斯達克表示，Linq 區塊鏈帳本已經把股票發行給一位不願意透露姓名的私人投資者，通過去中心化帳本證明瞭股份交易的可行性，而不再需要任何協力廠商仲介或者清算。

2015 年 5 月，納斯達克宣佈計畫使用區塊鏈技術大規模在企業內進行應用。納斯達克表示不需要使用比特幣，但是將會使用數位貨幣技術背後的技術。集團也決定使用區塊鏈來改變交易完成的方式，而這將徹底改變市場運行的速度。

格雷菲爾德表示，相信這一交易的成功，標誌著全球金融領域的一大進展，代表了區塊鏈技術應用進入了一個開創性的時刻。

格雷菲爾德在 12 月初就表示，利用區塊鏈技術，讓管理傳統實體證券轉變成純粹數位元的方式。一旦不再需要傳統世界中的繁文縟節，那麼從區塊鏈技術中受益的將不僅僅是我們的客戶，而是更加廣闊的全球資本市場……這個最初的區塊鏈應用將會讓傳統煩瑣的管理功能變得更加現代化、有序和安全。相對於傳統人工保存台帳的方式，將會具有壓倒性的優勢。

他指出，區塊鏈網路將可以改變美國證券市場的交易時間，甚至可以改變整個金融行業處理交易事務的方式。這不僅有助於減少交易結算時間，還能夠確保交易網路之間資金傳輸變得更快。

Linq 是專門讓私人企業發行債券和證券交易的平臺。納斯達克在 2015 年秋季參加了區塊鏈公司 Chain 的 3000 萬美元投資輪，其他主要投資者還包括 Visa、花旗風投和第一資本。

納斯達克的區塊鏈平臺已經正式上線，並且可以讓私人企業使用，目前參與股權交易的企業包括區塊鏈企業 ChangeTip 和 PeerNova。

2016 年 4 月，納斯達克主席和首席營運長阿德納‧弗裡德曼（Adena Friedman）告訴媒體，區塊鏈技術可以帶來更快捷和更高效的交易結算。她解釋說，區塊鏈技術可以使納斯達克等金融機構追蹤任何資產的最終所有人。

納斯達克為全球 100 多家交易所和清算所提供技術支援，與此同時，也在與客戶談論區塊鏈技術及其潛在應用。在這個領域裡，區塊鏈技術的焦點主要是縮短結算時間、釋放銀行和清算所佔用資本以及管理風險。假以時日，區塊鏈技術一定會有發展的機遇，只是還需要些時間。

## 紐約證券交易所

紐約證券交易所（New York Stock Exchange，NYSE）是最早表示對區塊鏈技術感興趣的公司之一，在 2015 年公佈了兩項聲明，並且都與比特幣有關。

2016 年 1 月，NYSE 投資比特幣服務公司 Coinbase。同時 NYSE 主席傑佛瑞‧斯賓塞指出，這次投資，他們表示相信年輕人會積極使用數位貨幣會，他們對價值交換有更進步的見解。

NYSE 還會繼續發佈比特幣價格指數，與 Coindesk 的比特幣價格指數（Bitcoin Price Index，BPI）形成競爭之勢。5 月就會從 Coinbase 交易所平臺的交易中獲取相關資料。

## 倫敦證券交易所

倫敦證券交易所（London Stock Exchange，LSE）也是交易後分散式總帳工作組（Post-Trade Distributed Ledger Working Group）的創立者之一，在區塊鏈技術試驗中是最積極也最安靜的。

這個工作組是繼 R3 之後第一個出現的，它的成立表明，大型金融公司可以通過合作進行超越 R3 合作框架的區塊鏈測試。此後一大批大型金融公司

開始探索私人概念證明機制，同時進行的更大規模測試涉及了資本市場營運的參與方。而且 LSE 與 Kouvola Innovation 和日本交易所集團一樣都是 IBM 區塊鏈即服務平臺的首批客戶。

### 澳洲證券交易所

#### 升級 CHESS 系統

澳大利亞最主要證券交易所——澳洲證券交易所（Australian Securities Exchange，ASX）正在計畫使用一套能夠值得信賴的系統，來升級自己的證券清算系統，不排除會探索在新興的區塊鏈技術上來進行證券資金轉移操作。

ASX 已經和納斯達克達成了協定，這家美國營運商將會負責升級悉尼集團的證券清算平臺。納斯達克將會參與專案的主要內容是，嘗試創建一個可以運行的全新結算系統。

納斯達克首席執行長鮑勃‧格雷菲爾德在 2016 年 2 月告訴分析師，這個目前尚未宣佈的協議將會讓公司「季度訂單總額有出色的表現」。這個消息是在 ASX 宣佈它將會和 DAH 進行合作之後披露的，DAH 是一家美國區塊鏈技術服務提供者，將會為澳大利亞證券市場設計清算和結算系統。

ASX 有一個長期的計畫，即準備在未來的三年裡升級它的交易和交易後平臺。納斯達克和瑞典的 Cinnober Financial Technology 將會提供該系統的一部分元件。

DAH 有可能會為 ASX 現有的結算系統升級 CHESS（Clearing House Electronic Subregister System，結算所電子附屬登記系統），這是一個證券結算服務，用於在對手方和法定股份持有者之間傳輸資金。

此舉反映了全球交易、清算和結算營運者對於區塊鏈技術潛力持續增長的興趣，該技術能夠為許多金融市場帶來龐大的低成本計算能力。它能夠讓數位元資產在交易的對手方之間進行移動而不需要任何中央機構來負責記錄交

易。一個共用的數字公開帳本能夠持續被維護，確認所有參與鏈上的交易，防止被欺詐。

該技術的支持者稱，該技術可以能夠提高原有緩慢和低效的後端運作進度，並重塑交易和結算流程。然而，諮詢機構 Oliver Wyman 和歐洲結算所 Euroclear 發佈的一份報告爭辯說，「目前需要克服的障礙是巨大的，而且最終的效果並不是很明朗」。這份報告稱，建立市場營運者需要開發標準，要能實現現有支付手段及結算系統的所有能力，並且要滿足現有的法規。它指出，許多區塊鏈所鼓吹的優勢，其實可以通過擴大類似於 ASX 的 CHESS 這種中央政權存管機構在市場中所扮演的角色來實現。

目前，ASX 並沒有承諾一定會使用區塊鏈技術，用它來和現有系統內進行協同工作。ASX 認為，「這需要能夠讓所有利益相關方都能受益，將會在 2017 年前對使用澳洲交易後技術做出最終決定」。

### 區塊鏈技術的先驅者

澳大利亞連續多年的經濟正增長，使國內缺乏創新動力和新的經濟增長點，並且澳大利亞國民將國內經濟增長的希望寄託於總理的更迭。這種複雜的國內形勢，給創新企業帶來機遇和挑戰兼有的發展環境。顯然，目前只有區塊鏈技術擁有給澳大利亞注入新的發展動力的潛力。而國內對該技術的依賴，使得 ASX 首席執行長埃爾默‧馬克‧庫珀自信澳大利亞會成為區塊鏈技術發展先驅。他表示區塊鏈技術比以前任何技術更透明、更高效，他預言澳大利亞會成為使用區塊鏈技術的先驅者。

2016 年 1 月，ASX 投資馬斯特斯女士的公司數位資產控股有限公司支付了 1490 萬美元，並獲得了 5% 的股權。

埃爾默‧馬克‧庫珀在 2016 年 3 月被迫從 ASX 辭職，他曾經在澳洲金融評論商業峰會上表示，這項新技術每年能減少 40 億 ~50 億美元運行股票市場開支。他認為，當今的股票市場，是一個非常順序的流程。即使非常簡單

的交易也需要複雜的順序流程。這些流程也有 20 多年了，如果能讓每個人都踏上區塊鏈的旅程，原來 40 億至 50 億美元的預估也能縮小到很低的成本。在這個價值鏈中，ASX 能開發創新、競爭和更好的服務。

ASX 說它決定在埃爾默‧馬克‧庫珀繼承人的領導下與數位資產公司合作此專案，並且 2017 年決定是否會採取這項技術。

ASX 副董事長彼德‧希歐姆（Peter Hiom）說 ASX 是「首個表明我們要進行大規模的市場運作的交易所」，但是交易所不想「冒風險或與其他交易所不一樣」，並且希望朝著共同協作的標準努力。

## 韓國證券期貨交易所

2016 年 3 月，韓國唯一證券交易所 Korea Exchange（KRX）宣佈，它正用區塊鏈技術開發一個櫃面交易系統（OTC）。目前該研發項目正處於初期階段，該平臺可以幫助櫃面交易客戶減少交易費用。

雖然該平臺正式發行之前還有很多準備工作，但這個平臺有望可以簡化場外經銷商交易程式，降低交易成本，並協助尋找交易夥伴。這項舉措使韓國證券交易所成為探索證券交易中區塊鏈技術應用的公司之一。

2005 年，韓國三大主流證券交易所合併，成立了韓國證券交易所。2015年，該交易所日股票交易量達到 71 億美元。

## 東京證券交易所

東京證券交易所（Tokyo Stock Exchange）是全球四大證券交易所之一，也是日本最重要的經濟中樞。野村綜合研究所是日本智庫的代表，其影響力在日本甚至全球都很突出。野村綜合研究所先後與野村證券和 SBI Sumishin 網路銀行、東京證券交易所合作探索證券業區塊鏈技術，下個階段，SBI 證券和三菱 UFJ 金融集團也會參與進來。

2016 年 4 月，東京證券交易所營運商在為期一個月的區塊鏈技術探索中與日本頂尖的智囊團合作。

這個試驗項目由野村綜合研究所（Nomura Research Institute，NRI）公佈，該機構還透露日本交易所集團（Exchange Group）將該項目作為其區塊鏈研究的一部分。作為 IBM「區塊鏈即服務」平臺的早期使用者，日本交易所集團一直在進行區塊鏈應用試驗。

NRI 宣佈在測試階段，會在將區塊鏈應用於證券市場之前，評估區塊鏈的挑戰和可用性。該專案尤其關注商業應用案例，其宗旨是開發證券市場應用專業區塊鏈原型。NRI 高級執行董事橫手實（MinoruYokote）說，隨著行業越來越關注區塊鏈改善技術和行業運行的潛能，會致力於判定區塊鏈技術應用於證券業未來應用程式的挑戰和潛在利益。

2015 年 10 月，NRI 就已經開始區塊鏈應用相關合作，當時該研究所宣佈與野村證券和 SBI Sumishin 網上銀行的合作關係。

### ░ 日本瑞穗金融集團

日本瑞穗金融集團（Mizuho）在 2016 年 3 月初，開始嘗試基於區塊鏈的試驗項目，主要是聚焦跨境證券結算業務。該試驗採用了開放資產協議，這項人們常用的彩色幣協定增加了比特幣沒有的新功能。比特幣可以通過該協定添加特殊標誌，代表區塊鏈中其他的資產。

日本 IT 巨頭富士通及其研發部門富士通實驗室參加了此次試驗。試驗時間為 2015 年 12 月至 2016 年 2 月，參與者說，區塊鏈應用可以縮短交易後流程時間。

Mizuho 公司表示，該系統中不斷生成的包含貿易資訊的區塊按時間順序組成區塊鏈。這樣，所有的資訊就不能被篡改了。公司合作夥伴也承認，資訊在公司間共用能縮短交易後流程時間。

Mizuho 此次試驗的目的是尋找縮短交易後流程時間和防止資料篡改的方法。目標是利用區塊鏈技術建立一個低成本、低風險跨境證券結算系統。這個系統可以即時分享交易後流程中的交易資訊資料並防止資料篡改，並且可以避免從頭建立一個龐大的系統。

公司為該專案提供證券結算程式專業知識，富士通則負責開發相關的測試系統，富士通公司實驗室部門負責進行試驗。Mizuho 還透露與 IT 諮詢公司 Cognizant 合作開發區塊鏈內部記錄保存系統。

Mizuho 和富士通不是唯一嘗試利用區塊鏈技術推動交易後結算流程的企業。2015 年，倫敦交易所、法國興業銀行和瑞銀集團已經開始探索區塊鏈在該領域的應用。

Mt.Gox 破產之前，Mizuho 曾與該公司合作。Mizuho 的區塊鏈專案還包括與微軟日本、區塊鏈初創企業 Currency Port 及 ISID（Information Services International-Dentsu）合作的銀團貸款系統開發。

瑞穗的區塊鏈專案還包括與微軟日本、區塊鏈初創企業 Currency Port 及 ISID 合作的銀團貸款系統開發。該銀行也是區塊鏈財團 R3 的 42 家成員公司之一。

## 多倫多證券交易所

多倫多證券交易所（Toronto Stock Exchange，TSX）是加拿大最大、北美洲第三大、世界第六大的證券交易所，由多倫多證券交易所集團（TSX Group，TSX: X）擁有及管理。在該交易所上市的公司種類繁多，主要來自加拿大和美國。交易所的總部設於多倫多，在加拿大其他主要城市如溫哥華、蒙特利爾、溫尼伯及卡爾加里均設有辦事處。

TMX 集團（TMX Group）是多倫多證券交易所的營運商，它也不曾透露其對區塊鏈的興趣。

然而該集團在 2016 年 3 月第一次公開表示，希望進行區塊鏈技術探索，並且之前還雇用了乙太坊專案聯合創始人安東尼‧約裡奧（Anthony Di Iorio）作為專案首席數位官。下一代網路在 3 月發佈生產模型以來，公眾都把它看作最前瞻的區塊鏈應用。

安東尼‧約裡奧是加拿大比特幣聯盟執行董事、乙太坊創始人，曾經組織了多倫多首個比特幣峰會，可以稱得上是北美數位貨幣業內非常知名的人物，並且多次來過中國參加過數位貨幣的峰會。多倫多證券交易所選擇這樣一位專家為公司在區塊鏈技術領域開疆拓土，可見交易所對開發區塊鏈應用的決心。

儘管多倫多證券交易所具體做法還不清楚，但能確定的是，它已經招募了一個區塊鏈初創公司來搭建基於分散式總帳的全新貿易結算系統。然而 TMX 集團仍表示其區塊鏈技術戰略還處於成型初期，可能很快就會進行技術測試。

## ▨ 芝加哥商業交易所

芝加哥商業交易所（Chicago Mercantile Exchange，CME）是美國最大的期貨交易所，也是世界上第二大買賣期貨和期貨期權合約的交易所。GME 向投資者提供多項金融和農產品交易。自 1898 年成立以來，GME 持續提供了一個擁有風險管理工具的市場，以保護投資者避免金融產品和有形商品價格變化所帶來的風險，並使他們有機會從交易中獲利。

CME 是交易後分散式總帳工作組（Post-Trade Distributed Ledger Working Group）的創立者之一，通過其投資公司 CME Ventures 積極地在該技術領域活動。

與其同行不同的是，CME 採取了多元化的投資戰略，投資的對象包括分散式總帳初創企業 Ripple、區塊鏈投資集團 Digital Currency Group 和數位資產控股。這種投資組合使其具有跨領域行業活動的顯著特徵。

然而除此之外，CME 沒有公佈更多的區塊鏈技術研究方向和更大的行業戰略。

## 德意志證券交易所

德意志證券交易所（Deutsche Boerse）成立於 1993 年，總部設在德國的法蘭克福，在歐洲、亞洲和美國一些城市均設有代表處，是歐洲最活躍的證券交易市場之一。德意志證券交易所具備綜合性一體化交易所職能，其使用的 Xetra 系統，是世界上流通性最強的現貨市場全電子化交易平臺。截至 2010 年 12 月，共有超過765 家公司在德國證券交易所上市交易，總市值為 1.4 萬億美元。

德意志證券交易所是德國法蘭克福證券交易所（Frankfurt Stock Exchange）的營運商，參加了 2016 年 1 月數位資產控股的 6000 萬美元融資。

不同於 ASX 的是，它極少提及自己對該技術的支援。

2016 年 2 月，該交易所少見的會見媒體，指出在進行多個區塊鏈技術概念證明機制研究，只是還沒有公佈研究結果或發現。

## 杜拜多種商品中心

杜拜多種商品中心（Dubai Multi Commodities Centre，DMCC），是杜拜政府的戰略宣導計畫，目標是在杜拜建立全球商品交易市場。除了建立強大的有色寶石交易平臺外，DMCC 還承擔了復興阿拉伯珍珠文化的責任。為了滿足這方面的需求，2007 年，DMCC 成立了專門的有色寶石和珍珠部門，不僅為買賣雙方提供增加市場份額的服務，還搭建了國際貿易和業內服務的平臺。

中東地區對區塊鏈技術的探索極少，直至最近全球區塊鏈委員會（Global Blockchain Council）透露，32 個初創公司、金融公司、技術巨頭組成的聯

盟開始探索區塊鏈技術及其影響。

該聯盟成員之一是杜拜多種商品交易中心，監管貴金屬和其他有形商品的經濟特區和商品中心。

2016 年 2 月，DMCC 宣佈與比特幣初創企業 BitOasis 合作進行區塊鏈試驗，探索怎樣改善客戶獲取流程。

### ▨ 上海證券交易所

上海證券交易所 (Shanghai Stock Exchange) 創立於 1990 年 11 月 26 日，是中國大陸兩所證券交易所之一，位於上海浦東新區。上海證券交易所總經理助理兼總工程師白碩在 2016 年 3 月接受媒體採訪時，探討了區塊鏈技術在證券行業的應用。他認為區塊鏈主要表現在以下幾個層面：

首先，在業務層面，針對場外的、離散的、交易性能要求不高，或結算和支付效率要求相對要高的新業務來說，區塊鏈技術是很有其存在和使用的必要的。但從場內的核心業務來看，區塊鏈技術現在遠遠達不到其應用要求，也不適合區塊鏈這類沒有信任基礎的場景。

其次，在組織治理層面，對這一層面的最大衝擊，實際上是技術在引領業務，而不是技術成為業務的附庸。不管是傳統的金融機構，還是新的金融機構，都要認識到這個問題。我們必須改變自身的態度，即使是傳統金融機構也要考慮改變一下陣形。從「技術是業務的一種從屬的關係，或者是服從的關係，我怎麼說你怎麼做的關係」，改變為「可不可以讓技術在一定程度上沖在前面；讓它們去發揮自己的想像力，發揮自己的創造性，看看哪些東西可以真正引領業務沖出來」，這與業務的推進沒有關係。從組織治理層面上看，資訊技術將成為組織變化的強大驅動因素，能夠帶領業務改變，促進業務發展。

最後，在技術層面，區塊鏈技術應用到金融行業，其最核心的內容就是去

中心化的一個防偽記錄。如果無所謂是否去中心化，譬如某個機構運行得好好的，也沒有受到任何的威脅，那區塊鏈技術的應用顯然就不那麼重要了。如果確實是有多方參與，且多方之間沒有信任基礎，但大家相信數學，相信演算法，這種情況就比較好辦。所以我們講最核心的，對技術的關鍵就在這裡，這個關鍵決定了它適用的場景。不管是效率問題還是安全問題，說到底就是一個去中心化，如果說去中心化不是十分必要的，沒有這麼大動力，那麼大家也就不會對它過於在意。但從目前來看，大家應該是已經看到是有需求存在的，那麼，區塊鏈技術就是有其存在的必要的。

現在證券行業大量的場外業務、新業務，均具有一定的分散性和區域性。比如股權轉讓市場，每個地區自己的股權交易市場都不大。如果自己建區塊鏈或私有鏈，並不是一個特別經濟的做法，所以在這樣的場景使用區塊鏈，是特別值得關注的。

在分散性、區域性的業務特點下無可避免地會存在分散營運、分散建設的問題，即使不使用區塊鏈的技術而使用雲端，也會存在各自建設、各自營運、成本相對較高的問題，也會涉及各地區域性業務的協調問題。如果使用區塊鏈，有一個統一的區塊鏈面向所有市場，或者說是有幾個市場聯盟性質的，大家就像使用一個公共設施一樣，這樣既能保證更好的加密性和安全屬性，也比一般意義上雲託管或者雲遷移更讓人放心。

希望區塊鏈能給資源的集中，至少是 IT 技術設施集約化的使用能帶來一些新的契機。

從實踐進展來看，區塊鏈技術在商業銀行的應用大部分仍在構想和測試之中，距離在生活和生產中的運用還有很長的路，而要獲得監管部門和市場的認可也面臨不少困難。

通過區塊鏈技術帶動證券行業是一個契機，但並不是唯一的，至少是一個契機，因為大家都有各種不放心，有各種出於本位的考慮。如果使用傳統的

IT 技術，並不能讓他們放心，打消顧慮，但是如果我們使用區塊鏈，如果宣傳到位，從技術上講，其實應該是可以打消顧慮的。

目前對區塊鏈技術是以研究、跟蹤為主。經過評估，目前場內的核心業務不適合使用區塊鏈技術。至於其他的業務，目前是一邊做評估，一邊跟蹤，以評估為主。

當前，面臨的問題還很多。第一，區塊鏈自身的效率問題。基於業務情況，人們很重視效率問題。作為全國性機構，自身影響大，使用的人多了，交易也多，效率上如果無法支持，肯定會有問題。第二，如果是私有鏈，是採用工作量證明，還是採用既耗能且對不一定具很關鍵必要性的事投入，值得考慮。技術本身也需要改造，改造成適合中國的相對封閉的用戶群，而不是像公有鏈那樣敞開的用戶群，場景是不一樣的。這一點也會特別關注。

像上海證券交易所這樣有影響力的單位，開展一些推廣面比較大的業務，到底適不適合也存在一定的問題。如果說有一定的採用價值，可能要評估需要進行什麼樣的改造，而不是簡單地照搬。如果在公有鏈基礎上看肯定是不行的，從各個方面看也還不是特別令人放心；如果是私有鏈上，則要看做什麼樣的改造可以使它的效率更高，這也是要有一些功課要做的。

目前能看到的是核心業務及高流動性的業務採用區塊鏈是沒有什麼必要的。但是一些離散化的場外業務，甚至是國際業務，採用區塊鏈是有一定可能性的，當然這裡有不同的做法。簡單地做一個登記，就是記帳，這是一種做法，如果裡邊真的有數位貨幣或者跟法幣掛鉤的貨幣，這就涉及另一個問題，即央行的問題。

大家都面臨著國家的貨幣政策方向的問題，所以區塊鏈有兩種用法，一種是不涉及貨幣，只做登記和結算，這種虛擬資產的搬家還是可以的。有合適的應用場景，可以嘗試著做起來，前景還是光明的。另一種是凡涉及貨幣的，那可能最後就是取決於央行。

　　如果不涉及貨幣的問題，5 年或者 10 年以後，是否可以看到區塊鏈技術在證券行業的應用，這個是有變數的。目前的這種做法，無論是公有鏈證明還是權益證明，用一個私鏈，比如像我們這個登記公司的私鏈，它到底能怎麼用，目前還不是很確定，這是第一點。它是不是能夠原封不動地拿到我們這樣的一個場景來，還是說要進行什麼樣的改造？如果是根本性的改造，安全性是不是經過了足夠時間的考驗？是不是可以馬上進入生產？各方現在都很積極地在探討，研究、調研、評估。核心的交易和結算的生產機構，要是有區塊鏈進來，5 年之內肯定是不樂觀的。但是區域性的、離散化的、低流動性的、場外的，有合適的場景，肯定可以在 5 年內見到。

　　區塊鏈技術的發展在全球範圍內尚處於早期階段，各種技術方案、應用場景和商業模式等還需要進一步的探索和完善，特別是在中國，區塊鏈作為一個全新的概念和理論，人們的認知、研究和實踐剛剛起步，要想在這一領域彎道超車，趕超先進，引領世界，還需要足夠的重視、更多的投入，需要理論研究者、網路技術者、金融從業者，以及政府監管部門的積極投入、勇於探索和不斷創新。

# 7 區塊鏈重塑世界

DECODING GLOBAL BLOCKCHAIN AND INVESTMENT CASES

我們這一代人將很可能會幸運地經歷人類歷史上兩個最讓人吃驚的事件,首先是地球上的所有人和所有機器通過區塊鏈技術以前所未有的互信展開空前的大規模協作,其次就是基於此真正的人工智慧將被創造出來。

# (1) 一場快速變化的開端

　　全球正在發生快速的變化——包括好的和不好的變化都在快速發生，通過互聯網驅動的全球化、社會的期望，以及正在加劇的資源競爭。不同於發展中國家，發達國家和其公民所具有的消費主義傾向和隱私保護，與傳統社會價值觀以及個人行為準則發生了衝突。這已經不僅僅存在於國家和社區中，負責幫助那些處於困境和艱難時刻的人們。各國政府都在努力滿足那些不斷增長的消費預期和看似深不見底的社會救助需求。

　　美國前總統甘迺迪曾經發出呼籲「不要問我你的國家能夠為你做什麼，要問你能為你的國家做什麼」——這句話在今天會變得越來越重要：許多公民非常希望能夠幫助自己的國家，但在這個數位時代，他們目前還是缺乏社會參與的手段。他們希望成為其中的一部分，而不是一個無助的旁觀者。

　　由於缺乏整個社會參與的手段，將會導致一個結果，即出現兩極分化的態度，把不同的期望和看法合併在一起，就會出現把複雜問題簡單化的粗暴傾向，從而導致一系列完全割裂的話題的出現。然而，全球的現實是複雜的和混亂的，現實世界、虛擬世界、法律、歷史、地理、社會、行為、經濟、資訊和技術因素交織在一起。而變化還在時刻進行中，不斷有新的顛覆性的技術出現，更增加了情況的複雜度。

　　規模、速度、複雜性都必須綜合考慮，這讓那些行業領導者、各國政府在理解這種混亂的局面，或是在規劃、使用傳統的、非協作的組織架構時，變得尤其困難。這特別體現在那些更加靈活的領域，例如在面對金融市場和有組織犯罪的情形下尤其如此。而越來越多的發展中國家，如肯亞和盧旺達，他們沒有那麼多的包袱，所以可以借助新技術實現跨越式發展。

　　而在發達國家，一些更小的、更同源的國家正在獲得巨大的優勢，他們通過提供跨國的國際服務來獲利，特別是在歐洲。

這些數位國家的特點包括以下五個方面：

（1）有數位資訊獲取能力的領導部門；

（2）一個足夠強大且能夠集中力量對全國政府部門進行數位元改造的政府，需要具有國際視野，並且能夠和所有行業緊密協作；

（3）一個即時、能協作的國家規劃，通過國家投資並且由行業主導；

（4）每個政府機構需要有對技術瞭解、合格且經驗豐富的政府官員；

（5）有工程師和 IT 企業領導經驗的政治家。

如果中國希望成為最為先進的數字國家之一，那麼在這些領域中，還有許多工作要做。然而世界越來越依賴於數位經濟。這就需要我們在現有的經濟模型中使用更多的電腦技術。並且我們必須重新評估我們對於數位經濟的理解正在如何變化，以及它的組成部分和相關活動。這就使有些類似從以現金為基礎的審計方式轉變為以資產為基礎的審計方式，不僅需要每個組織有更廣闊的視野，能夠理解供應鏈、服務和市場的複雜性，還需要有不同的方式來進行協作方式管理、決策制定、獲取分享和責任分擔機制。

要在網路空間開展實現數位業務，一個組織必須能夠信任和值得被信任，這都需要讓大型和發展的各類社區與其他組織能夠進行協作。信任和協作將會是網路空間中最重要的因素，遠遠超過在物理世界中的需求。而區塊鏈在這兩方面都能夠起到巨大作用，但只取決於人們以何種態度來面對它。

區塊鏈技術的出現並不是來自空中樓閣，其今後發展也不可能脫離互聯網和技術原來的脈絡，作為一種資料存儲機制，其必然也會承接資料結構發展的既定規律。在進行深入分析之後，可以發現這些發展其實從來都是和人類整體思想的發展一脈相承的。隨著電腦技術以驚人的速度向前推進，也許我們接近人工智慧的奇點也越來越近。有些人擁抱發展，推動發展，也有些人

害怕發展，拒絕發展，認為任何的變化都是洪水猛獸，但技術發展的步伐是誰也不能阻止的。我們也許只有遵循這些規律，成為發展的推動者，而不是阻礙者。

## (2) 程式設計理念的變化

比特幣哈希算力的存在，意味著它毫無疑問地成了全球最大的算力網路，也意味著即使全球 Top（頂級）500 的超級電腦的算力加在一起對它來說也可以忽略不計。面對有史以來人類建造的最強大的計算網路，很多傳統的系統架構會發生巨大的改變。隨著算力的空前發展，「大資料」時代正在向「大計算」時代跨越。

應該說，比特幣的計算力加上區塊鏈技術已經處於互聯網下一階段的門檻，所以可以從許多去中心化網路的系統架構上，發現很多設計思路和用戶需求都已經發生了質的改變，而這些改變可能在未來將對整個 IT 產生重大而深遠的影響。

隨著計算能力的充分增加，人們對資訊的需求已經不僅是速度快，而是更好、更安全。但是在過去，絕大部分的系統設計都是按照越快實現功能越好的要求來設計的。因為對於過去大多數應用而言，先要實現資訊交互的功能才是最重要的。而當人們在互聯網上已經有了足夠的應用時，就會提出更高的需求。而區塊鏈技術就是順應這樣的要求而出現的。

舉一個典型的例子，BitMessage ——一個實現類似於電子郵件系統的區塊鏈應用。對於過去傳統模型，無論是電子郵件還是其他資訊傳輸系統，總是以快捷為最主要的需求，要求點對點的發送，在點和點之間尋求最短的路徑。但是這也很容易讓別人追查是誰發給誰，從美國斯諾登事件中披露的資訊來看，無論你如何加密信件內容，其實國安局更感興趣的是發送給誰，而

過去，網路中尋找最短路徑以求最快發送　　　現在，發給每一個人，只有擁有密鑰的那個人才可以解開

圖 7.1 過去與現在網路系統架構不同

不一定是內容。

　　但 BitMessage 的設計思路和傳統電子郵件的系統就完全不一樣，它在發送一份郵件時，會發送給網路系統中每一個人，每個人都會嘗試解密內容，但只有真正有私密金鑰的人才能解開。

　　這對於過去的軟體工程師來說是不可想像的方式，如此浪費計算力和頻寬，如此「奢侈」的方式是不是太浪費了？不，因為現在的網路和計算力已經允許這種「浪費」了，因為我們的需求已經從溫飽上升至「小康」階段了。

　　在充沛的計算力之前，我們願意並且也能夠通過「浪費」一些來換取更多的安全，這僅僅是一個簡單的例子。目前已經有很多試圖以區塊鏈技術為基礎的應用開始發展，在基於強大安全和算力的基礎上開始建立全新的模型，這也許是一個目前還很少有人涉足的金礦。但相信隨著區塊鏈技術的發展，會有越來越多和過去截然不同的網路模型和架構出現。

## (3) 資料庫進入全新階段

在互聯網誕生初期，資料庫主要的類型是關係型數據庫，這是一種採用了關係模型來組織資料的資料庫。這是在 1970 年由 IBM 研究員愛德格‧弗蘭克‧科德（E.F.Codd）博士首先提出的，在之後的幾十年中，關係模型的概念得到了充分的發展並逐漸成為主流資料庫結構的主流模型。簡單來説，關係模型指的就是二維表格模型，而一個關係型數據庫就是由二維表及其之間的聯繫所組成的一個資料組織。

隨著互聯網 Web2.0 網站的興起，傳統的關聯式資料庫在應對 Web2.0 網站，特別是超大規模和高併發的 SNS 類型的 Web2.0 純動態網站已經顯得力不從心，暴露了很多難以克服的問題，而 NoSQL 的資料庫則由於其本身的特點得到了非常迅速的發展。NoSQL 泛指非關聯式的資料庫，它的產生就是為瞭解決大規模資料集合多重資料種類帶來的挑戰，尤其是大資料應用難題。

以谷歌為例，該公司關於大數據的三篇著名論文（GFS，Bigtable，MapReduce）奠定了谷歌大資料的基礎，而谷歌的 Pagerank 演算法實現了當時幾乎最先進的資料搜索演算法。PageRank 通過網路浩瀚的超連結關係來確定一個頁面的等級。谷歌把從 A 頁面到 B 頁面的連結解釋為 A 頁面給 B 頁面投票，谷歌根據投票來源（甚至來源的來源，即連結到 A 頁面的頁面）和投票目標的等級來決定新的等級。簡單地説，一個高等級的頁面可以使其他低等級頁面的等級得到提升。而這個技術正是本章所指的資料第二階段，通過複雜的設計網路和演算法進行重新整理和歸納，將原本看似並無關聯的資料變為可以分級分類的高品質資料，讓大資料和複雜網路模型成為可能。

但是構建在這之上的大資料，最大的問題就是無法解決信任問題。因為**互聯網使得全球之間的互動越來越緊密，與之相伴而來的就是巨大的信任鴻溝。**現有的主流資料庫技術架構都是私密且中心化的，在這個架構上是永遠無法

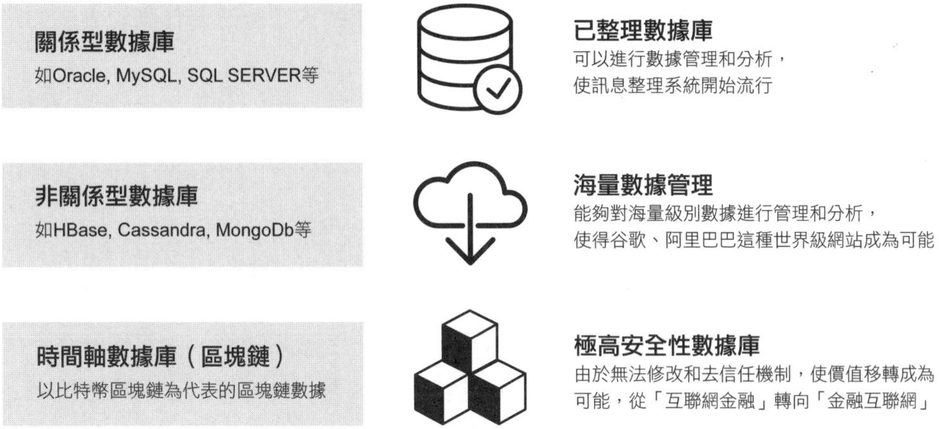

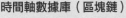

**關係型數據庫**
如Oracle, MySQL, SQL SERVER等

**已整理數據庫**
可以進行數據管理和分析，
使訊息整理系統開始流行

**非關係型數據庫**
如HBase, Cassandra, MongoDb等

**海量數據管理**
能夠對海量級別數據進行管理和分析，
使得谷歌、阿里巴巴這種世界級網站成為可能

**時間軸數據庫（區塊鏈）**
以比特幣區塊鏈為代表的區塊鏈數據

**極高安全性數據庫**
由於無法修改和去信任機制，使價值移轉成為
可能，從「互聯網金融」轉向「金融互聯網」

圖 7.2 區塊鏈資料庫的優勢

解決價值轉移和互信的問題。所以區塊鏈技術將成為下一代資料庫架構，通過去中心化技術，將能夠在大資料的基礎上完成全球互信這個巨大的進步。

區塊鏈技術作為一種特定分散式存取資料技術，通過網路中多個參與計算的節點展開共同參與資料的計算和記錄，並且互相驗證其資訊的有效性（防偽）。從這一點來看，區塊鏈技術也是一種特定的資料庫技術。這種資料庫將會實現梅蘭妮‧斯旺（Melanie Swan）所説的第三種資料類型，即能**夠獲得基於全網共識為基礎的資料可信性**。目前，互聯網剛剛進入大資料時代，還處於初期階段。但是當進入到區塊鏈資料庫階段，將進入到真正的強信任背書的大資料時代。這裡面的所有資料都可以獲得堅不可摧的品質，任何人都沒有能力也沒有必要去質疑。

從前面的發展我們可以注意到，資料的發展和馬斯洛需求層次理論有些接近，在實現了生存和使用的需求後，自然會朝著更高的需求進行發展。當然，安全僅僅是資料發展中的一個階段，而最終會朝著人工智慧這個資料自我實現的需求發展。儘管我們還不能確定當資料能夠實現人工智慧，甚至是資料

自我智慧時，資料庫會是怎樣的形態，也許未來的人工智慧資料庫會變成像電影《復仇者聯盟》中的賈維斯和奧創這樣的形態吧。

## (4) 金融互聯網的出現

我們現在可以展望，這個以區塊鏈技術為基礎的全球性支付系統之上，也許將會誕生出一個全新的「**金融互聯網**」。在「金融互聯網」中傳輸的將不是資訊，而是資金。這些資金將不僅包括數位貨幣，也將可以容納幾乎所有各國的法幣。而這個網路中，必然是其中使用極低的手續費來讓摩擦係數減到最小。

這對於傳統金融的衝擊將會是巨大的，這在「餘額寶」的發展中已經能夠少許瞭解其中的威力。這個僅僅依靠支付寶系統中的閒散資金來進行的投資基金，一躍成為中國最大的基金公司，徹底改變了中國的基金行業格局。那麼如果出現一個全球性支付系統，那中間誕生的商業模式絕對不僅僅會顛覆全球的基金產業了，這其中的破壞性和創造性可能超越所有傳統金融人士的想像。

「金融互聯網」雖然是依托互聯網，但是其一旦成熟，其資金體量可能會遠遠超越互聯網的估值。因為它改變的將會是整個世界中最「昂貴」的部分，它很可能會徹底改變目前的證券、基金、信託、銀行和保險等超級巨無霸的模式。任何一個人只要稍微放縱一下自己的想像力就能夠領悟到，一個跨越國家法幣限制的系統，將會誕生如何空前龐大和全新的證券、基金、信託、銀行和保險模式。

金融服務實體經濟的最基本功能是融通資金，資金供需雙方的匹配（包括融資金額、期限和風險收益匹配）。傳統的金融模式可通過兩類仲介進行：一類是商業銀行，對應著間接融資模式；另一類是股票和債券市場，對應著

資本市場直接融資模式。這兩類融資模式對資源配置和經濟增長有重要作用，但交易成本極高，主要包括金融機構的利潤、稅收和薪酬。

在資產配置全球化的大背景之下，如果能實現全球性支付系統，並且將中間的流通成本降到近乎互聯網資訊傳輸的程度，那麼作為金融最核心和最本質的作用，融通資金將會獲得全新的定義。幾乎無縫式的資金對接和資本快速配置會成為所有資本共同追逐的目標，在這個基礎上，真正全球意義上的證券、基金、銀行和保險都將會誕生。而這將不再是金融寡頭們的「自留地」，金融互聯網會讓這一切變得前所未有的平等和碎片化。就像谷歌重新定義的廣告業，餘額寶重新定義的基金業。在「金融互聯網」的大背景之下，傳統的金融模式如果還保持一種抗拒的心態，那麼就像郵政業一樣，將會被摧枯拉朽般地推倒，成為歷史進程中的活化石。

毫無疑問，同互聯網一樣，「金融互聯網」的出現不會由於某些人或某些勢力的干預而消失。儘管這對於傳統金融體系會造成一系列破壞，就像電子郵件對傳統郵政系統的巨大破壞力一樣，但是我們相信這其中所孕育的巨大創造力必然會像互聯網一樣，讓我們的社會進入一個全新的階段。而誰能更早地預見其發展道路和投入其中，也許會成為下一個馬雲，創造出下一代的阿里巴巴。

我們非常有信心認為我們現在正處在一個重大的轉捩點之上──和工業革命所帶來的深刻變革幾乎相同的重大轉折的早期階段。不僅僅是新技術指數級、數位化和組合式的進步與變革，更多的驚喜也許還會出現在我們面前。在未來的 24 個月裡，這個星球所增長的電腦算力和記錄的資料將會超過所有歷史階段的總和。在過去的 24 個月裡，這個增值可能已經超過了 1000 倍。這些數位化的資料資訊還在以比摩爾定律更快的速度增長。

我們這一代人將很可能會幸運地經歷人類歷史上兩個最讓人吃驚的事件，首先是地球上的所有人和所有機器通過區塊鏈技術以前所未有的互信展開空前的大規模協作，其次就是基於此真正的人工智慧將被創造出來。這兩個事

件將會深深地改變這個世界的經濟發展模式。創業者、企業家、科學家以及各種各樣的極客將利用這個充裕的世界去創造能讓我們震驚和快樂。

## (5) 資產證券化的加速

Slock.it 是一個基於乙太坊平臺的物聯網項目。該項目成員目前主要在德國，希望能夠構建一個點對點的智慧門鎖系統。他們相信在未來所有的門鎖都可以通過物聯網連結起來，而通過乙太坊這樣的區塊鏈平臺，能夠讓門禁系統變得具有極高的安全性，並且完全是通過程式和加密演算法來自動運作，不依賴任何中心化的機構和管理者進行營運，可以避免任何人為因素造成的損失，也不必擔心管理者的道德風險。

該專案目前備受關注，不僅因為它是目前搭建在乙太坊上最早的物聯網應用之一，並且認為相比其他的區塊鏈專案而言，在目前似乎更容易找到合適的應用場景，此外有一部分投資者認為，該專案很可能會通過物聯網，加速全球資產證券化的進程。

Slock.it 所打造的智慧門鎖，讓每個人可以用自己的智慧設備來進行控制，並且很容易地「製造」出來數量無限的「鑰匙」。由於在區塊鏈上能夠設計各種複雜的智能合約，從而能夠設定複雜的鑰匙行為。比如設定任意一把鑰匙什麼時候可以打開這把鎖，也可以設定什麼時候不能打開或者直接作廢，還可以控制一些更加複雜的行為，比如設定鑰匙可以轉手的次數，或者是多把鑰匙同時在場才能夠打開某把門鎖。

儘管這種複雜的用途，相比我們目前正在使用的物理鑰匙並無太大的實際意義，但其實 Slock.it 所開發的智慧門鎖，能夠和 Airbnb 進行完美的結合。

Airbnb 是目前全球最大的旅行房屋租賃社區，使用者可通過網路或手機應用程式發佈、搜索度假房屋租賃資訊並完成線上預定程式。Airbnb 的用戶遍

佈 190 個國家近 34000 個城市，發佈的房屋租賃資訊達到 5 萬條，被時代週刊稱為「住房中的 eBay」。

如果有個外國人在網上通過 Airbnb 進行訂房，如果房東的房屋使用了 Slock.it 提供的智慧門鎖系統，房東就能夠直接通過手機把房屋的「鑰匙」通過互聯網發送到對方的手機上，並且可以設定該把「鑰匙」能夠使用的時間段，以及設定當對方租約到期後，「鑰匙」就自動作廢了。而在傳統鑰匙的情況下，就很難以這樣簡便的方式來進行操作。首先無法在網路上把鑰匙進行任意的傳輸，其次很難確保對方不會複製物理鑰匙，因此就可能要面對換鎖的問題。而通過 Slock.it，能夠以最便捷和優雅的方式來解決這些問題。

有些人可能會有一些質疑，覺得為什麼一定需要在區塊鏈，而不是通過中心化的方式來實現。比如 Airbnb 為什麼不開發這樣的系統來進行管理。事實上，類似於 Airbnb 這樣的中心化機構很難開發這樣的系統。

首先，大多數人並不希望把自己房屋的使用權全部交給一個公司來進行管理，該公司不僅可能需要面臨巨大的道德風險，而且如果一旦該機構或者該服務結束，那就可能面臨所有用戶都要進行大規模的換鎖。其次，如果該機構資料庫被攻擊或者發生大規模的洩露，也很有可能會造成災難性的後果，而事實上，中心化資料庫出現大規模洩露的事件層出不窮。此外，如果所有的租房社區都開發自己的系統就意味著可能要安裝多把智慧門鎖系統，那麼這之間的相容和協調問題對於用戶而言也是極為麻煩的。而如果能夠有低成本和高安全的方案的話，並且和自己的主營業務並無直接利益衝突的話，即使是中心化機構也不會傾向於自己開發，而是選用已有的公用系統。比如大多數打車軟體都不會嘗試自己開發地圖軟體，而是選擇現有成熟的技術解決方案。

但對於該專案而言，這僅僅是一切的開始。從某種程度來看，擁有某個房屋的鑰匙就意味著擁有該房屋的使用權，那麼房東完全可以把鑰匙抵押給類似於 Airbnb 這樣的機構，讓 Airbnb 代為出租和管理該房屋，從而獲得一定

的現金流。考慮到不同房屋的使用價格都不同，抵押不同的房屋鑰匙，可能會獲得不同金額大小的現金流，因此完全可以把許多不同房屋資產的鑰匙進行打包，變成一個資產池（Assets Pool）。並且，由於在區塊鏈上，幾乎所有的數位資產都可以近乎無限分割，因此這些在區塊鏈上的大資產池天生就能夠分割為標準化的份額資產，然後在區塊鏈上進行流通。也就是說，這些份額化的資產可以在區塊鏈進行任意的交易、抵押和傳輸。

在區塊鏈上的所有數位資產可以看作一種憑證，也能夠看作是一種有價證券，那整個過程能夠視為是一種典型的有資產支持的證券化過程（Asset-Backed Securitization, ABS）。這些房屋在 Slock.it 的幫助下，很快就能把使用權進行證券化，而且整個過程在區塊鏈上幾乎可以自動實現，整個交易過程可以通過基於區塊鏈的去中心化資產交易系統，而無須任何傳統資產交易所介入。

顯然，智慧門鎖並不僅僅只安裝在房屋上，而是可以安裝在任何有門禁系統需要的地方，包括車輛、電腦甚至是洗衣機上。在歐美，很多社區都是集中洗衣的，會有專門的場地放置大量公用投幣洗衣機，那麼完全可以在這類洗衣機上裝上 Slock.it 這樣的智慧門鎖系統，也就能夠把洗衣機進行資產證券化，從而預先獲得洗衣機未來的現金流。當然，還有更多的東西可以供我們相信，如果不出意外的話，未來電動汽車將會變得越來越多，所以從現在開始，已經有很多人開始投入 資建設充電樁，也能夠通過裝上智慧門鎖來進行資產證券化。而考慮到份額化交易可以實現近乎無限地分割，也就是說我們能夠把充電樁的使用權按秒，甚至是毫秒級進行切分。

所以，從某種意義上來看，Slock.it 跨越了物理資產和虛擬資產之間的鴻溝，有潛力將極多的物理資產通過區塊鏈技術實現資產證券化，並且快速實現交易。考慮到這個過程成本很低，而且能夠和基於區塊鏈的去中心化交易系統進行完美的解決，也就讓整個過程變得簡單和自動化。如果考慮到由於流動性帶來的流動性溢價，那麼相信一旦 Slock.it 這樣的技術被大眾所熟悉

之後，會有非常多的物理資產嘗試使用它來進行改造和升級，進而讓資產證券化變得更加容易和普適。

## (6) 資產發行方式的巨變

面對新技術的崛起，必然有許多相關行業會出現一些巨大的變化。區塊鏈技術的出現可能會使全球金融世界發生很大的變化，特別是資產發行的方式會出現巨大的變化。

目前所有資產發行的方式都是「先審核再發行」，但是區塊鏈技術可能會讓整個過程完全逆轉，變為「先發行再審核」。也許有人會認為，這是無稽之談，市場監管者肯定不會允許這種情況的發生。但事實是，技術的腳步會推垮所有的障礙，並且會按照自身的邏輯進行實現。

這種行業的巨大變化並不是第一次。就在 20 年前，在互聯網剛剛開始的時候，整個新聞資訊行業也經歷過這個巨大的轉變。在很久以前，新聞發佈一直是「先審核再發佈」，但是互聯網技術最終還是讓新聞改變為「先發佈再審核」，這本身就是互聯網對於資訊傳播的巨大便利性形成的。在沒有互聯網技術的時候，向許多人進行新聞發佈是一件費時費力的事情，所以必然需要通過管控主要的發佈通道，才可以很方便地進行審核。即便是在互聯網的初期，類似於新浪、網易和搜狐這樣的新聞門戶網站，也必須有互聯網新聞牌照才可以採編和發佈新聞。

然而到了今天，每個人拿起手機都能夠極其便捷地發佈微博和微信。在這種情況下，再進行大規模審核已經變得不太現實，最終會倒逼法律和監管方式的改變，讓發佈新聞資訊變成「先發佈再審核」。

對於資產發佈也是如此，現在對於大多數人而言，**向全社會發佈資產證券化的產品，並且進行交易是有著很高門檻的。但是區塊鏈技術將會讓資產發**

**行和交易變得越來越容易，**在基於區塊鏈技術的去中心化資產交易平臺上，全世界的任何人只要能夠接入到網路中，就可以便捷地發佈任何資產類型，與他人進行資產交易，完成即時結算和清算。

儘管在這個轉變的過程中，可能會出現欺詐、隱瞞或者其他損害他人的情況。但是如果整個市場變得足夠透明，某個人希望通過發佈虛假資產來欺詐他人會變得非常困難。就像你很難在微博這樣的公開社交媒體上欺騙很多人，因為很容易就會被揭穿。而且，也許會出現類似于「渾水公司」這樣的團體，通過揭露欺詐行為來獲利。

當然，監管者肯定不會喜歡出現這樣的局面，他們還是希望將一切都控制在他們能夠監控的範圍之內。但是技術的發展是無法阻擋的，就像新聞資訊發佈一樣的，如果有一天發佈資產變得和發朋友圈一樣簡單的時候，最終會倒逼監管和法規順應技術的腳步。因為無論你喜歡或者不喜歡，技術都可以讓更多人做到這一步。

事實上，包括 SEC 在內的監管機構已經看到了這一點，因此他們在對待 Overstock 開發的交易系統會做出重大讓步，允許他們在去中心化的資產交易平臺上進行發行自己的股票，並且進行交易。我們完全可以認為這是 SEC 已經在測試去中心化交易所的可能性，並且探索區塊鏈技術對證券市場在未來可能產生的影響。

迄今為止，我們還不知道這樣的轉捩點什麼時候到來。根據二十多年前新聞資訊發佈流程出現改變的時間，這個進程還需要 5~10 年的時間。但是無論什麼時候到來，我們都可以意識到，資產發行流程改變對於現有的證券市場將會產生重大的影響，並且可能會因此完全重構我們目前的金融世界。

## (7) 人類首次大規模協作的開始

對區塊鏈未來前景的看好在於**極高的生產力會將這個星球上所有的人和機器連接到一個全球性的網路中，人類向商品和服務近乎免費的時代加速邁進**，也許到了 21 世紀下半葉，資本主義走向沒落，區塊鏈的去中心化協同共用模式將取而代之，成為主導經濟生活的新模式。

區塊鏈是這種新興協同共用模式的最佳技術手段。區塊鏈的基礎設施以去中心化的形式配置全球資源，使區塊鏈成為促進社會經濟的理想技術框架。區塊鏈的營運邏輯在於能夠優化點對點資源、全球協作和在社會中培養並鼓勵創造社會資本的敏感程度。建立區塊鏈的各類平臺能夠最大限度地鼓勵協作型文化，這與原始共有模式相得益彰。區塊鏈的這些設計特點帶領社會共同走出陰影，賦予它一個高科技平臺，將使其有可能成為 21 世紀決定性的經濟模式。

在過去也出現過基於互聯網的全球大規模協作科技平臺，如 SETI@home（搜尋外星文明計畫，通過使用志願者貢獻自己的電腦資源來幫助分析來自太空的無線電信號，用於尋找外星文明的跡象）和 Folding@home（一個用志願者貢獻的電腦資源來類比蛋白質折疊的斯坦福大學專案，用於藥物計算設計和其他分子動力學問題）這兩個已經實施多年的科學項目，但是在過去，這些項目最大的問題是沒有一個恰當的獎勵回饋機制來鼓舞更多的人參與到這些公益項目中。而區塊鏈機制恰恰是解決這個問題的完美方案。區塊鏈不僅能夠提供客觀公正的強信用背書服務，而且還能夠實現極大規模的高精度獎勵回饋機制。

通過獎勵回饋機制和智能合約等功能，區塊鏈能夠為科學研究提供一個前所未有的全球化協作社區，它將不僅能夠把龐大的計算力集合在一起（目前比特幣網路所集合的算力已經超過了全球前 500 位元超級電腦算力總和的

一千倍以上），而且能將各種其他所需要的資源進行合理調配和協作，並且通過事先設定好的規則，對參與到整個協作系統中的人、機構甚至是設備進行獎勵，來促進資源更加合理地分配，並且吸引更多的資源參與到這個系統中。

區塊鏈讓數十億的人通過點對點的方式接入社交網路，共同創造組成協同共用的諸多經濟機會。區塊鏈平臺使每個人都成為產消者，使每項活動都變成一種合作。**區塊鏈把所有人連接到一個全球性的社區中，將產生前所未有的社會資本繁榮規模，使得全球一體的協作型經濟成為可能。**沒有區塊鏈技術，真正意義上的協作共用既不可行，也無法實現。

由此可以發現，基於互聯網的協同合作已經對經濟生活產生了深遠的影響。市場正讓步於網路，所有權正變得沒有接入重要，追求個人利益被追求集體利益取代，傳統意義上由窮變富的夢想轉變成對可持續高品質生活的渴望。也許在不久的將來，現有的社會體系將會失去主導地位，因為全球大規模協作的時代即將到來。

區塊鏈的去中心化特性和高精度獎勵模型完全可以深化個人參與協作的程度，該程度和個人在社會經濟中協同關係的多樣性和強度成正比。這是因為基於通信、能源和物流的各類民主手段使每個個體變得更加強大，但這要求個體有機會參與到這個以區塊鏈技術支撐的去中心化系統中，因此一個通過提高精準回報來增強自主協作精神的時代即將到來。

## (8) 顛覆現代商業社會

我們現在的商業社會大約是在 17 世紀的歐洲開始逐漸形成的，相對於當時傳統的封建社會，這其中有許多對財務制度和法律法規方面的改進。而其中最重要的財務制度和法律法規，莫過於複式記帳法、公司制度和保護私有

財產的法律。這些制度和規則的誕生，奠定了現代商業社會的基礎，從而誕生了一個空前繁華的現代商業社會。因此，我們可以把它們稱為商業社會的三大基石。從此，人類社會開始從封建農耕社會開始步入到商業社會，不僅極大地解放了生產力和促進了商業金融的大發展，而且逐步改變了整個人類社會的機構。

我相信，任何一個對於現代商業社會制度熟悉的人，必定會對這三項巨大的創新無比敬仰，因為它們對於推動商業歷史的車輪，有著無比巨大的作用。即使到了互聯網時代，依舊能夠看到它們在推動互聯網發展時發揮著良好的功效。然而，區塊鏈有可能將讓這三大基石進化到一個全新的階段。

因為在區塊鏈的世界裡，**複式記帳法變成了分散式總帳技術**。複式記帳法（Double Entry Bookkeeping），是從單式記帳法發展起來的一種比較完善的記帳方法，也叫複式記帳憑證。與單式記帳法相比較，其主要特點是：對每項經濟業務都以相等的金額在兩個或兩個以上的相互聯繫的帳戶中進行記錄（即雙重記錄，這也是這一記帳法被稱為「複式」的由來）；各帳戶之間客觀上存在對應關係，對帳戶記錄的結果可以進行試算平衡。複式記帳法能夠較好地體現資金運動的內在規律，能夠全面、系統地反映資金增減變動的來龍去脈及經營成果，並有助於檢查帳戶處理和保證帳本記錄結果的正確性。而分散式總帳技術讓系統中每個節點都有機會成為記帳人，而每個時間段中都確保帳本資料的平衡。其中所有的資料都是可以追溯的，所有的資料不僅具有極高的冗餘性，而且有極高的安全性，完全無法篡改，可以被視為是一種即時審計的記帳方式。

公司制度變成了**分散式自治公司和組織**（DAO 和 DAC）。不同於傳統公司複雜和緩慢的機制，DAO 和 DAC 就像一個完全自動運行的公司，任何一個人都可以隨時加入和退出。而公司的股權（代幣）成為系統中運行的唯一貨幣，並讓收入、利潤這些概念完全消失。公司運作的結構被大大簡化，只剩下投資者和生產者，這會極大地提高公司的運作效率。而每一個 DAO 和

DAC，都像上市公司一樣，其股權（代幣）是可以高速流通的，這意味著其價值發現在一開始就將完全由市場決定的，而不是要通過漫長和複雜的融資和審核方式來逐漸成長為一個上市公司。

而**保護私有財產的法律，變成了智能合約**。在傳統商業世界中，必須通過法律來保障私有財產神聖不可侵犯。而在區塊鏈世界中，這種質押依賴於區塊鏈和智能合約就可以做到。在區塊鏈上的資產，及其設定的智能合約是無法被人任意篡改和摧毀的。

事實上，區塊鏈中的資產，只要你不想交出私密金鑰，就沒有任何人能夠奪走屬於你的資產，也沒有人可以改變和終止已經設定好並已經在運行中的智能合約。傳統保護私有財產的法律和相關制度是要靠一大堆周邊司法設施來保障其運行的，而區塊鏈和智能合約完全靠程式就能實現這樣的目的，所節約的社會成本以及提高的效率將是傳統方式遠遠不能企及的。

所以，當複式記帳法、公司制度和保護私有財產這三個傳統商業社會的基石，變為分散式總帳技術、分散式自治公司和智能合約，也許會徹底改變現有商業社會的結構和運作方式。儘管區塊鏈技術一直被認為是一種顛覆性的技術，但許多人還是僅僅將其視為一種技術上的變革，但如果我們把視線投向更加深遠的社會基礎，也許真的能夠意識到一場有史以來人類商業社會最大的變革正在拉開帷幕。

# 全球投入區塊鏈
# 新創計畫的風險投資分析

DECODING GLOBAL BLOCKCHAIN AND INVESTMENT CASES

附錄 1

由於區塊鏈技術正在經歷快速發展，數十億美元正在快速注入區塊鏈相關企業中，於是在行業中發生了大量的投資和市場活動——自從 2009 年以來，大約有 13 億美元已經投入到該行業中。這 13 億美元的投資，主要還是集中在與比特幣相關的企業，特別是和挖礦相關的企業，如 21 Inc 或是 BitFury，抑或是基礎設施相關的企業，如 Blockchain、Blockstream、Ripple 和乙太坊等，很明顯這是行業初期發展的特徵，而大量的資本投入必然可以促進行業快速成長。而由於比特幣相關企業發展最早，所以相對而言更容易獲得投資。但隨著資本市場將注意力放到區塊鏈技術上，有更多的小型區塊鏈初創企業有待於發掘。

電腦硬體公司 21 Inc 目前似乎處於領先位置，自從 2013 年以來已經收到 1.21 億美元的投資，緊接著就是 Coinbase，它獲得了 1.05 億美元的投資。

在過去的幾年時間裡，區塊鏈行業中的投資金額一直在成倍增加，目前獲得資金最多的 20 個企業，大多數都是在 2011 年之後成立的。但是，目前只有 BitFury、Circle 和 Coinbase 完成了第三輪融資，其中大部分公司還處於早期幾輪融資階段，表明未來投資的機會才剛剛開始。

## (1) 主要的投資領域

從圖附錄 1.1 可以看出，目前最主要的投資還是集中在和比特幣相關的領域，比如礦機晶片、交易平臺、支付匯款、錢包服務領域。相對而言，這些領域更加成熟，參與的企業更多，創立的時間也更久。

其中，挖礦領域是一個投資相對最多的行業，圖中主要都是統計在歐美礦機行業的投資行為。但是，根據實際情況來看，考慮到在中國大陸地區有更多的礦機廠商和礦場投入，應該有更加集中的資金投入。但是中國地區的這些投資資訊大多數都沒有公佈出來，因此無法知道真實的投資情況。不僅中

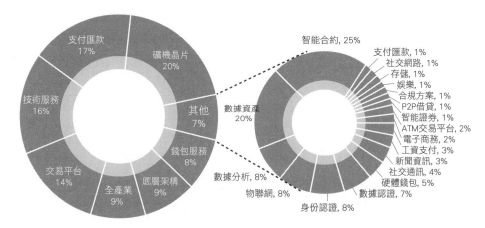

附錄圖 1.1 2013 年至 2016 年 4 月全球區塊鏈行業投融資項目類型分析

國國內如此，大多數礦機和礦場的資金投入，主要都是來自自籌資金，而目前大陸地區比特幣算力佔有全球總算力的 70%，所以也可以推斷出礦機和晶片之類的總投資額，至少是在目前統計資料的 2 倍到 5 倍。

除了這些之外，其他領域有著更多的細分情況，其中包括智能合約、數位自資產、資料分析、物聯網、身份認證、資料認證、硬體錢包、社交通信等。這些細分領域，許多都是基於比特幣區塊鏈，或者包括乙太坊在內的其他區塊鏈之上的應用，所以相對來說都是一些早期項目，更多的是在種子輪或者天使輪的投資。

## (2) 不同地區 / 國家的投資差異

在下頁圖附錄 1.2 我們可以看出，目前統計的投資資料呈現一個線性增長的趨勢。在 2012 年，幾乎沒有太多的公開投資情況出現，到 2015 年，已經

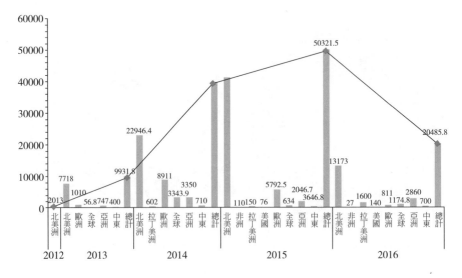

附錄圖 1.2 2013 年至 2016 年 4 月全球區塊鏈行業投融資項目類型分析

出現了眾多的投資事件,而且覆蓋在區塊鏈行業的多個領域。

　　同時能夠發現,在每年的投資中,北美洲佔據了主要的份額,有大量的投資都是集中在北美洲,而歐洲緊隨其後,然後才是亞洲。造成這樣比例的原因,主要還是因為區塊鏈作為 IT 技術和互聯網行業的一部分,北美洲在這方面有著較豐富的技術和人才積累。主要的理論建立和技術方案基本都是北美地區的技術人員提出,並且著手實施的。在這方面,其他地區要遠遠落後於北美地區。

　　從比特幣到區塊鏈,目前其實還處於一個初級的發展階段,主要還是集中在技術的基礎架構建設中。而縱觀整個 IT 技術的發展史,在基礎架構領域,基本都是以歐美為主的。無論是 UNIX、DOS、Windows、Linux 還是 Android,這些基礎作業系統或者資料庫系統,都需要有對 IT 技術有著深刻的遠見和龐大的資金投入,以及大規模技術基礎才能夠進行開發。而亞洲地區在這一領域始終沒有太多的話語權。到了比特幣和區塊鏈階段,無論是基

礎理論還是最早原型設計，也都是在歐美開始的，因此，似乎也沒有理由認為亞洲能夠突然在這方面有機會全面超越歐美地區。

但是，必須要指出一點的是，在早期階段，亞洲大多數國家對於比特幣並不持有友好的態度。中國曾明文規定，禁止所有金融機構和支付機構開展比特幣等數位貨幣相關業務。而早期全球最大的比特幣交易所 Mt.Gox 在日本因為遭受駭客攻擊而倒閉，並因此產生了一系列訴訟行為，所以日本政府對於數位貨幣的態度也一直非常冷淡，而且希望對此進行嚴格的監管。在未來政策上的態度不明確，必然會造成投資事件和金額遠遠低於正常的情況，或者也造成有許多投資事件不願意公開披露。

正如前面所指出的中國大陸地區，在比特幣礦機和晶片方面的投資情況，如果把這些從未披露的投資資料都計算在內，也許也不會低於歐洲方面的投資資料。

截至 2016 年 5 月，2016 年的投資數額已經超過了 2015 年整年投資數額的一半，因此 2016 年整年的投資數額超過 2015 年應該是大概率事件。有理由相信，區塊鏈行業相關的投資將在未來變得越來越頻繁。

但是有個有趣的現象是，儘管從 2015 年下半年開始，「區塊鏈」概念被視為在未來會獲得越來越多的重視，許多相關會議和金融媒體都在密集地討論其可能帶來的顛覆式影響，甚至認為「區塊鏈」技術已經被炒作過度，甚至可能有泡沫產生。但是從投資資料來看，並沒有出現極大幅度的增長，完全是呈現出一個線性增長方式。從這一點來看，無論「區塊鏈」這個概念被如何熱炒，投資資料完全表現的是一種行業初級發展的特徵，沒有任何出現指數級增長的「泡沫」現象。

考慮到區塊鏈技術在未來多個行業的發展可能性還具有極大的不確定性，而目前更多集中在底層架構的探索中，許多投資機構抱著觀望的態度，希望能夠等待局勢更加明朗後再大舉進入。

　　不同於在互聯網發展早期，許多新的技術和創新都是初創公司開始，許多大型公司都是扮演投資者和並購者的角色。由於區塊鏈要獲得大規模應用，最容易的方式不是推翻目前所有的金融場景，而是幫助現有金融場景降低成本或者提高效率。因此許多參與區塊鏈的研究和開發，都是在大型金融機構內部進行的。因為只有他們有更加合適的應用場景，並且明白自己的需求和痛點所在，但也因為這個原因，他們的具體進展和投入都沒有對外公開，所以這方面的許多資料無法從公開管道中獲得。

　　所以，根據目前的線性增長趨勢來判斷，類似於 1995 至 1996 年的互聯網投資情況，距離 2000 年的全球互聯網泡沫的高峰形態相去甚遠。完全可以認為區塊鏈行業投資在未來還有巨大的上升空間。

## (3) 不同年度的投資重點差異

　　圖附錄 1.3 是全球融資額超過 1000 萬美元的區塊鏈項目，分別在行業類型和融資的時間節點上的分佈圖。從圖中可以看到，投資機構對於區塊鏈在不同時間和不同領域的興趣點。

　　可以發現投資者在早期更多的關注礦機晶片和錢包服務，顯然這都是和比特幣密切相關的，而從 2015 年之後，開始把關注點開始轉移到支付匯款、底層架構和技術服務上。這本身說明，投資者開始不再把所有的投資重點放在比特幣上，而是開始重點建設整個生態環境。

　　有趣的是，對於交易平臺的投資始終比較持續，可能不論未來區塊鏈是何種走向，哪些區塊鏈項目將會崛起，交易所始終會是打通數位貨幣和法幣之間的橋樑。區塊鏈行業本身在快速發展中，體量也變得越來越大，必然會需要更多類似於橋樑這樣的配套措施。所以，相信在未來還會出現更多的數位貨幣交易所。

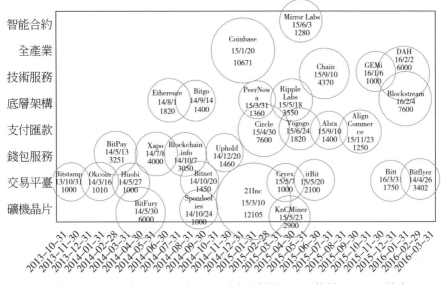

智能合約
全產業
技術服務
底層架構
支付匯款
錢包服務
交易平臺
礦機晶片

圖附錄 1.3 2013 年至 2016 年 4 月融資額超過 1000 萬美元項目一覽表

　　如果對不同年度的投資類型的分析，我們也可以看出隨著時間的推移，投資重點的確發生了不小的變化。很顯然，從比特幣時期的投資礦機和錢包之類，開始更多地形成以區塊鏈技術為核心的完整生態系統。

　　另外一個比較明顯的特徵是，行業細分類型開始越來越多，會有很多圍繞著核心生態系統的衍生產也開始逐漸誕生。儘管這些細分行業還十分弱小，但是能夠看出，區塊鏈已經在更多的細分行業獲得了資本市場的認可。

# (4)ICO 方式的崛起

　　ICO 融資是區塊鏈行業的一個獨有的融資方式，並且很有可能會改變整個區塊鏈甚至是其他行業的融資情況。因此，是值得進行深入研究和探索的。

　　所謂 ICO 是指通過發行代幣（Coin 或者 Token）的方式來進行融資的。有許多區塊鏈專案是以 DAO 的形式來展現（關於 DAO 的定義和運作方式，請參見 DAO 章節），所以它們可以發行代幣來代表該項目的一些收益權或者股份。每個專案根據投資者投資金額比例來發行相應的代幣給投資者，而這些代幣往往可以在一些數位貨幣的交易所裡進行交易。

　　無論是從其名稱還是其實際運作方式，都很容易讓大家聯想到 IPO。事實上，這非常類似於初次股票的發行，投資者支付一定的費用認購自己相應的份額，而這部分份額以某種憑證的方式，可以在交易市場進行自由交易。可能主要也是考慮法律方面的原因，這些區塊鏈項目不願意稱相應的份額為股份（Shares），而是稱為代幣（Coin），也刻意回避了 IPO 的說法。

　　儘管在過去的幾年中，眾籌（Crowdfunding）也曾經非常熱鬧，但是眾籌的方式很難讓投資者隨意退出。而 ICO，能夠讓那些投資者幾乎在每一分鐘都可以進行交易，這讓投資者持有的份額具有極好的流動性，這些流動性也會使項目估值產生更高的溢價。

　　此外，類似於像傳統 VC（風險投資）和 PE（私募股權投資）這樣的投資機構，他們往往對於投資項目具有很大的話語權，會極大地左右創始團隊對於專案的 ICO 推進路線，而在 ICO 中，創始團隊似乎具有更大的話語權，大多數投資者只能選擇買入或者賣出他們的份額，而無法直接干涉創始團隊的工作。當然，這也可能造成創始團隊有可能對資金的濫用和欺詐行為，但是創始團隊如果想要以更高的價格來拋售自己所持有的份額，就必須更加努力地工作，讓整個市場認為該專案在未來有著更高的價值。

　　我們在前文指出，區塊鏈行業投資的年度總額是以線性的方式在增長，而 ICO 的總金額也在快速增加，有越來越多的區塊鏈專案開始使用 ICO 的方式來進行籌資，這也是區塊鏈行業和其他新興行業最大的區別。傳統的新興行業往往通過 VC 和 PE 來進行籌資，而區塊鏈行業卻增加了 ICO 這種方式。這可以算作是區塊鏈行業一種非常獨特的現象，讓區塊鏈行業融資形成了一

種全新的生態環境。在不接觸傳統投資機構的情況下，完全以自給自足的方式進行融資，並且能夠完成整個行業技術的快速反覆運算。

類似於乙太坊這樣的區塊鏈項目，往往都是通過 ICO 的方式進行融資的。不僅可以在短期內募集到大量的資金，而且可以避開許多的法律問題。特別是 ICO 的方式是可以不需要法律主體的，而很多區塊鏈專案本身就處於法律的灰色地帶，因此越來越多的區塊鏈專案開始採用了 ICO 方式來籌集資金。

ICO 另外一個不同於傳統融資方式的特點是，初創團隊往往並不會留下很多的權益份額，而是把大部分權益份額全部讓給參與眾籌的投資者。這和傳統 VC，或者 PE 有非常大的區別。熟悉傳統融資過程的專業人士肯定知道，專業的 VC、PE 進行投資時，往往不會佔有大部分股份，而只是獲得少量股份。他們還是希望初創團隊佔有大部分股份，這樣初創團隊才有足夠的動力來開創全新的事業。但是在 ICO 中，我們會發現初創團隊更願意把大部分權益份額讓給投資者。這是一個非常值得探討的現象。

這在一定程度上不排除受到比特幣的影響，因為比特幣本身是由一個匿名的開發者創立的，這個自稱為「中本聰」的匿名開發者並沒有為自己謀求許多的權益，也從未要求自己在比特幣的全部份額中佔有一定的比例。儘管在開始階段，「中本聰」自己也「挖」了不少比特幣，但是他從未動用過自己的比特幣，也就沒有從中獲得任何的私利，甚至在盛傳他將被推舉提名諾貝爾經濟學獎的時候，他也沒有表明過自己的身份，看來也沒有貪圖過「虛名」，就是這樣一個完全不為名利的人，激勵了許多人希望能夠效仿「中本聰」無私的精神。

當然，精神激勵並不是一個主要的因素，更多的原因可能來自市場機制。由於區塊鏈本身是一個大規模協作工具，這註定區塊鏈專案必須有大量的用戶參與才能夠讓專案蓬勃發展起來。而只有項目得到發展，那些開發者手中持有的權益才能夠變現。而參與 ICO 的投資者如果發現初創團隊本身並沒有持有太多的籌碼，也許會更加願意參與眾籌，因為這樣也許不會讓投資者感

覺是純粹在為初創團隊打工。

所以，從經濟學角度來看，那些初創團隊能夠意識到，如果項目發展不起來，手上持有再多的籌碼也沒有意義。只要專案能夠發展起來，即使很少的一部分，也能獲得不菲的回報。因此，他們通過持有較少的權益份額，而出讓更多的權益份額，能夠讓更多的人有意願參與到項目中。而那些早期有參與項目的投資者，在後來為了讓自己所持有的代幣能夠增值，也會自動成為項目的義務推廣者，這對於專案未來是否成功有著巨大的推動作用。所以也讓更多的項目創始人選擇這種共贏的方式來進行 ICO。

2016 年 5 月，ICO 的方式達到一個全新的階段。一個基於區塊鏈，專案名稱為 DAO 的去中心化自治基金在公開眾籌中募集了約 1.5 億美元的資金，打破了全球所有的眾籌紀錄。這個去中心化自治基金是沒有中心化的管理機構，也沒有傳統的企業實體，每個人投資的人集體參與決策。儘管整個專案在眾籌階段飽受爭議，有很多人質疑這種集體決策的方式來進行投資，其結果是否能夠帶來足夠的回報。

同時，全球主要的金融媒體，連篇累牘地發表文章探討 DAO 可能帶來的法律問題，以及未來對於全球融資業態的影響。但必須承認，這是一種非常大膽的嘗試，並且 DAO 專案的成功記錄，吸引了更多的人開始瞭解 ICO 這種方式。

從目前透露的消息來看，未來還會有大量的全新區塊鏈專案會採用 ICO 的方式來募集資金，而募集資金的數量也會急劇增長。總體來說，專案增長的速度可能會低於關注人群增長的速度，而所有的 ICO 基本都是面向全球投資者的。所以未來可能 ICO 的眾籌資金數量還會屢創新高。並且，不排除區塊鏈之外的其他行業也會開始逐漸關注這個奇特的方式。不過，並不是所有的專案都適合使用 ICO 方式。顧名思義，採用 ICO 方式的前提是，該項目應該會內置代幣，而這個代幣必須能夠代表該專案的部分權益。所以，未來 ICO 能否在更多的領域獲得應用，是一個非常值得觀察的現象。

## (5) 總結

　　需要指出的是，我們的統計資料都是來自互聯網公開的資訊，可見還有許多尚未公開的投資事件已經或者正在發生。比特幣和區塊鏈行業有一個有別於其他行業的特點，就是在 2015 年之前，比特幣在許多國家都是一個相對敏感的領域，所以有許多的投資事件從未披露過。很多個人或者投資機構並不希望別人知道自己和這方面有關的企業有投資關係。

　　截至 2016 年 5 月，比特幣總市值已經達到 80 多億美元，而主要的區塊鏈項目總市值達到 100 多億美元，因此有理由相信，在這方面的實際投資可能會遠遠超過我們能統計到的數額。

　　關於全球主要區塊鏈投資專案的詳細資料請參見接下來的附錄表 1.1。

附錄表 1.1 全球主要區塊鏈投資專案

| 項目 | 類型 | 國家 | 時間 | 資金<br>萬美元 | 融資<br>類型 | 參與方 |
|---|---|---|---|---|---|---|
| 21 Inc<br>(21e6) | 礦機晶片 | 美國 | 215/03/10 | 11600 | C 輪 | Andreessen Horowitz、RRE Ventures、來自中國的私募股權公司 Yuan Capital、晶片製造商高通公司（Qualcomm），其他投資者包括 Khosla Ventures、Data Collective、PayPal 聯合創始人 Peter Thiel、Max Levchin、eBay 公司聯合創始人 Jeff Skoll、Dropbox 公司首席執行長 Drew Houston、Expedia 首席執行長 Dara Khosrowshahi、Zynga 公司聯合創始人 Mark Pincus |
| | | | 2013/11/17 | 505 | A 輪 | Individual Investors |

續表

| 項目 | 類型 | 國家 | 時間 | 資金<br>萬美元 | 融資<br>類型 | 參與方 |
|---|---|---|---|---|---|---|
| Abra | 支付匯款 | 美國 | 2014/08/01 | 200 | 種子輪 | Scott and Cyan Banister |
| | | | 2015/09/10 | 1200 | A 輪 | Arbor Ventures、RRE Ventures 和 First Round Capital，還包括美國運通和印度塔塔集團名譽主席 Ratan Tata |
| Airbitz | 錢包服務 | 美國 | 2015/01/12 | 3 | 種子輪 | Plug and Play Tech Center |
| | | | 2015/05/06 | 45 | 種子輪 | Block26 |
| Align Commerce | 支付匯款 | 美國 | 2015/11/23 | 1250 | A 輪 | 領投方為矽谷傳奇投資公司 KPCB，跟投方包括 Digital Currency Group、FS Venture Capital、Pantera Capital、Recruit Ventures Partners 以及矽谷銀行的投資部門 SVB Ventures |
| AlphaPoint | 技術服務 | 美國 | 2014/10/17 | 135 | 種子輪 | Ben Franklin Technology Partners、Robin Hood Ventures、Scott Becker、Gabriel Weinberg |
| Anycoin Direct | 交易平臺 | 荷蘭 | 2015/01/21 | 56 | 種子輪 | 未知 |
| Armory Technologies | 錢包服務 | 美國 | 2013/09/01 | 60 | 種子輪 | Trace Mayer、Jim Smith、Kevin Bombino、Individual Investors |
| Ascribe | 數據認證 | 德國 | 2015/06/24 | 200 | 種子輪 | Earlybird Venture Capital、Digital Currency Group、Freelands Ventures、angel investors |
| Augur | 智能合約 | 全球 | 2015/08/01 | 520 | 眾籌 | 未知 |
| Avalon Clones | 挖礦 | 美國 | 2013/07/22 | 300 | A 輪 | 未知 |

續表

| 項目 | 類型 | 國家 | 時間 | 資金<br>萬美元 | 融資<br>類型 | 參與方 |
|---|---|---|---|---|---|---|
| Bex.io /<br>Spawngrid | 交易平臺 | 加拿大 | 2013/12/01 | 50 | 種子輪 | Cross Pacific Capital Partners,<br>Individual Investors |
| Bitbond | P2P 借貸 | 德國 | 2015/05/20 | 67 | 種子輪 | Point Nine Capital, Christian<br>Vollmann |
| | | | 2014/08/13 | 27 | 種子輪 | Point Nine Capital, Nelson<br>Holzner |
| Bitex.la | 交易平臺 | 阿根廷 | 2014/05/30 | 200 | A 輪 | 未知（UK-based investor） |
| | | | 2014/01/15 | 200 | 種子輪 | 未知 |
| Bitflyer | 交易平臺 | 日本 | 2014/07/22 | 160 | 種子輪 | Unnamed Japan-based venture<br>capital firm |
| | | | 2014/10/10 | 24 | 種子輪 | Bitcoin Opportunity Corp. |
| | | | 2015/01/28 | 110 | A 輪 | Bitcoin Opportunity Corp、<br>RSP Fund No.5、GMO Venture<br>Partners |
| | | | 2015/08/12 | 408 | B 輪 | 三菱 UFJ 金融集團旗下的三菱 UFJ 資本有限公司（Mitsubishi UFJ Capital Co.，Ltd.）、日本電通集團旗下的風投公司電通數碼控股公司（Dentsu Digital Holdings，Inc.）、日經集團旗下的財經資訊提供商 QUICK 公司（QUICK Corp.）、三井住友保險公司旗下的風投公司（MITSUI SUMITOMO INSURANCE Venture Capital Co.，Ltd.）、創業投資有限公司（Venture Labo Investment Co.，Ltd.）等 |
| | | | 2016/04/26 | 2700 | C 輪 | Venture Labo Investment, SBI Investment |

續表

| 項目 | 類型 | 國家 | 時間 | 資金<br>萬美元 | 融資<br>類型 | 參與方 |
|---|---|---|---|---|---|---|
| BitFury | 挖礦 | 荷蘭 | 2015/07/09 | 2000 | C 輪 | The Georgian Co-Investment Fund、DRW Venture Capital、iTech Capital |
| | | | 2014/10/09 | 2000 | B 輪 | Bill Tai, Bob Dykes, Georgian Co-Investment Fund, Lars Rasmussen |
| | | | 2014/05/30 | 2000 | A 輪 | Binary Financial、Crypto Currency Partners、Georgian Co-Investment Fund、Queensbridge Venture Partners and ZAD Investment Company、Jonathan Teo、Bill Tai |
| BitGo | 底層架構 | 美國 | 2014/09/04 | 未知 | 未知 | BitFury Capital |
| | | | 2014/06/16 | 1220 | A 輪 | Redpoint Ventures、Bitcoin Opportunity Corporation、Radar Partners、Liberty City Ventures、Crypto Currency Partners、A-Grade Investments、Jeffrey S.Skoll、Bill Lee、Founders Fund、Eric Hahn, Bridgescale Partners |
| | | | 2013/03/01 | 200 | 種子輪 | Bridgescale Partners、Eric Hahn、Jeff Skoll、Bill Lee 及 其他 |

續表

| 項目 | 類型 | 國家 | 時間 | 資金<br>萬美元 | 融資<br>類型 | 參與方 |
|---|---|---|---|---|---|---|
| BitGold | 數位資產 | 加拿大 | 2014/07/14 | 100 | 種子輪 | Massimo Agostinelli |
| | | | 2014/12/05 | 80 | 種子輪 | 未知 |
| | | | 2014/12/25 | 350 | A輪 | PowerOne Capital、Soros Brothers Investments、Sandstorm Gold、Port Vesta Holdings |
| Bitinstant | 支付匯款 | 美國 | 2012/10/31 | 150 | A輪 | Winklevoss Capital, David Azar |
| BitKan | 新聞資訊 | 中國 | 2016/04/12 | 160 | A輪 | Bitmain Technology |
| BitLending Club | P2P借貸 | 美國 | 2014/10/24 | 25 | 種子輪 | LAUNCHub |
| Bitnet | 支付匯款 | 美國 | 2014/10/20 | 1450 | A輪 | Highland Capital Partners、Rakuten、James Pallotta、Stuart Peterson、Bill McKiernan、Stephens Investment Management、Bitcoin Opportunity Fund、Commerce Ventures、Webb Investment Network、Buchanan Investment |
| | | | 2014/01/01 | 未知 | 種子輪 | Commerce Ventures |
| BitPagos | 支付匯款 | 美國 | 2014/06/17 | 60 | 種子輪 | Pantera Capital、Boost Bitcoin Fund、8capita、South Ventures、NXTP Labs、Tim Draper、Barry Silbert、Individual Investors |
| | | | 2013/09/01 | 3 | 種子輪 | NXTP Labs |

續表

| 項目 | 類型 | 國家 | 時間 | 資金<br>萬美元 | 融資<br>類型 | 參與方 |
|---|---|---|---|---|---|---|
| BitPay | 支付匯款 | 美國 | 2014/05/13 | 3000 | A 輪 | Index Ventures、AME Cloud Ventures、Felicis Ventures、Founders Fund、Horizons Ventures、RRE Ventures、Sir Richard Branson、TTV Capital、Jerry Yang、Richard Branson |
| | | | 2013/05/16 | 200 | 種子輪 | A-Grade Investments、Founders Fund、Heisenberg Capital |
| | | | 2013/01/07 | 51 | 種子輪 | Individual Investors: Shakil Khan、Barry Silbert、Roger Ver、Ashton Kutcher、Matt Mullenweg、Ben Davenport、Trace Mayer、Jimmy Furland |
| BitPesa | 支付匯款 | 肯亞 | 2015/02/09 | 110 | A 輪 | 對沖基金 Pantera Capital 領投，其他參與者包括風險投資公司 Bitcoin Opportunity Corp、Crypto Currency Partners、Future/Perfect Ventures 以及 Stephens Investment Management |
| BitShares | 交易平臺 | 全球 | 2014/07/20 | 369 | 眾籌 | 5904 個 BTC |
| BitSim | 全產業 | 中國 | 2014/02/04 | 50 | 種子輪 | Seedcoin, Individual Investors |
| Bitstamp | 交易平臺 | 英國 | 2013/10/31 | 1000 | A 輪 | Pantera Capital Management |
| Bitt | 交易平臺 | 巴貝多 | 2016/03/31 | 1600 | A 輪 | Overstock |
| | | | 2015/03/30 | 150 | 種子輪 | Avatar Capital |

續表

| 項目 | 類型 | 國家 | 時間 | 資金<br>萬美元 | 融資<br>類型 | 參與方 |
|---|---|---|---|---|---|---|
| Bitwage | 工資支付 |  | 2015/11/20 | 76 | 種子輪 | Cloud Money Ventures、Saeed Amidi、法國電信集團 Orange、Draper Associates、Bitcoin Capital fund 等 |
| Bitwala | 支付匯款 | 荷蘭 | 2016/04/04 | 91 | 種子輪 | KfW Banking Group, Digital Currency Group |
| BitX | 交易平臺 | 新加坡 | 2014/08/19 | 82 | 種子輪 | Naspers 集團領投，Digital Currency Group 參投 |
|  |  |  | 2015/07/21 | 400 | A 輪 | Digital Currency Group，Carol Realini |
| Blockchain.<br>info | 錢包服務 | 英國 | 2014/10/07 | 3050 | A 輪 | Lightspeed Ventures、Wicklow Capital、Mosaic Ventures、Prudence Holdings、Future Perfect Ventures、Rafael Corrales、Amit Jhawar、Nat Brown、Individual Investors |
| BlockCypoher | 底層架構 | 美國 | 2015/01/14 | 310 |  | Tim Draper, AME Cloud Ventures, Boost VC, 500 Startups, Crypto Currency Partners, New Enterprise Associates (NEA), Nasir Jones, Jesse Draper, Shawn Byers, Fenox Venture Capital, Streamlined Ventures, Upside Partnership, Foundation Capital |
| Blockscore | 身份認證 | 美國 | 2014/06/01 | 3 |  | Lightspeed Venture Partners |
|  |  |  | 2014/06/26 | 200 | 天使輪 | NXTP Labs |

續表

| 項目 | 類型 | 國家 | 時間 | 資金<br>萬美元 | 融資<br>類型 | 參與方 |
|------|------|------|------|------|------|------|
| Blockstream | 技術服務 | 美國 | 2014/11/18 | 2100 | 天使輪 | 領投人分別是 LinkedIn 聯合創始人兼 Airbnb 董事會成員 Reid Hoffman、Khosla Ventures（之前投資了 Chain.com）、加拿大種子基金 Real Ventures，其他投資公司也促成了這一輪融資，包括 Crypto Currency Partners、谷歌董事長埃裡克·施密特的 Innovation Endeavors、Future/Perfect Ventures、Mosaic Ventures、Ribbit Capital 以及雅虎聯合創始人傑裡楊的 AME 雲創投 |
| | | | 2016/02/04 | 5500 | A 輪 | 領投方分別是安盛戰略風險投資公司（AXA Strategic Ventures，法國跨國保險公司安盛集團的風險投資部門）、Digital Garage（由伊藤穰一聯合創立的東京線上支付公司）以及香港風險投資公司 Horizons Ventures，其他參投方還包括 AME 雲創投、區塊鏈資本（Blockchain Capital）以及未來/完美風投（Future/Perfect Ventures） |
| BlockTrail | 底層架構 | 荷蘭 | 2014/08/18 | 65 | 種子輪 | Lev Leviev |
| Bonafide<br>(Bonifide.<br>io) | 數據分析 | 美國 | 2015/02/02 | 85 | 種子輪 | Quest Venture Partners, Crypto Currency Partners, AngelList Bitcoin Syndicate |
| | | | 2014/10/01 | 未知 | 種子輪 | Quest Venture Partners |
| | | | 2014/04/21 | 10 | 種子輪 | 500 Startups |

續表

| 項目 | 類型 | 國家 | 時間 | 資金<br>萬美元 | 融資<br>類型 | 參與方 |
|------|------|------|------|------|------|--------|
| BTC China<br>(Shanghai<br>Satuxi<br>Network) | 交易平臺 | 中國 | 2013/11/18 | 500 | A 輪 | Lightspeed China Partners |
| BTC.sx | 交易平臺 | 新加坡 | 2014/04/01 | 30 | 種子輪 | Seedcoin, Joe Lee |
| BTCS | 挖礦 | 美國 | 2015/12/22 | 145 | 未知 | Cavalry Fund I LP |
| | | | 2015/04/27 | 230 | 未知 | 未知 |
| | | | 2015/01/01 | 50 | 未知 | 未知 |
| Buttercoin | 底層架構 | 美國 | 2013/09/01 | 125 | A 輪 | Alexis Ohanian、Centralway、FLOO-DGATE、Google Ventures、Initialized Capital、Rothenberg Ventures、Y Combinator |
| Case | 硬體錢包 | 美國 | 2015/06/18 | 150 | 種子輪 | Future/Perfect Ventures 領 投，RRE Ventures、Third Kind Venture Capital、Rochester Institute of Technology |
| | | | 2015/09/11 | 100 | 種子輪 | Future/Perfect Ventures 領投 |
| Chain | 技術服務 | 美國 | 2014/01/01 | 420 | 天使輪 | Betaworks、RRE Ventures，Thrive Capital 和 SV Angel |
| | | | 2014/08/21 | 950 | A 輪 | 由 Khosla Ventures 領 銜，由電腦巨頭 Sun Microsystems 公司的聯合創始人 Vinod Khosla 發起，投資者包括 Kevin Ryan、Barry Silbert、Scott Banister，Homebrew、500 初創公司以及 Pantera Capital |
| | | | 2015/09/10 | 3000 | B 輪 | Visa 公司、納斯達克、花旗風投、RRE Ventures、第一資本金融公司、Fiserv 公司、Orange SA 等金融巨頭 |

續表

| 項目 | 類型 | 國家 | 時間 | 資金<br>萬美元 | 融資<br>類型 | 參與方 |
|------|------|------|------|------|------|--------|
| Chainalysis | 數據分析 | 美國 | 2016/02/22 | 160 | 天使輪 | Point Nine Capital、TechStars、Digital Currency Group（數位貨幣集團）、FundersClub、Converge Venture Partners |
| Challenger Deep | 底層架構 | 英國 | 2015/07/23 | 186 | 種子輪 | Pascal Gauthier |
| ChangeTip | 數據分析 | 美國 | 2014/12/02 | 350 | A輪 | Pantera Capital、500 Startups、Boldstart Ventures、CryptoCurrency Partners、Idealab |
| | | | 2014/05/05 | 75 | 種子輪 | CryptoCurrency Partners |
| | | | 2014/04/04 | 未知 | 種子輪 | BOLDstart Ventures |
| Chronicled | 底層架構 | 美國 | 2016/03/09 | 342 | 種子輪 | Mandra Capital、Pantera Capital、Colbeck Capital Management |
| Ciphrex | 錢包服務 | 美國 | 2015/01/15 | 50 | A輪 | 未知 |
| | | | 2014/10/07 | 30 | 未知 | 未知 |
| Circle | 支付匯款 | 美國 | 2013/10/31 | 900 | A輪 | Accel Partners，General Catalyst Partners |
| | | | 2014/05/26 | 1700 | B輪 | Breyer Capital、General Catalyst Partners、Oak Investment Partners 以及 Accel Partners |
| | | | 2015/04/30 | 5000 | C輪 | 高盛以及IDG資本（中國）領投，Breyer Capital、General Catalyst Partners、Oak Investment Partners 以及 Accel Partners 跟投 |

續表

| 項目 | 類型 | 國家 | 時間 | 資金<br>萬美元 | 融資<br>類型 | 參與方 |
|------|------|------|------|------|------|--------|
| Civic | 身份認證 | 美國 | 2016/01/29 | 275 | 天使輪 | 領投方為 Social Leverage 風投公司，其他參與方包括 Founder Collective、Pantera Capital、Blockchain Capital 以及 Digital Currency Group |
| Coinalytics | 數據分析 | 美國 | 2014/04/21 | 10 | 種子輪 | 500 Startups |
| | | | 2015/09/11 | 110 | 種子輪 | The Hive 領投、SeanPercival、Dave McClure、500Fintech，500 Startups |
| Coinapult | 錢包服務 | 巴拿馬 | 2014/09/30 | 78 | 未知 | Bitcoin Opportunity Corp、Roger Ver、FirstMark Capital、Erik Voorhees、Ira Miller |
| Coinbase | 全產業 | 美國 | 2015/01/20 | 7500 | C 輪 | 領投方包括 DFJ Growth、Andreessen Horowitz、Union Square Ventures，以及 Ribbit Capital；此外還有紐約證券交易平臺（NYSE）、財富 500 強金融服務集團 USAA、西班牙外換銀行 BBVA 以及日本電信巨頭 DoCoMo 也參與了融資 |
| | | | 2013/12/12 | 2500 | B 輪 | Andreessen Horowitz, Ribbit Capital, Union Square Ventures, QueensBridge Venture Partners, Anthony Saleh, Nasir「Nas」Jones |
| | | | 2013/04/26 | 611 | A 輪 | Ribbit Capital、Union Square Ventures、Red Swan Ventures、SV Angel, Interplay Ventures、FundersClub |
| | | | 2012/09/01 | 60 | 種子輪 | Alexis Ohanian、Y Combinator、Greg Kidd, Garry Tan、FundersClub |

續表

| 項目 | 類型 | 國家 | 時間 | 資金<br>萬美元 | 融資<br>類型 | 參與方 |
|---|---|---|---|---|---|---|
| Coinfirma | 挖礦 | 美國 | 2013/12/31 | 50 | 種子輪 | 未知 Venture Investor(s) |
| Coinfloor | 交易平臺 | 英國 | 2014/06/06 | 20 | 未知 | Passion Capital、Taavet Hinrikus、Adam Knight |
| | | | 2013/09/08 | 10 | 種子輪 | Passion Capital、Taavet Hinrikus、Individual Investors |
| Coinify | 全產業 | 丹麥 | 2014/09/25 | 34 | 種子輪 | SEED Capital |
| Coinigy | 交易平臺 | 美國 | 2015/03/19 | 10 | 種子輪 | 未知 |
| CoinJar Pty | 錢包服務 | 澳洲 | 2013/12/02 | 50 | A 輪 | Blackbird Ventures,Individual Investors |
| | | | 2013/05/01 | 2 | 種子輪 | AngelCube |
| CoinOutlet | ATM 交易平臺 | 美國 | 2015/01/01 | 10 | 種子輪 | BTCS |
| | | | 2014/11/01 | 5 | 種子輪 | BitcoinShop |
| Coinplug | 支付匯款 | 韓國 | 2013/11/25 | 40 | 種子輪 | Silverblue |
| | | | 2014/04/03 | 40 | 種子輪 | Draper Fisher Jurvetson Partners、Key Initiatives Technical Entrepreneur、Individual Investors |
| | | | 2014/10/08 | 250 | A 輪 | Mirae Asset Venture Investment、Bokwang Investment Corp、Capstone Partners、DSC Investment、Tim Draper |
| | | | 2015/10/03 | | B 輪 | SBI Investment |

續表

| 項目 | 類型 | 國家 | 時間 | 資金<br>萬美元 | 融資<br>類型 | 參與方 |
|------|------|------|------|------|------|------|
| CoinPlus | 支付匯款 | 盧森堡 | 2014/09/18 | 22 | 種子輪 | 未知 |
| Coinsetter | 交易平臺 | 美國 | 2014/10/16 | 140 | B 輪 | 未知 |
| | | | 2014/02/18 | 50 | A 輪 | Crypto Currency Partners |
| CoinSimple | 支付匯款 | 中國 | 2014/03/07 | 18 | 種子輪 | Seedcoin, Individual Investors |
| Colu | 數位資產 | 以色列 | 2015/01/27 | 250 | A 輪 | Aleph Capital、Spark Capital、BoxGroup 以 及 Bitcoin Opportunity Fund |
| Counterparty | 底層架構 | 全球 | 2014/02/03 | 172 | 眾籌 | 2126 個 BTC |
| Cryex | 交易平臺 | 瑞典 | 2015/05/07 | 1000 | A 輪 | White Star Capital, Northzone Ventures |
| Cryptopay | 支付匯款 | 英國 | 2014/02/04 | 8 | 種子輪 | Seedcoin |
| Custos Media Technologies | 數據認證 | 南非 | 2016/04/08 | 27 | 種子輪 | Digital Currency Group、Innovus Technology Transfer、未知 angel investor |
| Dacplay | 智能合約 | 全球 | 2015/02/23 | 57 | 眾籌 | 2397 個 BTC |
| Devign Lab | 全產業 | 韓國 | 2014/10/09 | 20 | 種子輪 | K Cube Ventures |
| DigiByte | 支付匯款 | 美國 | 2014/12/02 | 25 | 種子輪 | 未知 |
| Digital Asset Holdings | 技術服務 | 美國 | 2016/02/02 | 6000 | A 輪 | 高盛、IBM、荷蘭銀行、埃森哲、澳洲證券交易平臺、法國巴黎銀行、Broadridge 的金融解決方案、花旗銀行、CME Ventures、德意志交易平臺集團、ICAP、桑坦德風投、證券託管清算公司（DTCC）、PNC 金融服務集團 |

續表

| 項目 | 類型 | 國家 | 時間 | 資金<br>萬美元 | 融資<br>類型 | 參與方 |
|------|------|------|------|------|------|------|
| Digital Currencies FinTech | 新聞資訊 | 美國 | 2013/08/19 | 125 | A 輪 | Centralway AG、Floodgate、Google Ventures、Individual Investors、Initialized Capital、Y Combinator |
| DigixDao | 數位資產 | 全球 | 2016/03/31 | 550 | 眾籌 | 13290 個 BTC |
| Dogetipbot | 支付匯款 | 美國 | 2014/11/05 | 45 | 種子輪 | Blackbird Ventures、Scott and Cyan Banister、Individual Investorsl |
| Elliptic | 錢包服務 | 英國 | 2016/03/21 | 500 | A 輪 | aladin Capital Group、Santander InnoVentures、KRW Schindler、Digital Currency Group; Octopus Ventures |
| | | | 2014/07/16 | 200 | 種子輪 | Octopus Investments |
| | | | 2014/02/10 | 未知 | 種子輪 | Seedcamp |
| Ethcore | 底層架構 | 英國 | 2016/04/22 | 75 | Pre-種子輪 | Blockchain Capital, Fenbushi Capital |
| Ethereum | 底層架構 | 全球 | 2014/08/01 | 1820 | 眾籌 | 未知 |
| Exchange of the Americas (meXBT) | 交易平臺 | 墨西哥 | 2014/03/18 | 34 | 種子輪 | Seedcoin, Individual Investors |
| | | | 2014/01/15 | 15 | 種子輪 | Seedcoin, Individual Investors |
| Expresscoin | 交易平臺 | 美國 | 2014/07/01 | 15 | 種子輪 | BTCS |
| | | | 2014/03/01 | 未知 | 種子輪 | Crypto Currency Partners, Demarest |
| | | | 2014/03/01 | 未知 | 種子輪 | Crypto Currency Partners |
| Factom | 數位認證 | 美國 | 2015/05/01 | 120 | 眾籌 | 未知 |
| | | | 2015/10/15 | 180 | 種子輪 | Kuala Innovations |

續表

| 項目 | 類型 | 國家 | 時間 | 資金<br>萬美元 | 融資<br>類型 | 參與方 |
|------|------|------|------|------|------|------|
| Filament | 物聯網 | 美國 | 2014/08/19 | 100 | 種子輪 | VTF Capital，Resonant Venture Partners |
| | | | 2015/08/18 | 500 | A輪 | Bullpen Capital、Crosslink Capital、Haystack、Techstars、Verizon、Digital Currency Group、Samsung Ventures、Working Lab Capital |
| Gem | 技術服務 | 美國 | 2015/01/21 | 10 | 天使輪 | Amplify.LA |
| | | | 2014/05/09 | 190 | 種子輪 | Mesa Ventures、Idealab、James Joaquin、Brock Pierce 的投資公司、Crypto Currency Partners 的投資 |
| | | | 2015/02/15 | 132.5 | 種子輪 | KEC Ventures 領投，其他跟投方包括 First Round Capital、RRE Ventures（參與了 21 Inc 和 Abra 的投資）、Facebook 的早期投資人 Robert Wolfson 等 |
| | | | 2016/01/06 | 710 | A輪 | 領投方為 Pelion 風險投資合夥公司，跟投方包括 KEC 風險投資公司、Blockchain Capital、Digital Currency Group、RRE Ventures、Tamarisk Global、Drummond Road Capital、Tekton Ventures、Amplify.LA、Danmar Capital 以及天使投資人 James Joaquin |

續表

| 項目 | 類型 | 國家 | 時間 | 資金<br>萬美元 | 融資<br>類型 | 參與方 |
|------|------|------|------|------|------|------|
| GetGems | 社交通信 | 以色列 | 2015/01/05 | 40 | 種子輪 | Magma VC |
| | | | 2014/12/01 | 60 | 種子輪 | 未知 |
| | | | 2015/02/06 | 56.8 | 眾籌 | 2633 個 BTC |
| Gliph | 社交通信 | 美國 | 2014/01/31 | 3 | 種子輪 | Semil Shah |
| | | | 2013/12/18 | 13 | 種子輪 | Pantera Capital |
| | | | 2013/09/19 | 20 | 種子輪 | Boost Fund、Portland Seed Fund、Rogue Venture Partners、Tim Draper、Individual Investors |
| | | | 2013/05/18 | 2 | 種子輪 | 未知 |
| | | | 2012/01/03 | 3 | 種子輪 | Portland Seed Fund |
| GoCoin | 支付匯款 | 新加坡 | 2014/03/26 | 150 | A 輪 | BTCS、Crypto Currency Partners、Owen Van Natta、Demarest、Individual Investors |
| | | | 2013/11/07 | 55 | 種子輪 | BitAngels、Demarest Ventures、Individual Investors、Ruvento Ventures、Crypto Currency Partners、Gary Stiffelman、Mikael Pawlo、Andrew Frame、Owen Van Natta、David Neuman、Ronnie Wee、Honathan Congdon、Prolific Venture Capital |

續表

| 項目 | 類型 | 國家 | 時間 | 資金<br>萬美元 | 融資<br>類型 | 參與方 |
|---|---|---|---|---|---|---|
| GogoCoin | 錢包服務 | 美國 | 2014/04/21 | 10 | 種子輪 | 500 Startups |
| | | | 2013/10/09 | 11 | 種子輪 | 500 Startups, Draem Ventures |
| | | | 2013/10/01 | 1 | 種子輪 | Draem Ventures |
| HashPlex | 挖礦 | 美國 | 2014/06/12 | 40 | 種子輪 | Barry Silbert、Jason Prado、Individual Investors |
| HashRabbit | 挖礦安全 | 美國 | 2015/02/04 | 50 | 種子輪 | Draper Associates, VegasTechFund |
| | | | 2014/10/01 | 20 | 未知 | VegasTechFund |
| Hedgy | 智能合約 | 美國 | 2015/04/30 | 120 | 種子輪 | Draper Fisher Jurvetson、Tim Draper、Marc Benioff（Salesforce 的 CEO）、Sand Hill Ventures 等 |
| Hive | 錢包服務 | 中國 | 2014/03/26 | 19 | 種子輪 | Roger Ver, Seedcoin |
| Huobi | 交易平臺 | 中國 | 2014/05/27 | 1000 | A 輪 | Sequoia Capital China |
| itBit | 交易平臺 | 美國 | 2015/05/07 | 2500 | A 輪 | RRE Ventures、Liberty City Ventures、投資人 Jay W Jordan II. 以及 Raptor Capital 管理公司董事長 James Pallotta |
| | | | 2013/11/11 | 325 | A 輪 | Canaan Partners、Individual Investors、Liberty City Ventures、RRE Ventures、Jay W.Jordan II、Ben Davenport |
| Keza | 交易平臺 | 美國 | 2016/03/02 | 36 | Pre-種子輪 | Jason Calacanis，Digital Currency Group |
| KnCMiner | 挖礦 | 瑞典 | 2015/02/03 | 1500 | B 輪 | Accel Partners、GP Bullhound、Creandum, Martin Wattin |
| | | | 2014/09/04 | 1400 | A 輪 | Creandum |

續表

| 項目 | 類型 | 國家 | 時間 | 資金<br>萬美元 | 融資<br>類型 | 參與方 |
|------|------|------|------|------|------|------|
| Koinify | 數位資產 | 美國 | 2014/09/17 | 100 | A輪 | IDG Capital Partners、zPark Ventures、Danhua Capital、Brock Pierce、Individual Investors |
| | | | 2014/03/25 | 45 | 種子輪 | Zhenfund (Sequoia China Angel)、Ceyuan Ventures、Crypto Currency Partners |
| Korbit | 全產業 | 韓國 | 2014/08/25 | 300 | A輪 | Pantera Capital、BAM Ventures、Bitcoin Opportunity Corp、Tim Draper、Pietro Dova、Strong Ventures、Softbank Ventures Korea |
| | | | 2014/01/20 | 40 | 種子輪 | Strong Ventures、Bitcoin Opportunity Fund、Tim Draper、David Lee、Naval Ravikant、Michael Yang、Jay H. Eum、Pietro Dova |
| Kraken | 交易平臺 | 美國 | 2013/12/31 | 500 | A輪 | Hummingbird Ventures 領投，Digital Currency Group、Blockchain Capital，以及 Roger Ver 等12位個人投資者 |
| Ledger | 硬體錢包 | 法國 | 2015/02/19 | 150 | 種子輪 | 法國風投基金 XAnge Private Equity 領投，其他參與者還有 Hi-Pay（高新傳媒集團）、NetAtmo 首席執行長 Fred Potter、Rentabiliweb 集團副總裁 Thibaut Faurès Fustel de Coulanges、Alain Tingaud Innovations 和 Pascal Gauthier、Criteo 的前任首席執行長以及 Challenger Deep 創始人 |
| LibertyX | ATM<br>交易平臺 | 美國 | 2015/01/07 | 40 | 種子輪 | Project 11 |

續表

| 項目 | 類型 | 國家 | 時間 | 資金<br>萬美元 | 融資<br>類型 | 參與方 |
|------|------|------|------|------|------|--------|
| Libra | 技術服務 | 美國 | 2014/10/10 | 50 | 種子輪 | Liberty City Ventures、James Pallotta、Ben Davenport、CrossCoin Ventures |
| Lisk | 底層架構 | 全球 | 2016/03/21 | 620 | 眾籌 | 15128 個 BTC |
| Lota | 物聯網 | 全球 | 2015/12/22 | 52.4 | 眾籌 | 1191 個 BTC |
| Melotic | 交易平臺 | 中國 | 2014/10/10 | 118 | 種子輪 | Ceyuan Ventures、Lightspeed China、Bitcoin Opportunity Corp、500 Startups、Marc Van Der Chijs |
| Metafees | 交易平臺 | 全球 | 2015/12/18 | 4.6 | 眾籌 | 102 個 BTC |
| Mirror | 智能合約 | 美國 | 2014/05/07 | 400 | 種子輪 | Battery Ventures、Tim Draper 以及 AOL 首席執行長 Steve Case |
| Mirror Labs | 智能合約 | 美國 | 2015/06/03 | 880 | A 輪 | Route 66 Ventures 領投，其他跟投方包括 Battery Ventures、Crosslink Capital、RRE Ventures 以及 Tim Draper |
| Monetsu | 支付匯款 | 美國 | 2014/04/21 | 10 | 種子輪 | 500 Startups |
| Muse | 娛樂 | 全球 | 2014/12/05 | 53.2 | 眾籌 | 1438 個 BTC |
| NeuCoin | 支付匯款 | 法國 | 2015/02/03 | 125 | 種子輪 | Patrik Stymne、Emil Michael、Henrik Kjellberg |
| Neuroware | 錢包服務 | 美國 | 2014/04/21 | 10 | 種子輪 | 500 Startups |
| OKCoin | 交易平臺 | 中國 | 2014/03/16 | 1000 | A 輪 | Ceyuan、Mandra Capital、VenturesLab、PreAngel、Individual Investors |
|  |  |  | 2013/09/04 | 100 | 種子輪 | Ventures Lab |
| Omni |  | 全球 | 2013/09/01 | 56.8 | 眾籌 | 4740 個 BTC |

續表

| 項目 | 類型 | 國家 | 時間 | 資金<br>萬美元 | 融資<br>類型 | 參與方 |
|---|---|---|---|---|---|---|
| OneName | 身份認證 | 美國 | 2014/11/16 | 150 | 種子輪 | Union Square Ventures、Naval Ravikant、SV Angel |
| | | | 2014/07/16 | 12 | 種子輪 | Y Combinator |
| Open-Bazaar | 電子商務 | 未知 | 2015/06/11 | 100 | 種子輪 | ndreessen Horowitz、Union Square Ventures、William Mougayar、天使投資人 William Mougayar |
| Orb | 錢包服務 | 日本 | 2015/10/06 | 230 | 種子輪 | Adways Inc、Ceres、Monex Ventures、SBI Investment |
| Paymium | 支付匯款 | 法國 | 2011/12/21 | 40 | 種子輪 | Galitt |
| | | | 2015/09/03 | 112 | 天使輪 | Newfund 以及 Kima Ventures 風投公司 |
| PayStand | 支付匯款 | 美國 | 2014/04/02 | 100 | 種子輪 | Cervin Ventures、Serra Ventures、Central Coast Angels、TiE LaunchPad |
| Payward, Inc. (Kraken) | 交易平臺 | 美國 | 2014/03/25 | 500 | A 輪 | Hummingbird Ventures、Trace Mayer、Bitcoin Opportunity Fund |
| | | | 2013/12/20 | 150 | 種子輪 | Crypto Currency Partners |
| PeerNova | 底層架構 | 美國 | 2015/03/31 | 500 | A 輪 | OverStock |
| PeerNova | 挖礦 | 美國 | 2014/12/17 | 860 | A 輪 | Mosaik Partners 領投，前 AOL 首席執行長 Steve Case、Crypto Currency Partners、Atiq Raza, Ashar Aziz 也參與了融資 |
| Pey | 底層架構 | 德國 | 2015/09/17 | 34 | 種子輪 | Marc Junker, Frank Biedka, Hartmut A Borchers, Jürgen Pleteit, Olav Vier genannt Strawe, Tobias Jankowiak |

續表

| 項目 | 類型 | 國家 | 時間 | 資金<br>萬美元 | 融資<br>類型 | 參與方 |
|------|------|------|------|------|------|------|
| Purse | 錢包服務 | 美國 | 2014/11/27 | 27.5鎮 | 種子輪 | FundersClub，Roger Ver |
| | | | 2015/12/07 | 100 | 種子輪 | Digital Currency Group、Bitcoin by Flight.vc、TA Ventures、Roger Ver |
| Reveal | 社交通信 | 美國 | 2015/06/16 | 150 | 種子輪 | Mike Hirshland、Boost VC、Digital Currency Group、the Stanford StartX Fund、Barry Silbert |
| Ribbit.me | 工資支付 | 美國 | 2016/02/26 | 150 | 種子輪 | Hayaat Group |
| Ripple Labs | 底層架構 | 美國 | 2013/04/11 | 未知 | 種子輪 | Andreessen Horowitz、Lightspeed Venture Partners、FF Angel |
| | | | 2013/05/14 | 未知 | 種子輪 | GV，IDG Ventures |
| | | | 2013/11/12 | 350 | 種子輪 | IDG Ventures |
| | | | 2015/05/18 | 3200 | A輪 | Santander InnoVentures、IDG Capital Partners、CME Group、Seagate Technology、AME Cloud Ventures、ChinaRock Capital Management、China Growth Capital、威克洛資本、Bitcoin Opportunity 公司、核心創新資本、美國 Route 66 Ventures、RRE Ventures、Vast Ventures 以及 Venture 51 |
| Rootstock | 智能合約 | 阿根廷 | 2016/01/15 | 10 | 種子輪 | 倫敦區塊鏈投資公司 Coinsilium |
| | | | 2016/03/21 | 100 | 種子輪 | Bitmain Technology、Coinsilium、Digital Currency Group |
| Safe Cash | 數位資產 | 美國 | 2015/09/30 | 120 | 種子輪 | InfoSpace 創始人 Naveen Jain |

續表

| 項目 | 類型 | 國家 | 時間 | 資金<br>萬美元 | 融資<br>類型 | 參與方 |
|---|---|---|---|---|---|---|
| Safe Exchange | 智能合約 | 全球 | 2016/01/06 | 4.8 | 眾籌 | 112 個 BTC |
| Safe Network | 底層架構 | 全球 | 2015/06/11 | 644 | 眾籌 | 12200 個 BTC |
| Safello | 交易平臺 | 瑞典 | 2014/07/10 | 25 | 種子輪 | Bitcoin Opportunity Corp |
| | | | 2014/02/17 | 60 | 種子輪 | Roger Ver、Nicolas Cary、Eric Voorhees、Individual Investors |
| Satoshi Citadel Industries Inc. | 全產業 | 菲律賓 | 2015/05/06 | 10 | 種子輪 | Joe Maristela |
| SatoshiPay | 支付匯款 | 英國 | 2016/09/22 | 20 | 種子輪 | Kuala Innovations |
| | | | | 39 | 種子輪 | Coinsilium, FastForward Innovations |
| Scorechain | 合規方案 | 盧森堡 | 2015/10/13 | 57 | 天使輪 | 未知 |
| | | | 2015/10/12 | 57 | 種子輪 | 未知 |
| ShapeShift | 交易平臺 | 瑞士 | 2015/03/10 | 52.5 | 種子輪 | Barry Silbert，Roger Ver |
| | | | 2015/09/09 | 160 | A 輪 | 領投方為 Digital Currency Group、Roger Ver、Bitfinex，跟投方包括比特幣基金會執行主任 Bruce Fenton、Transform PR 公司創始人兼首席執行長 Michael Terpin 以及教育性電子商務平臺 eProf 創始人 Trevor Koverko |
| ShoCard | 底層架構 | 美國 | 2015/07/17 | 150 | 種子輪 | ME Cloud Ventures、Digital Currency Group、Enspire Capital、Morado Venture Partners |
| Simplex | 支付匯款 | 以色列 | 2016/02/04 | 700 | A 輪 | Bitmain、Cumberland Mining、FundersClub、未知 angel investors |

續表

| 項目 | 類型 | 國家 | 時間 | 資金<br>萬美元 | 融資<br>類型 | 參與方 |
|---|---|---|---|---|---|---|
| SNAPCARD | 支付匯款 | 美國 | 2014/10/06 | 150 | 種子輪 | Tim Draper、Crypto Currency Partners、Insikt Ventures、Great Oaks Venture Capital、Boost VC、SeedInvest、Silicon Valley Angels、Fortress Investment Group、Individual Investors |
| | | | 2013/12/01 | 6 | 未知 | Ioannis Giannaros、Michael Dunworth、Boost VC |
| SolidX | 交易平臺 | 美國 | 2014/10/07 | 300 | A 輪 | Liberty City Ventures、James Pallotta、Red Sea Ventures and Red Swan Ventures |
| Spondoolies-Tech | 挖礦 | 以色列 | 2014/10/24 | 500 | B 輪 | Agile Wings、BRM Group、Genesis Partners、Olivier Janssens、Eden Shochat、Individual Investors |
| | | | 2014/02/01 | 150 | Bridge | Genesis Partners、BRM、Individual Investors |
| | | | 2013/08/01 | 400 | A 輪 | Genesis Partners、BRM、Individual Investors |
| Stampery | 數據認證 | 美國 | 2015/11/18 | 60 | 天使輪 | Draper & Associates、Blockchain Capital、天使投資人 Di-Ann Eisnor |
| Storj | 存儲 | 全球 | 2014/08/19 | 42.7 | 眾籌 | 910 個 BTC |
| Stratumn | 底層架構 | 法國 | 2016/03/30 | 70 | 種子輪 | Otium Venture，Eric Larchevêque |
| Streami | 支付匯款 | 韓國 | 2015/12/25 | 200 | 天使輪 | 新韓銀行領投，其他投資方還包括支付公司 ICB、風險投資公司 Bluepoint Partners，以及一群天使投資人 |
| SuperNET | | 全球 | 2014/09/24 | 243 | 眾籌 | 5737 個 BTC |
| SurBTC | 交易平臺 | 智利 | 2016/02/04 | 30 | 種子輪 | Digital Currency Group、Sauzalito Ventures、智利律師事務所 Barros & Errazuriz 的創始人 |

續表

| 項目 | 類型 | 國家 | 時間 | 資金<br>萬美元 | 融資<br>類型 | 參與方 |
|---|---|---|---|---|---|---|
| Swarm | 數位資產 | 美國 | 2014/10/10 | 12 | 種子輪 | Techstars |
| | | | 2014/07/21 | 78.9 | 眾籌 | 1270 個 BTC |
| Symbiont | 智能證券 | 美國 | 2015/06/09 | 125 | 種子輪 | 投資者包括 Citadel Derivatives Group 聯席首席執行長 Matt Andresen，以及前紐約證券交易平臺首席執行長 Duncan Niederauer |
| TabTrader | 交易平臺 | 荷蘭 | 2015/07/16 | 10 | 種子輪 | IMPACT |
| | | | 2015/03/20 | 7 | 種子輪 | Rockstart |
| Tangible Cryptography (BitSimple) | 交易平臺 | 美國 | 2014/01/21 | 60 | 種子輪 | 未知 |
| Tembusu | ATM 交易平臺 | 新加坡 | 2014/03/12 | 24 | 種子輪 | Individual Investors |
| | | | 2015/01/29 | 88.7 | A 輪 | 未知 |
| Tibdit | 合規方案 | 英國 | 2015/07/01 | 19 | 眾籌 | 未知 |
| | | | 2016/04/22 | 16 | 種子輪 | Private |
| TradeBlock | 數據分析 | 美國 | 2014/07/16 | 280 | 種子輪 | Andreessen Horowitz、Barry Silbert、Devonshire Investors、FinTech Collective、Y Combinator、Data Collective、Bitcoin Opportunity Corp.、Chris Fisher、Hard Yaka |
| TradeHill | 交易平臺 | 美國 | 2013/03/01 | 40 | 種子輪 | Individual Investors |
| Trustatom | 身份認證 | 加拿大 | 2015/01/20 | 10 | 種子輪 | Brian Cartmell, Vinny Lingham |
| Unocoin | 全產業 | 印度 | 2014/08/11 | 25 | 種子輪 | Bitcoin Opportunity Corp |

續表

| 項目 | 類型 | 國家 | 時間 | 資金<br>萬美元 | 融資<br>類型 | 參與方 |
|---|---|---|---|---|---|---|
| Uphlod<br>（Bitreserve） | 錢包服務 | 美國 | 2014/12/30 | 960 | B 輪 | 157 位投資人，最大單筆投資達到了 776.9 |
| | | | 2014/03/31 | 500 | A 輪 | 未知 |
| Vaurum | 交易平臺 | 美國 | 2014/05/07 | 400 | 種子輪 | Battery Ventures、Tim Draper、Steve Case、QueensBridge Venture Partners |
| | | | 2013/09/01 | 200 | A 輪 | Boost Fund |
| Vogogo | 支付匯款 | 加拿大 | 2015/06/24 | 1250 | B 輪 | Beacon Securities、Clarus Securities、Salmon Partners |
| | | | 2014/08/05 | 850 | A 輪 | Beacon Securities、Clarus Securities、Salmon Partners、Canaccord Genuity Corp、Cormark Securities Inc. |
| Volabit | 交易平臺 | 墨西哥 | 2014/07/23 | 75 | 種子輪 | Tim Draper、Boost VC、Bitcoin Opportunity Fund, individual investors |
| Xapo | 錢包服務 | 美國 | 2014/07/08 | 2000 | A 輪 | Index Ventures、Greylock Partners、Emergence Capital Partners、Yuri Milner、Max Levchin、Jerry Yang、Winklevoss Capital、David Marcus、Crypto Currency Partners |
| | | | 2014/03/13 | 2000 | A 輪 | Benchmark、Fortress Investment Group、Ribbit Capital、Slow Ventures |
| ZapChain | 社交網路 | 美國 | 2015/11/07 | 35 | 未知 | 德豐傑（DFJ）合夥人 Tim Draper、Boost VC 創始人兼首席執行長 Adam Draper 以及 Boost 比特幣基金 |

續表

| 項目 | 類型 | 國家 | 時間 | 資金<br>萬美元 | 融資<br>類型 | 參與方 |
|---|---|---|---|---|---|---|
| Zebpay | 錢包服務 | 印度 | 2015/01/05 | 100 | A 輪 | 紡織行業資深人士 Amit Jindal、Claris 生命科學副主任 Arjun Handa、工程師兼開發人員 Nagendra Chaudhary |
| Ziftr | 電子商務 | 美國 | 2015/02/03 | 85 | 種子輪 | 10x Venture Partners |

# 全球各國對區塊鏈的法律監管情況

DECODING GLOBAL BLOCKCHAIN AND INVESTMENT CASES

附錄 2

# (1) 各國政府或地區如何監管數位貨幣與區塊鏈

關於比特幣，全球各轄區的法規變得越來越清晰。在美國有一些立法或監管進行了更新，判例法也進一步規定了比特幣是如何定義的。在美國以外的地區，眾多的金融監管機構都在權衡應該如何接受比特幣和持有人應該如何納稅這些情況。

## ▧ 美國

### 證券交易委員會指控比特幣的龐氏騙局

美國證券交易委員會控告一名德克薩斯州男子通過比特幣進行龐氏騙局，並稱為「比特幣儲蓄和信託」（Bitcoin Savings and Trust，BTCST），以及銷售未經註冊的金融證券欺詐，這是 SEC 在 2013 年第三季度在美國實施的最明確的行動之一。2011 年和 2012 年，BTCST 通過承諾過高的利率和模糊描述交易方式獲得了 700000 個 BTC 的投資。

儘管這個案件顯示 SEC 對比特幣計價的證券欺詐罪起訴的意願，更重要的意義在於法官針對被告人辯解的回應。BTCST 的營運商特雷頓・沙弗爾（Tredon Shavers）辯稱，因為其所有交易是基於比特幣，實際上沒有任何金錢經手和投資 BTCST 的不是真正證券。此案的主審法官宣佈，「比特幣可以兌換為傳統貨幣……因此，比特幣是貨幣或貨幣的一種形式」。

### 比特幣基金會與監管機構、立法者

比特幣基金會作為規範、保護和促進使用比特幣的非營利組織，在 2013 年 8 月的兩天時間裡，會見了監管機構和立法者，並回答了他們關心的問題。在有 12 個聯邦機構參與的第一天會議上，議題主要側重於國土安全部、司法部、聯邦調查局、國稅局、特勤局和金融犯罪執法網路（FinCEN）等監管機構所關注的方面，比特幣可以用於非法目的，同時也有潛力能增加金融體系

的效率。而在第二天的會議上，包括參議院和眾議院在內的五個立法機構的國會工作人員，與基金會圍繞金融隱私進行了討論。鑒於有關比特幣塊鏈的公開特性，立法者的關注點都集中在如何確保充分保護消費者。

## 22 個比特幣公司被傳喚

2013 年 8 月，紐約州金融服務部（DFS）傳喚了與比特幣行業相關的22 家公司。這些公司包括了從交易所和支付處理公司到挖礦硬體廠商和對比特幣進行投資的風投公司。大多數的公司都位於紐約州之外。

在紐約 DFS 的管理者解釋了之所以發傳票傳喚一些公司，是因為訂單處理延遲造成了客戶投訴，也說明瞭進一步瞭解該行業是一個更好的選擇。許多比特幣行業內的公司會自願讓監管者對其進行研究，花費私人資源來起草法律以回應非正式的指控，這比用國家資源來調查行業行為要更好。迄今為止，沒有因傳票而產生的訴訟被提交給州政府。

## 美參院聽證會「承認」比特幣合法性

2013 年 11 月 18 日，在美國參議院國土安全及政府事務委員會召開有關比特幣的聽證會上，多名出席的美國政府官員對外傳遞出一個資訊——比特幣不是非法貨幣，能夠給金融系統帶來好處，儘管其也存在被錯誤使用的案例。這場有史以來首次就數位貨幣舉行的美國國會聽證會，總結了比特幣的優勢和弊端。以往官員們都是強調比特幣在洗錢及其他非法活動中所扮演的角色，但這一次卻表示，比特幣是一項「合法」的金融服務，這是美國政府首次公開承認比特幣的合法性，同時也意味著這種數位貨幣朝主流方向邁進了一大步，這給比特幣交易者提振了不少信心。

美國官員的積極表態助推比特幣價格再創歷史新高。11 月 19 日，比特幣價格在 Mt.GOX 交易平臺最高攀升至 900 美元，在比特幣中國交易平臺（BTC China）最高攀升至 6989 元人民幣。而 2012 年年底比特幣的價格還處於 13 美元左右，2013 年上半年曾出現過 266 美元的高位，但之後又再次震盪，會

議的前一周（11 月 11 日），比特幣的交易價格在 320 美元左右。

### 伯南克致信「唱多」

在上述名為「數位貨幣潛在的威脅、風險和前景」的美參議院聽證會上，出席人員不僅包括美國司法部刑事部門的代理助理部長密斯裡‧拉曼（Mythili Raman）、美國財政部金融犯罪執法局局長珍妮佛‧夏斯基‧卡爾韋裡（Jennifer Shasky Calvery）、美國特勤局特工愛德華‧朗利（Edward Lowery），還有從事比特幣業務的人員和相關學者。不少從事比特幣業務的人發現在美國很難說服傳統銀行與之交易，但比特幣的愛好者們堅信，國會對於比特幣「風險」和「前景」較為平衡的討論有利於緩和這種氣氛。

值得注意的是，美國聯邦儲備委員會主席伯南克沒有出席聽證會，但他在致參議院的信中，援引美聯儲前副主席艾倫‧布林德（Alan Blinder）在 1995 年時的表態稱，美聯儲一直認為在數位貨幣帶來洗錢和其他風險之時，也可能帶來長期效益，特別是如果這種創新催生出一個更快、更安全、更高效的支付系統。伯南克的話使得比特幣的狂熱者們注意到了比特幣價值所在，即作為目前全球資金轉移體系的廉價替代品。不過，伯南克也在信中指出，美聯儲並沒有太多許可權來監管數位貨幣，「儘管美聯儲通常在監控數位貨幣的發展，以及其他支付方式的創新，但這並不代表我們有權力直接監督或監管這些新的創新」。

### 「積極制定」有關稅則

無論是伯南克還是其他美國官員，幾乎都將比特幣與創新相掛鉤，認為不應該扼殺創新。

在認定數位貨幣存在可取之處以外，聽證會的參與人員還表示，目前數位貨幣依然存在問題沒有解決答案。參議院國土安全及政府事務委員會主席湯瑪斯‧卡珀（Thomas Carper）舉例稱，數位貨幣到底是什麼，應該如何對待以及其未來到底能夠做什麼，這些基礎問題仍需要解決，並表示國會和聯

邦機構必須持續關注並參與其中，研究出適合、有效和明智的決策，比特幣價格高漲，加之這種貨幣在網路和實體零售商的使用量大增，都引起了華盛頓的關注。美國監管部門警告說，比特幣轉帳業務必須遵循與現有金融機構同樣的規定，包括遵守反洗錢法等。有關部門開始與其他政府機構會談，追蹤最新進展，其中一個由美國聯邦調查局牽頭的小組在調查與此技術有關的新型威脅。

### 美國國家稅務局開始對比特幣交易活動徵稅

2014 年 3 月 26 日，美國國家稅務局（IRS）發佈了一項正式通知，稱它們有權對比特幣交易活動徵稅，並將其稱為是一種財產，而不是一種貨幣。這代表來自美國政府的一個信號，標誌著當局將嚴肅對待這一產品。

IRS 在通知中明確表示，與比特幣有關的交易活動的交易額若是突破了 600 美元，便應以產權交易的相關規定來收取稅金。這包括用比特幣支付購買其他商品，通過對其投資獲得的收益以及通過電腦開採比特幣——即「挖礦」的所得。如果公司用比特幣給員工發薪水，那麼應該標記在 W-2 收入報稅表上，並且應該繳納聯邦所得稅。若是從獨立契約人那裡收取報酬，則需登記在 1099 報稅表（Form 1099）上。使用數位貨幣支付將與其他財產支付手段一樣進行必要的記錄和登記。

儘管從法律角度上來說，比特幣在美國不具有法定貨幣的地位，但它仍然是一種數位貨幣。IRS 承認比特幣和其他電子代幣具有與真實貨幣一樣的功能，但是拒絕對此下明文定義，IRS 表示比特幣的「公平市價」按照人們得到它的那一刻計算，但這不是一件容易的事，因為它的價格時時刻刻都在變化。IRS 表示納稅者在納稅時可以按照線上交易所的價格計算。

### 數位貨幣公司監管框架 BitLicense 被發佈

2015 年 6 月 4 日，紐約金融服務部門（NYDFS）發佈了最終版本的數位貨幣公司監管框架 BitLicense。該版本的 BitLicense 在經過了近兩年時間

的調查以及爭論後正式推出。需要注意的是，在紐約州登記處（New York State Register，紐約州政府每週頒佈的規章制定指南）頒佈該法案之後，該監管框架才能正式成為法律。

紐約金融服務部門主管本傑明・勞斯基（Benjamin Lawsky）闡明說，最終的法規意味著，該機構不需要為每一個企業的軟體更新或者風險投資進行批准。另外，企業還可以「一站式」提交 BitLicense 以及貨幣匯兌許可證的申請。勞斯基表示，數位貨幣具有幫助金融服務部門驅動僵化支付系統的潛力。他們只是希望確保落實到護衛欄，在保護消費者和根除非法活動的同時，也不會扼殺創新。

在 2015 年 2 月發佈的修訂版 BitLicense 中，由數位貨幣社區提出的若干建議得到了紐約金融服務部門的認可，包括豁免了從事開源協議開發、小額支付，以及兩年安全期階段內的創業公司。勞斯基強調，該法案只適用於「金融仲介」公司，而非軟體提供商。

但是人們在對最終版本的 BitLicense 的評價上產生了嚴重的分歧：一方極力讚揚 BitLicense，稱其為監管史上的里程碑；另一方則認為這一監管框架根本不夠好。的確如此，即使 BitLicense 成功地使數位貨幣行業「合法化」了，但是很明顯，這一行業中的參與者不僅僅認為只要規範數位貨幣行業就行了。換句話說，他們認為監管者不能用規範現有科學技術的方法來規範數位貨幣行業，因為這一行業有其特殊情況，否則就會阻礙這一行業的創新。BitLicense 過於針對特定技術，這意味著比特幣初創公司面臨的門檻比那些傳統的金融服務公司更高，所承擔的費用也更高。BitLicense 給仍處於初期階段比特幣生態系統強加了很多的限制，阻礙了數位貨幣和塊鏈技術的創新。因為 BitLicense 相關公司可能會違反隱私規則，增加資料和存儲使用者資訊的洩露風險。

波士頓比特幣創業公司 Circle 從紐約州監管機構那裡拿到了第一張數位貨幣許可證 BitLicense，這意味著該公司將可在紐約州持證提供數位貨幣服務。

## 比特幣被定義為大宗商品

2015 年 9 月，美國商品期貨交易委員會 (CFTC) 發佈檔，首次把比特幣和其他數位貨幣合理定義為大宗商品，與原油或小麥的歸類一樣。這意味著比特幣期貨和期權要符合 CFTC 的規定並接受監管，交易行為需要遵守所有大宗商品衍生品市場規則。如果發生期貨市場操縱等不正當行為，CFTC 將能夠對此行為進行懲罰。美國商品期貨交易委員會解釋說，在該檔中，CFTC 首次把比特幣和其他數位貨幣合理地定義為大宗商品。紐約法學院教授休曼·薩達伯（Houman Shadab）稱，這個檔打消了把數位貨幣歸為證券的想法，否則這份檔就將由證交會提出。

長期以來，投資者都在討論比特幣能否被定義為大宗商品，CFTC 也同樣在考慮這種數位貨幣是否歸自己監管。2014 年，CFTC 主席就告訴美國參議院委員會監管比特幣衍生品。

如果想營運一個比特幣衍生品交易平臺，那麼企業需要進行登記，就像 CME 集團 ( 芝加哥商品交易所 ) 做的那樣。美國監管機構命令 Coinflip 和其首席執行長法蘭西斯科·賴爾頓（Francisco Riordan）關閉未登記的比特幣期權交易平臺 Derivabit，原因是它們不符合商品交易法案和其他規定。這家交易平臺提供「管理比特幣波動的金融衍生品」。CFTC 執行主管伊坦·吉爾曼（Aitan Goelman）還稱，雖然比特幣和其他數位元貨幣交易相比較為活躍，但是創新不是藉口，它們同樣也要遵守所有大宗商品衍生品市場的規則。

同樣是在 9 月，CFTC 對名為 TerraExchange 的一家比特幣掉期交易平臺進行處罰。CFTC 指控該平臺為非法洗錢提供便利，並且通過新聞稿和政府贊助的公開會議誤導監管者。TerraExchange 設計了這樣一種比特幣掉期產品銷售過程：價格根據 2014 年 10 月的比特幣幣值制定。只有兩個買家獲准從事該產品的交易，他們均購買相同規模和數量的掉期產品。CFTC 認為，這相當於通過非法洗錢交易抵消了彼此的頭寸。TerraExchange 之後參加了 CFTC 顧問委員會會議，宣稱這一交易是市場正常的買賣興趣所致，並未經

過事先安排。

## 北卡羅來納州豁免比特幣

2015 年 12 月，美國北卡羅來納州特別指出，監管條例會豁免比特幣和區塊鏈企業，旨在根據行業支持者要求來避免和美國其他州發生衝突。

根據已經大幅度更新的貨幣傳輸常見問答頁面，北卡羅來納州的銀行專管辦公室（the North Carolina Office of the Commissioner of Banks，NCCOB）在該州的貨幣傳輸法案（Money Transmitters Act，MTA）中特別免去了數位貨幣挖礦者，非金融類的區塊鏈服務、多簽名和非保管類的錢包服務提供者。

## 奧巴馬政府參與區塊鏈聯盟

2015 年 10 月，奧巴馬政府已經和私人公司結成夥伴關係，目標是針對數位貨幣比特幣來培訓執法機構，對抗將數位貨幣用於非法用途。這個被稱為「區塊鏈聯盟」的夥伴關係，其目標包括教育調查員應該使用數位貨幣及其在技術上如何運作，並且增強數位貨幣的信譽。

這個聯盟的名字來源於該技術名字「區塊鏈」，這是指比特幣所應用在公開帳本上的一種技術。支持者認為，比特幣用一種去中心化的方式來為使用者在交易時提供一定程度的隱私，這是一種已經獲得監管部門和企業之間合法性，且快速便捷的支付系統。紐約州監管機構也批准了他們第一個獲得經營數位貨幣許可證的企業，而線上零售商 Overstock.com 于 2015 年已經在他們位於鹽湖城的總部安裝了第一台比特幣 ATM 機。

但比特幣的聲譽依舊被犯罪行為所困擾，它經常被用於龐氏騙局，並且是互聯網最大的地下黑市「絲綢之路」的主要應用，絲綢之路的創始人在也已經被判處終身監禁。

傑裡·布裡托（Jerry Brito）是 Coin Center 的執行董事，Coin Center 是

一家參與聯盟的比特幣維權機構。他表示,越多的執法機構明白該項技術是如何工作的,那麼他們就越能理解他們可以要求什麼,以及應該如何要求幫助。他說數位貨幣目前在公眾的印象,很容易讓人想起互聯網初期的時候,很多人都將互聯網視為違法犯罪活動的中樞。正如該行業已經隨著時間而改變,所以相信公眾也會改變對比特幣的看法。聯盟需要做的是讓公眾明白,不應該因為犯罪分子使用比特幣就認為比特幣不好,而要做到這點首先就是把公眾注意力拉回到數位貨幣的合法用途上。

### 美國聯邦證券法監管機構對比特幣或區塊鏈技術發表意見

2015 年 11 月,SEC 委員卡拉‧斯坦(Kara Stein)已針對圍繞區塊鏈技術和分散式總帳技術的炒作發出了警告。她指出區塊鏈技術近來受到越來越多的關注。此外,她還提到了區塊鏈技術與比特幣之間的關係,並列舉了一系列目前正在探索的區塊鏈技術應用,包括清算和結算、支付處理以及借貸交易。可以設想在一個世界中,證券借貸、回購和融資融券都是通過透明和公開的區塊鏈來追蹤交易。**公共帳本可能某一天會為政府監管者服務,能夠讓他們更好地監控金融市場中的「系統風險」。**

雖然斯坦承認,這些應用可能會增加金融系統中的信任,但她同時也提醒到,這些想法目前仍處於「起步階段」。此外,她相信這項技術也將通過監管機構、學術界以及資本市場參與者們的持續評估。而美國監管機構應緊密關注這項技術的發展,因為如果市場開始向區塊鏈技術移動,監管機構需要處在一個引導的位置,利用它的好處並快速回應其潛在的弱點。

這是該美國聯邦證券法監管機構首次對比特幣或區塊鏈技術發表意見。迄今為止,SEC 參與行業活動,主要是針對倒閉創業公司的執法行動,例如 GAW Miners 以及 Sand Hill 交易所等。

### DHS 正在瞭解區塊鏈技術

2015 年 12 月,美國國土安全部(DHS)正在通過科學和技術部門(S＆T)

的小企業創新研究（SBIR）專案對區塊鏈技術進行更詳細的瞭解。其科學和技術部門副部長瑞金納德‧布拉德斯（Reginald Brothers）在一份聲明中表示，要為國家國土安全面臨的挑戰廣泛撒網，尋找高度創新的解決方案是非常重要的。因為美國小企業是具有創造性的問題解決者，也是創新的引擎，希望能從他們那裡聽到好消息。

現在，美國政府部門正在接受小企業的研究提案（在13個領域），包括「區塊鏈技術匿名身份的適用性管理」和「區塊鏈在國土安全分析方面的應用」。小企業創新研究（SBIR）項目分為三個階段，旨在鼓勵美國小企業為聯邦研究工作提供幫助，首先要評估提案的「技術優點和可行性」。

據透露，已經批准提案的第一階段限時 6 個月，授予資金 10 萬美元。而第一階段通過後，進入第二階段將有資格獲得 24 個月的時間，以及高達 75 萬美元的獎勵。第三階段是指在之前的 SBIR 資金資助下產生，擴展或完成的成績，但這些資金是由發起者資助，而不是 SBIR 的專案資金。

在其他科學技術創新方面，國土安全部還進行了 10 個研究項目，其中包括緊急醫療服務的網路防禦、即時資料分析研究以及惡意軟體預測等。三筆撥款也正由國家核心探測項目辦公室進行發放。

## ⬚ 歐洲

### 數位貨幣監管聽證會

2016 年 1 月，歐洲議會委員會在布魯塞爾召開了一場數位貨幣聽證會，討論了近期巴黎恐怖襲擊之後，監管數位貨幣的可能性。歐洲經濟和貨幣事務委員會（Committee on Economic and Monetary Affairs，ECON）主持召開的聽證會是該委員會隨後發表數位貨幣報告的準備步驟。會議的議題包括：公共交易數位元貨幣帶來了風險和挑戰，數位貨幣的基礎——區塊鏈和分散式總帳技術對社會的影響。公證會的參加成員包括歐洲議會代表、經濟合作

與發展組織（OECD）代表、學術代表、私人領域的利益相關者。

在開幕式致辭中，德國 MEP（Member of the European Parliament, 歐洲議會會員）和委員會委員雅各（Jakob Von Weiz Sackerm）重申了會議的目的，以及本次會議所做決議的重大潛在影響，因為政府對恐怖主義融資的打擊力度越來越大。雅各表示，經過巴黎恐怖襲擊之後，歐洲考慮是否需要對數位元貨幣進行監管。過去就已經考慮過這個問題，但在法國恐怖襲擊之後，更需要研究可供選擇的方法。

但是，他指出技術正在發展的過程中不應被過度監管，因為新技術有很多潛在的優勢。監管顧問兼電子錢聯盟 CEO 薩布裡（ThaerSabri）建議實行寬鬆的監管。

### 區塊鏈將顛覆支付格局

2016 年 1 月，歐洲央行（European Central Bank，ECB）執行董事會董事默施（Yves Mersch）認為諸如區塊鏈的新興支付技術很有可能破壞基於銀行卡的支付系統。默施是在巴黎的一次法國銀行會議中做出上述評論的，他當時演講題目是《歐洲的卡支付——最新的趨勢和挑戰》。

當討論到包括分散式總帳技術等新興支付技術的興起時，這位銀行家預測未來幾年，新技術可能會對支付行為、卡的使用以及其他的傳統支付工具產生影響。創新的卡支付服務取代了現金支付，它具有進一步增加卡支付的使用潛力。但警告卡支付行業將會受到來自創新支付服務的強烈挑戰，後者的支付工具基礎為非卡支付模式。

他預測分散式總帳技術可能會對「整個金融生態系統產生深刻影響」，同時顛覆「傳統」支付工具、支付服務和支付處理行業。消費者和企業有更多的選擇是件好事，他認同新的支付方式安全、高效，而且所有的服務提供者「都遵循同樣的規則」。

但是按照這位歐洲央行董事的看法，只要實現了瞬時支付系統，「並通過

標準化，互通性強和合適的安全措施」建立起一個「和諧的具有競爭力和創新的歐洲卡支付區域」，那麼在歐盟區域內，卡支付交易還有「巨大」的增長潛力。不過他提醒銀行業，上述創新式支付服務將會對卡支付行業帶來挑戰。競爭將會來自基於 SEPA（單一歐元支付區）的信用轉帳瞬時支付服務，來自電子商務領域的支付服務，以及來自分散式總帳技術。

### 歐洲數位貨幣監管草案

在 2016 年 2 月，歐洲議會發佈了數位貨幣監管草案，該報告由經濟和貨幣事務委員會成員雅各撰寫。建議成立由自己預算和人員組成的專案小組，從事數位貨幣研究及為歐盟和成員國提供政策諮詢。

歐盟委員會及其執行機構正在商討這個提案。同時，歐洲理事會也在考量數位貨幣監管方案。在 1 月下旬的聽證會上，議會成員們在恐怖主義融資和洗錢框架下討論了比特幣和區塊鏈技術。之後，雅各就發佈了以上報告內容。

儘管呼籲加強數位貨幣活動監管，該報告認為，這項技術有推動經濟發展和提高消費者利益的潛能。歐洲議會呼籲制定適當的監管條例，防止把技術創新扼殺在搖籃裡，同時嚴肅對待數位貨幣和分散式總帳技術潛在的政策風險。該報告力求獲得對「迅速有力的監管措施」提議的認可，基於精確分析和權衡的這個監管政策不應與寬鬆的監管混為一談。迅速有力的監管措施應成為政府工具的一部分，並能適時地阻止潛在風險的擴大。

經濟和貨幣事務委員會會在 4 月對該報告內容進行投票，如果通過的話，最早 5 月就可以提請歐洲議會審核。

### 歐洲央行報告

歐洲央行已經公開宣佈，正在探索如何將區塊鏈技術為己所用。該聲明是在 2016 年 2 月發佈的一份名為《歐元體系的願景：歐洲金融市場基礎設施的未來》諮詢報告中提到的。其中談到如果將區塊鏈技術應用於該地區的證券和支付結算系統，他們將能夠如何被改善。這份報告來自 Target 2-Securities

的出版物，Target2-Securities 是一個在歐盟中整合結算和證券的全新平臺，這表明聯盟已經開始在研究這些技術問題。

歐洲央行負責歐盟歐元區的金融及貨幣政策，是為了適應歐元發行流通而設立的金融機構，同時也是歐洲經濟一體化的產物。歐洲央行具有法人資格，可在各成員國以獨立的法人資格處理其動產和不動產，並參與有關的法律事務活動。

### 新提議可重塑歐洲數位貨幣政策

在 2016 年 2 月，歐盟委員會（EC）宣佈了歐盟反洗錢和反恐金融監管規劃（反洗錢第四政令或 4AMLD），該規劃主要針對數位元貨幣交易和可能的虛擬錢包供應商，屬於歐盟委員會打擊恐怖主義融資多項措施中的一部分。

歐盟機構曾經多次公開表述，要將數位貨幣納入到反洗錢 / 打擊恐怖主義融資（AML/CTF）的監管中——例如，歐洲銀行業管理局在 2014 年發表過這樣的言論，其他機構則在 2015 年 2 月和 11 月巴黎恐怖襲擊後發言。似乎發生在巴黎的恐襲事件最終促使歐洲委員會採取監管措施。

雖然大家對這部規劃的出臺未感到任何意外，但歐盟委員會的另外一份提議，雖然宣傳力度遠遠小於此規劃，從某種程度上說是被人們忽視，但是它很有可能改變歐盟數位貨幣監管的現狀。

除了擴展 4AMLD 範圍，以覆蓋數位元貨幣交易的規劃，歐盟委員會還粗略地介紹了另外一個監管理念，但媒體甚至都沒有提及這個理念。如果執行該理念，其影響似乎更為深遠。

歐盟委員會宣佈他們將考慮使用支付服務指令的執照頒發和監督規章（PSD,2015 年已經實行了新版本，2PSD）來監管數位元貨幣交易，以「更好地理解和控制市場」。

PSD 是歐盟單一支付市場的奠基石之一。該規章為支付服務建立了規則，

並包含支付服務的目錄。提供支付服務的公司必須滿足眾多監管要求,包括執照頒發的監督規則,歐盟委員會打算將後者用於監管數位元貨幣交易。

這種方案似乎比較合乎情理。很明顯,歐盟中有兩個法案非常適合監管數位貨幣:PSD 和另外一個相關指令,E-Money 指令(EMD)。目前歐盟正在制定新的「3EMD」,很有可能會對這部指令進行一些修改。

真正重要的問題是,目前的 PSD 監管方法是如何操作的。

PSD 的一項關鍵部分是對「資金」的定義,目前已經將現金、銀行活期存款和(受 EMD 監管的)電子錢納入「資金」定義之中。數位貨幣不屬於上述任何一項歸類之中,歐洲央行和其他機構已經確認了此觀點。

由於目前歐盟委員會的方案非常寬泛,所以很難對該方案做出評估,但是歐盟很有可能在歐盟支付服務監管中,准許數位貨幣進入。之後可能會湧現許多提議,從謹慎克制的提議到全面概括的監管提議。

## 英國

### 金融創新峰會

2013 年 9 月 4 日在唐寧街 10 號,討論監管比特幣公司方案的會議召開。這次由第十政策組主辦的金融創新峰會,出席的包括有來自眾籌公司的支付服務行業、財政部、金融市場行為管理局(FCA)、第十政策組、創新和技能部,還有一些規模較小的銀行。FCA 說,他們正在積極瞭解數位貨幣和研究如何對它進行監管。然而,會議並沒有對如何採取決定設立一個時間框架。

FCA 發言人表示,需要綜合各方面考慮,雖然 FCA 並沒有監管比特幣,包括提供和比特幣相關的商業模式,或者其他數位元貨幣等,但應該考慮他們是否正在被監管的範圍內。正如大家所期盼的,FCA 正在密切關注這個市場中的新進展。

　　目前面臨的主要一個問題是，不僅僅是數位貨幣企業，所有金融服務公司都很難找到合作的銀行。監管機構目前的觀點是這都取決於銀行——他們有權利基於商業考慮做出不與公司合作的決定。但是，參與的公司都認為讓銀行做出這些「基於商業考慮」的決定就是因為他們被施加的監管框架。這個框架應該被改變了。

　　英國比特幣基金分會目前已經到位，會根據比特幣基金會的主要目標，專注於保護、促進和規範化在英國的比特幣活動，也會代表比特幣企業和用戶來面對監管者和政府。目前正在等待比特幣基金會說明在他們之間應該如何開展工作。

### 稅務海關總署

　　2013 年 11 月，英國皇家稅務海關總署似乎將要把比特幣作為一種分類的憑證，這也就意味著增值稅不久就會應用在所有交易上。英國皇家稅務海關總署提出比特幣應有納稅憑證，可以有一個增值稅外匯免稅交易，但問題是貨幣必須是法定貨幣。

### 黃金比特幣

　　從 2013 年夏季開始，英屬奧爾得尼島就一直在制訂計畫，與英國皇家鑄幣局合作發行實物比特幣。這個僅有三英里長的小島希望推出一系列符合反洗錢法規定的服務，包括匯兌、付款和比特幣存儲金庫，進而成為比特幣的首個國際交易中心。這些特殊的比特幣將成為該鑄幣局發行的一部分紀念幣，其中包括限量版的硬幣和郵品。這類比特幣鑄造時會加入黃金成分，預計每一枚價值 500 英鎊。所以，如果這些比特幣的兌換價值暴跌，持有者可以熔化它們，出售其中的黃金。這樣看來，奧爾得尼島籌畫的或許可以視為一種得到黃金價值支持的比特幣。

　　若消息屬實，這可以算是一場革命，因為它是首次由一個國家的財政部／央行暗示願意將比特幣變為法幣，並且是將象徵性的比特幣用作商品。這項

計畫還沒有最終確定，英國皇家鑄幣局自然也不急於披露計畫的全部細節。英國皇家鑄幣局的新業務負責人大衛・簡澤威斯基（David Janczewski）確認，奧爾得尼財務部部長曾與他商討，探索有無可能製造一種比特幣題材的實物紀念幣。但討論還沒有更深入地進展，這個階段依然只是概念而已。

實物比特幣發行機制是這樣：一家獨立的公司 A 提供比特幣。如果比特幣價格暴跌，奧爾得尼和英國皇家鑄幣局都不會受到任何損失。A 公司會以協議價格將比特幣存於一個協力廠商保管的帳戶。同時，英國皇家鑄幣局會根據客戶的訂單得到鑄造的比特幣，利用發售硬幣獲得收入。支援實物硬幣的虛擬比特幣將以數位形式存在奧爾得尼的設備中。英國皇家鑄幣局會發行紀念幣形式的比特幣，出資購買這類比特幣內含有的黃金。奧爾得尼出售這些硬幣就可以收取使用費。上述硬幣比特幣可以任何時間在奧爾得尼兌換為英鎊，價格以兌換日的比特幣匯價為準。

### 放棄徵稅

2014 年 3 月，英國稅務局表示準備放棄對比特幣交易徵稅的計畫。英國稅務海關總署 (HM Revenue & Customs) 表示，它不會對相關交易徵收 20% 的增值稅 (VAT)。此前創業家抱怨稱，增值稅使他們的業務在全球缺乏競爭力。英國稅務海關總署進一步表示，也不會對他們的保證金徵收該稅。這一裁定回避了是否把比特幣界定為一種貨幣的問題，但實際上是把它當作一種貨幣；裁定的依據是歐盟有關對「可轉讓票據」的支付和轉讓免予徵稅的法律。

相信 2015 年最為重要的司法監管制定來自英國。在回答徵求意見時，英國財政部在 2015 年 3 月宣佈，計畫要求英國的數位貨幣交易所和其他受監管的金融仲介機構一樣，開始實施反洗錢標準。然而，這一更嚴格的要求（如最低資本要求等）僅僅適用於某些提供保管業務的金融服務企業，並且也是一個可選項。託管人將不會被法律強制要求滿足這些條件，但是那些能做到的將會獲得一個類似于鼓舞信心的「審核印章」，由英國標準協會（British

Standards Institute）進行頒發。

## 英國政府報告

2016 年 1 月 19 日，英國政府發佈了一份關於區塊鏈技術的重要報告。這份名為《分散式總帳技術：超越區塊鏈》的報告指出，英國聯邦政府和政府首席科學家馬克‧沃爾彼特（Mark Walport）將會投資區塊鏈技術來分析區塊鏈應用於傳統金融行業的潛力。

該報告認為，去中心化帳本技術在改變公共和私人服務方面有著巨大的潛力。它重新定義了政府和公民之間資料共用、透明度和信任，將會主導政府數字改造規劃方案。任何新技術肯定都會帶來挑戰，但是如果能夠很好地處理領導、協作和治理之間的關係，分散式總帳能為英國帶來很多好處。

除了創建一個基於區塊鏈的公共平臺來為全民和社會提供服務外，英國政府還計畫開發一個能夠在政府和公共機構之間使用的應用系統。沃爾波特和他的研究小組，將會協作將分散式總帳技術集成到政府管理中，保證政府的隱私和安全。

不過，英國政府現在試圖建立的分散式總帳系統，將會在他們區塊鏈網路中實施他們自己的「規則」。英國政府強調，使用數學方式來保護區塊鏈網路的思想是一種「誤解」，政府應該參與數位貨幣和區塊鏈網路的立法是非常重要的。

## 英國央行的新藍圖

主管金融市場與銀行業的英國央行副行長米南克‧沙菲克（Minouche Shafik），在 2016 年 1 月有關支付行業的演講中表示，近年來支付方式已經發生了巨大的變化。沙菲克指出這些變化主要由新進入的支付供給商數量激增與對支付基礎設施的需求變化兩個因素所驅動。她指出無現金即時移動支付方式的可選範圍將持續增加，以及分散式總帳技術實現了支付驗證的去中心化。在她看來，成立於 2015 年的支付系統監管部（PSR）對於支付行業

的監管正在從有針對性的干預措施向更加動態關注競爭和創新方向轉變。

英鎊結算的未來發展與每個英國人都息息相關。實體經濟中的絕大多數支付——無論是從工資到發票，從購買汽車到售賣咖啡，從養老金到投資——最終都要依靠已經「20 歲」的銀行即時全額結算系統（Real-Time Gross Settlement，RTGS）服務來解決。根據銀行業資料，RTGS 的每日結算規模為 5000 億英鎊，幾乎是英國每年國內生產總值的 1/3。「所以毫不誇張地說，即時全額結算系統是英國支付系統的核心。」

2014 年 10 月 20 日，即時全額結算系統崩潰，中斷服務 9 小時，數百億美元的支付交易被推遲。銀行需要額外 4 個小時的時間來應付所有未完成的交易。2015 年 3 月 25 日，英國央行公佈了德勤有關 2014 年 10 月 20 日即時全額結算系統中斷服務 9 小時問題的獨立審查結果。銀行接受了所有的審查建議並表示將進一步考慮該系統的應急方案以及其未來的發展。

回到現實，考慮到即時全額結算系統的重要性，沙菲克指出在追求金融穩定過程中系統的修復能力再怎麼強調都不為過。對於人們付款和收款能力的持續性破壞將對英國經濟造成巨大的損害。因此，英國央行正在尋求支付系統的創新支援。

沙菲克提出了有關英國支付系統新藍圖需要解決的四個首要問題。第一，在涉及央行貨幣結算中英國央行的政策目標；第二，英國高性能的支付系統的具體功能；第三，支付系統的具體參與者與參與方式；第四，在支付系統服務中英國央行的作用。

沙菲克強調，當央行對於未來 10 年或者更長時間的支付系統進行投資決策時，應要求其能夠應對使用者需求變化，需要有一定的「選擇權」，其能夠使我們應對世界的不同狀態。

英國央行表示，其將設計一個有關英鎊結算系統的新藍圖來適應未來需求。在進行小規模的專業諮詢之前，英國央行將在前期進行涵蓋各方的更廣

泛的討論。而且在 2016 年年底，將對有關高性能英鎊結算系統新藍圖達成一致，同時 2017 年也將提出有關技術進步的新藍圖方案。

創新和穩定能夠攜手前行。英國央行面臨的挑戰將是尋求重新設計 RTGS 的最優路徑，該路徑能夠在實現系統彈性提升的同時又能促進技術創新有益於公眾利益。期待分散式總帳技術等創新，能夠解決銀行結算業務形態的基本問題。

**發行數位貨幣**

2016 年 1 月 2 日，英國央行總出納維多利亞 · 克萊蘭（Victoria Cleland）對 BBC（英國廣播公司）表示，英國央行正在研究是否應當發行數位貨幣。克萊蘭說，央行正在考慮，可否使用數位貨幣，為人們帶來與紙幣同樣的安全和保障，但研究工作正處在相當初級的階段。克萊蘭還補充說，公眾對現金有非常旺盛的需求。英國零售商協會過去進行的研究顯示，使用現金的成本很低，因此零售商在考慮消費者的需求之外，也會考慮成本的問題，部分零售商會非常青睞現金。

2016 年 3 月，英國央行與倫敦大學學院研究員合作，開發央行控制的數位貨幣。最新的 RSCoin 用密碼學技術打擊造假。與比特幣底層區塊鏈技術不同的是，RSCoin 由中央機構控制。英國央行宣佈發佈數位貨幣 RSCoin 代碼並進行測試。

2015 年的一份檔顯示，倫敦大學學院研究員莎拉 · 米克爾約翰（Sarah Meiklejohn）和喬治 · 達納齊（George Danezis）預測，RSCoin 的貨幣政策會由央行控制。該技術將依賴於一系列權威機構，如商業銀行防止貨幣重複消費。央行完全控制貨幣供應，同時依賴於一些機構來防止貨幣重複消費。不過，儘管 RSCoin 的貨幣政策由中央監控，其仍然有很高的透明度和可審計性保證。

開發 RSCoin 的目的，不僅是尋求受央行控制的可擴展數位貨幣，也是給

更多的央行提供數位貨幣部署的框架。比特幣及其他現有數位貨幣的缺點是缺乏擴展性，研究員認為這是個亟待解決的問題。比特幣每秒最多處理 7 次交易，並且面臨「提高速度的巨大挑戰」，因為無法達到電腦算力要求。

2016 年 4 月，英國內閣大臣馬特‧漢考克（Matt Hancock）說，政府在研究區塊鏈技術管理和追蹤公共資金的途徑，例如學生貸款和補助等；認為區塊鏈可以「培養新的信任文化」。他認為政府不能逃避現實並忽略新興科技的發展，過去政府也曾這樣對待互聯網，這次我們不能旁觀這種事情再次發生。

英國政府 IT 系統曾經出現過漏洞，影響了護照機構、稅收信用體系，並且最重要的是 2011 年英國國民健康服務體系（National Health Service，NHS）曾被迫宣佈放棄幾十億英鎊的病歷電腦化存儲專案。同時漢考克也警告不能陷入區塊鏈炒作的陷阱，他認同區塊鏈不能解決所有問題，也並不適合所有應用場景。

## 俄羅斯

### 意欲嚴懲比特幣活動

俄羅斯聯邦財政部作為國家經濟法律制度部門，已經在 2015 年中反復強調反對允許比特幣代替國家發行的貨幣。在 2015 年 10 月，俄羅斯財政部副部長阿列克謝‧莫伊謝耶夫（Alexey Moiseev）曾經公開表示，財政部正在著手擬訂法律草案來處罰將數位貨幣轉換成盧比的行為，最高可獲 4 年的刑期。除了這些主張外，財政部對比特幣作為金融技術的態度並不很明確。

俄羅斯政府已經意識到了區塊鏈技術對虛擬經濟發展的潛在關係，因此覺得它應該被允許和發展，但比特幣本身特別是比特幣交易在實體經濟和銀行系統的實施會十分危險。但在俄羅斯可能正在關注比特幣轉化入罪的同時，莫伊謝耶夫表示不認為比特幣是對俄羅斯國家貨幣的威脅。

　　雖然沒有成功預示這個技術在俄羅斯會怎麼被監管。俄羅斯央行已經表示反對比特幣的使用為不合法的措施，在 2015 年 7 月第一次討論數位貨幣的時候，普京已給予支持。當時，普京支持俄羅斯銀行對這個技術的提議，但暗示比特幣沒有任何實體支援，因此可能要求特別的監督。

　　雖然比特幣的未來在俄羅斯仍然不明朗，但可能安全的說法是密碼學熱愛者至少現在可以放鬆。財政部意欲使比特幣轉換入罪的法律草案正在被內閣審議，這個進程可能會持續幾個月，然後會被提交到國會得到最終的通過。

### 俄羅斯央行研究區塊鏈

　　2016 年 2 月，2014 年被任命俄羅斯央行副主席奧爾加‧斯羅柏格國娃（Olga Skorobogatova）告訴俄羅斯銀行業代表，俄羅斯央行認為，當全球越來越多金融機構都開始採用區塊鏈技術時，區塊鏈應用會在未來金融領域中扮演一個非常重要的角色。

　　斯羅柏格國娃認為，2017 ～ 2018 年將會看到該系統的實際案例被使用。作為一個自成體系的系統，（區塊鏈）就是未來，需要為此做好準備。俄羅斯已經打算開始立法規範所謂的「貨幣代理」，特別是指某種非政府發行的貨幣，包括比特幣和其他數位貨幣。

　　然而，目前真正的問題是俄羅斯打算如何去真正禁止任何涉及數位貨幣的活動。與此同時，俄羅斯的一些私人企業已經開始探索該項技術的應用，該國支付公司 Qiwi 已經宣佈它打算發行自己的某種數位貨幣。

　　儘管俄羅斯此前對數位貨幣持消極態度，但現在開始支持「對比特幣保持謹慎態度並看到它的經濟潛能」。另外，儘管俄羅斯財政部承認了區塊鏈技術在金融業的潛在作用，但它的一系列聲明卻都是在譴責比特幣本身。

### 德國

　　2013 年 8 月，德國政府認可了比特幣的法律和稅收地位，成為全球第一

個正式認可比特幣合法身份的國家。

德國財政部是在回應該國議會金融委員會成員弗蘭克‧舍弗勒（Frank Schaeffler）的詢問時認可比特幣身份的。其在聲明中表示，比特幣沒有被歸類為電子錢或者外匯，但它是一種在德國銀行業條例下的金融工具。它與「私人貨幣」更為接近，可以用來進行多邊結算。這意味著比特幣在德國已被視為合法貨幣，並且可以用來繳稅和從事貿易活動。此前，德國議會曾決定持有比特幣一年以上將予以免稅。如今德國財政部認可比特幣為一種「貨幣單位」和「私有資產」，這也就意味著與比特幣相關的商業活動盈利將被徵收稅款。不過，個人使用比特幣仍享受免稅。

### 瑞典

2013 年 9 月 4 日，某瑞典比特幣用戶在 LocalBitcoins 網站售出 5 個比特幣以後，錢已經存到用戶的銀行帳戶，幾天後，當用戶查看銀行帳戶的時候，已經被凍結，不能進行任何操作。銀行在凍結用戶的銀行帳戶 15 天以後才解凍。一位瑞典銀行發言人說，目前用戶不禁止使用者進行比特幣交易，然而，特殊的境況需要特殊對待。瑞典銀行的監管部門認可並接受比特幣。

瑞典比特幣交易網站 Safello CEO 弗蘭克‧斯古伊爾（Frank Schuil）指出，目前瑞典本地人很少在 LocalBitcoins 上進行比特幣交易。但他認為，在瑞典「創新是接受而不是拒絕」，相信比特幣在瑞典能夠蓬勃發展。

### 瑞士

2013 年 9 月，瑞士聯邦議會一名瑞士社會黨成員向該國的國民議會提交了一份申請，要求寫一份關於比特幣的報告。他認為通過比特幣的洗錢和其他犯罪活動將會對瑞士產生危害。但是，他承認，數位貨幣對國家也有益。他說比特幣的出現引起了他的注意，因為自己對互聯網政策、資料保護和新

的網路趨勢有著濃厚的興趣。他作為銀行工會會員工作時還遇到過比特幣——他現在在瑞銀雇員協會執行委員會工作。

這位瑞士工會會員還認為，90％的瑞士議會成員根本不知道什麼是比特幣，大多數政府也不知道，因為它太新了。但是瑞士記者可以從絲綢之路使用比特幣購買到藥物，所以國家需要進行干預。雖然並不確定什麼樣的干預是必要的，但他說，第一步是為政府做一些研究和評估它可能會造成的危險性，以及其優勢和機會。在那之後，就可以決定哪些措施是必要的——比特幣是否應該被禁止或監管，如果這樣的話，瑞士可以單獨訂立規則，或與其他國家合作建立監管。

2014 年 6 月，瑞士聯邦委員會出版報告闡明，暫時不會對比特幣或其他數位貨幣進行立法限制。政府報告聲稱目前數位貨幣在經濟體系裡是毫無意義的，理事會不希望改變其未來。

政府報告的一個要點是並不存在數位貨幣的法律真空，意指現行法律體系適用於數位貨幣。報告認為，「現行的針對貨幣的合約在原則上也可用於處罰虛擬貨幣的犯罪行為。基於虛擬貨幣的商業模式也受制於金融市場法律，需要服從金融市場監督……虛擬貨幣貿易及交易平臺在瑞士一般要受反洗錢法案監管，包括遵照法律識別締約方的身份和收益人的身份。」

適用於數位貨幣的其他法律和可受制機構還包括瑞士債務碼條約，管理恐怖主義財務的聯邦法院，以及聯邦銀行和儲蓄銀行法庭。報告列舉了比特幣有關的風險案例，但對國家財政沒有構成威脅，消費者要注意其安全性，並勸告使用比特幣的使用者建立消費者權益保護組織。

2015 年 6 月，瑞士聯邦稅務局（ESTV）決定，在瑞士使用比特幣不需要繳納增值稅。稅務局意識到比特幣就像瑞士法郎那樣，是一種支付方式，但沒有保值功能。因此，數位貨幣的轉換並不構成貨物的傳送，也沒有所謂的增值稅的徵收。同時，把電子錢轉換成瑞士法郎就像是把法郎兌換成歐元。

而且在瑞士增值稅法案的第二十一條第二節中可以看到，比特幣公司所需繳納的交易費用被免除。所以，比特幣是不需要繳納增值稅的。

考慮到瑞士良好的發展環境及法律法規，包括錢包服務供應商，交易及諮詢公司在內的許多比特幣初創公司在過去幾個月中開始遷往瑞士。著名的區塊鏈專案——乙太坊的基金會也把總部設在了瑞士。

## ※ 中國

### 首談比特幣

2013 年 11 月，中國人民銀行副行長易綱在某論壇上首談比特幣。易綱表示，從人民銀行角度來看，近期不可能承認比特幣的合法性。但他同時認為，比特幣交易作為一種互聯網上的買賣行為，普通民眾擁有參與的自由。此外，易綱還指出比特幣「很有特點」，具有「啟發性」，個人會保持長期關注。有經驗的觀察家則總結認為這是一個積極的信號，因為易副行長的話中暗示出中國政府不會將比特幣判定為非法。此外，易副行長也承認購買和出售比特幣是公民的權利。基於上述評論和新聞，我們也許可以對比特幣在中國的未來做出樂觀的推測。

2013 年 11 月 19 日，《人民日報》發文《比特幣雖火，衝擊力有限》，對目前比特幣的火熱現象進行評論，分析人士認為這一定程度上反映了目前中國官方對於比特幣耐人尋味的態度。

比特幣雖是迄今為止最為高級的形態，但正如美國一名聯邦法官所表示的，比特幣只是「一種貨幣或一種形式的資金」，目前其金融屬性或許要高於貨幣屬性，因此對於整個貨幣體系的衝擊還非常有限……以現代貨幣的標準來看，比特幣尚未充分滿足貨幣的定義……數位貨幣的出現，是一種草根服務創新，適應了互聯網時代的貨幣需求。不過，如果數位貨幣規模達到一定程度，並積累了系統性風險，那麼自然會受到監管部門的關注。

**五部委通知**

2013 年 12 月 5 日，中國人民銀行、工業和資訊化部、中國銀行業監督管理委員會、中國證券監督管理委員會、中國保險監督管理委員會日前聯合印發了《中國人民銀行、工業和資訊化部、中國銀行業監督管理委員會、中國證券監督管理委員會、中國保險監督管理委員會關於防範比特幣風險的通知》。

中國人民銀行並非全世界第一個注意到比特幣的政府監管機構，但卻是第一個以發「公文」的形式對比特幣的發展提出規範的。該《通知》發出後，各大交易網站上的比特幣價格瞬間跳水：Mt.Gox 價格從當日最高 1240 美元最低跌至 870 美元；BTCC( 比特幣中國 ) 價格從當日最高 7050 元人民幣最低跌至 4521 元人民幣。不過隨後兩大交易網站的價格都有所回升，分別為 1080 美元和 6106 元人民幣。

**數位貨幣研討會**

2016 年 1 月 20 日，中國人民銀行數位貨幣研討會在北京召開。來自人民銀行、花旗銀行和德勤公司的數位貨幣研究專家分別就數位貨幣發行的總體框架、貨幣演進中的國家數位貨幣、國家發行的加密電子錢等專題進行了研討和交流。

會議指出，隨著資訊科技的發展以及移動互聯網、可信可控雲計算、終端安全存儲、區塊鏈等技術的演進，全球範圍內支付方式發生了巨大的變化，數位貨幣的發展正在對中國人民銀行的貨幣的發行和貨幣政策帶來新的機遇和挑戰。中國人民銀行對此高度重視，從 2014 年起就成立了專門的研究團隊，並於 2015 年年初進一步充實力量，對數位貨幣發行和業務運行框架、關鍵技術、發行流通環境、面臨的法律問題、對經濟金融體系的影響，法定數位貨幣與私人發行數位貨幣的關係，以及國際上數位貨幣的發行經驗等進行了深入研究，並已取得階段性成果。

在中國當前經濟新常態下，探索央行發行數位貨幣具有積極的現實意義和深遠的歷史意義。發行數位貨幣可以降低傳統紙幣發行、流通的高昂成本，提升經濟交易活動的便利性和透明度，減少洗錢、逃漏稅等違法犯罪行為，提升央行對貨幣供給和貨幣流通的控制力，更好地支援經濟和社會發展，助力普惠金融的全面實現。未來，數位貨幣發行、流通體系的建立還有助於我國建設全新的金融基礎設施，進一步完善我國支付體系，提升支付清算效率，推動經濟提質增效升級。

中國人民銀行數位貨幣研究團隊將會積極吸收國內外數位貨幣研究的重要成果和實踐經驗，在前期工作基礎上繼續推進，建立更為有效的組織保障機制，進一步明確央行發行數位貨幣的戰略目標，做好關鍵技術攻關，研究數位貨幣的多場景應用，爭取早日推出央行發行的數位貨幣。數位貨幣的設計應立足經濟、便民和安全原則，切實保證數位貨幣應用的低成本、廣覆蓋，實現數位貨幣與其他支付工具的無縫銜接，提升數位貨幣的適用性和生命力。

中國人民銀行在推進數位貨幣研究工作中，與有關國際機構、互聯網企業建立了溝通聯繫，與國內外有關金融機構、傳統卡基支付機構進行了廣泛探討。參與研究的國內外人士高度重視此項工作，並就相關的理論研究、實踐探索及發展路徑與人民銀行系統的專家進行了深入交流。

### 再談數位貨幣

2016 年 2 月，央行行長周小川在接受媒體採訪時暢談了數位貨幣的未來。周小川表示，從歷史發展的趨勢來看，貨幣從來都是伴隨著技術進步、經濟活動發展而演化的，從早期的實物貨幣、商品貨幣到後來的信用貨幣，都是適應人類商業社會發展的自然選擇。作為上一代的貨幣，紙幣技術含量低，從安全、成本等角度來看，被新技術、新產品取代是大勢所趨。

周小川還介紹說，數位貨幣作為法定貨幣必須由央行來發行。數位元貨幣的發行、流通和交易，都應當遵循傳統貨幣與數位貨幣一體化的思路，實施

同樣原則的管理。央行發行的數位貨幣目前主要是替代實物現金，降低傳統紙幣發行、流通的成本，提高便利性。

央行將運用包括密碼演算法在內的多種資訊技術手段，來保障數位貨幣的不可偽造性。未來的技術也會有升級換代，央行會提前將技術升級考慮在內，從最初就引入長期演進的發展理念。對於央行掌控的數位貨幣，會採用一系列的技術手段、機制設計和法律法規，來確保數位貨幣運行體系的安全，一開始就與比特幣的設計思想有區別。

周小川的講話還傳遞出一個明確信號：推出數位貨幣沒有時間表。中國人口多、體量大，像換一版人民幣，小的國家幾個月可以完成，中國則需要約十年。所以數位貨幣和現金在相當長時間內都會是並行、逐步替代的關係。

周小川介紹説，數位貨幣的技術路線可分為基於帳戶和不基於帳戶兩種，也可分層並用而設法共存。區塊鏈技術是一項可選的技術，其特點是分散式簿記、不基於帳戶，而且無法篡改。如果數位貨幣重點強調保護個人隱私，可選用區塊鏈技術，中國人民銀行部署了重要力量研究探討區塊鏈應用技術，但截至目前區塊鏈佔用資源還是太多，不管是計算資源還是存儲資源，應對不了現在的交易規模，未來能不能解決有待觀察。

實際上，要實現數位貨幣化並非易事。如何在安全性、便利性等各個方面都能夠解決所謂價值交換需要的功能載體，這有很多技術問題需要解決；技術問題解決後，未來如何運用數位貨幣替代紙幣的流通和發行，需要一個循序漸進的過程。

除了應對現有數位貨幣的挑戰之外，更有央行人士提出了推動 SDR( 特別提款權 ) 基於分散式規則的數位化，也應該成為改革現有貨幣體系的嘗試。

中國人民銀行金融研究所所長姚餘棟撰文認為，或許可以跳出陷入困局的現有發行機制，在 IMF 和成員國的共同努力下，探索建立「全球央行」的機制雛形，並嘗試基於數位貨幣規則的創新，即 eSDR。

2016 年 6 月 15 日，中國互聯網金融協會（NIFA，NATIONAL INTERNET FINANCE ASSOCIATION OF CHINA）決定成立區塊鏈研究工作組，由全國人大財經委委員、原中國銀行行長李禮輝任組長，深入研究區塊鏈技術在金融領域的應用及其影響。

中國互聯網金融協會（national internet finance association of china，英文縮寫 NIFA）是按照 2015 年 7 月 18 日經黨中央、國務院同意，由中國人民銀行會同銀監會、證監會、保監會等國家有關部委組織建立的國家級互聯網金融行業自律組織。

區塊鏈工作組為中國互聯網金融協會領導下的專項研究組織，將重點對區塊鏈在金融領域應用的技術難點、業務場景、風險管理、行業標準等方面開展研究，跟進國內外區塊鏈技術發展及在金融領域應用創新，密切關注創新帶來的金融風險和監管問題。

研究工作組的主要工作目標包括：構建區塊鏈研究網路，規劃建設區塊鏈基礎實驗平臺，形成高水準的研究成果，培育高層次、複合型專業人才。研究工作組將積極借鑒國際經驗，開展學術交流，注重研究成果轉化應用。

## ▨ 中國香港

### 不監管比特幣

香港地區金融管理局（金管局）首席長官陳德霖發佈公告稱，將不會監管比特幣。不過也表示，金管局有責任「促進金融體系的穩定性和完整性，包括銀行體系」，但不適用於比特幣的監管。按陳德霖的說法，以錢的形式來描述比特幣此類數位貨幣並不恰當，由於比特幣受價格波動影響太大，雖然有人投資比特幣，但比特幣作為支付媒介並不穩定。

金管局相信比特幣在香港的使用並不廣泛，但當局一直在監視人們如何使用它，關注它的價值。雖然做出了不監管的表態，但當局仍會密切關注其他

國家對其的監管要求與其他相關發展。被提及的還有最近發生的比特幣期貨交易平臺 GBL 卷錢跑路事件，呼籲香港監管機構必須採取措施，避免類似事件的雪球效應的發生。

香港財政司司長曾俊華在 2013 年 12 月 1 日表示，比特幣仍不算上是電子錢，只是可以進行私人或網上交易的「數位元貨幣」。雖然有公司願意收取比特幣，以交換貨物或服務，但規模仍然微不足道，而且由於比特幣的價格波幅非常大，這些公司願意收取比特幣，似乎很大程度是憧憬比特幣會繼續升值，多於節省交易成本等實際經濟考慮。現在比特幣的投機成分很高，市民考慮投資比特幣、商店考慮收取比特幣進行交易時，必須加倍小心，必須暸解相關的風險。他同時鼓勵年輕科技人才開發比特幣應用程式。

2015 年 3 月，香港政府曾經表示過一定程度的擔憂，認為嚴厲的監管將會嚴重打擊數位貨幣。隨後公佈的官方態度表明，比特幣「對於金融體系尚不構成顯著威脅」。金融服務和財政部部長得出結論：「沒有必要通過立法來監管虛擬商品交易，或者禁止人們參與這樣的活動。」香港是數位貨幣活動的中樞地區，這個確定的監管說明為企業營運提供了一個迫切需求的穩定環境。

**政府財政預算案涉及區塊鏈**

2016~2017 財政年度香港特區政府的政府財政預算案的「新經濟秩序」一章裡，專門在金融科技這一部分中提到了區塊鏈技術。

香港特區政府財政預算案的言辭指出：「政府會鼓勵業界和相關機構，探討區塊鏈技術在金融業的應用，發展其減少可疑交易和降低交易成本的潛力。香港會通過培育計畫，向業界提供培訓，推廣有關技術，發展更多服務和產品。」

香港特區政府是世界上首個在財政預算案中明確提到區塊鏈技術的政府部門。作為亞洲乃至全球最重要的金融中心之一，香港在金融科技上對區塊鏈

一直保持著高度的關注。區塊鏈技術作為一種有潛力重塑下一代金融體系的重要技術之一，已經受到了不少重量級機構的關注。除此之外，該預算案中還提到以下內容：「金融科技通過運用流動通信技術、人工智慧等科技，為消費者帶來全新的理財體驗，提升金融機構的營運效率。金融服務提供者不再局限於銀行和保險公司等傳統金融機構。電信公司、電子商貿企業和初創企業都能借著互聯網和移動科技，為個人和企業提供金融服務」。

### 努力追趕區塊鏈技術

2016 年 4 月，香港應用科技研究院（ASTRI）表示，特別行政區的許多金融機構不瞭解比特幣的底層技術。該組織機構將會通過使用基於區塊鏈技術的應用程式加強參與度，這些應用程式包括為行動電話和近場通信（NFC）行業提供不同的解決方案。

ASTRI 由香港特區政府于 2000 年成立，其使命是要通過應用研究協助發展以科技為基礎的產業，借此提升香港的競爭力。2006 年 4 月，ASTRI 獲創新科技署委託，承辦「香港資訊及通信技術研發中心」，肩負進行高質素研發使命，把科技成果轉移給業界；培育優秀科技人才；整合業界和學術界的研發資源等任務。ASTRI 銳意創造世界級頂尖科技，實踐以顧客為導向的應用研究，以配合業界的真正需要。研究範疇橫跨五個相關領域，並于最近成立「資訊研究室」，針對新興和跨領域技術進行研究。

ASTRI 表示，區塊鏈技術已經證明瞭自己能夠給銀行和金融業帶來改變。如果中國香港想和倫敦、紐約這樣的金融巨頭並駕齊驅，就必須儘快改革。比特幣技術除了用於執行和記錄比特幣交易，還用於許多其他目的。雖然香港有許多比特幣公司，但是比特幣技術還沒有完全被開發。ASTRI 科學資料與資訊安全總監表示，比特幣區塊鏈技術能保證交易的及時性。比特幣區塊鏈的透明性能讓每個人都能看到，這可以有效防止洗錢和其他非法交易。人們絕對想不到能夠在這樣的平臺做交易，這是平臺讓每個人也能訪問，有些人也會在平臺中指出交易資訊的偏差。

## ▧ 日本

### 數位貨幣監管

2015 年 11 月，日本國內金融服務中心的成員——日本最高金融監管者——正在為比特幣相關企業起草監管大綱。日本政府在之前就已經暗示，要加強對比特幣企業監管的力度，以應對 Mt.Gox 公司的倒臺。

2016 年 2 月 25 日，日本監管機構提議將比特幣等數位貨幣作為一種支付方式。這樣數位貨幣在法律上將等同於日本傳統貨幣。而日本金融廳（Financial Services Agency，FSA）正考慮是否修改相關法律條文，將數位貨幣劃入「具有貨幣功能」的類別。

按照日本金融廳的解釋，數位貨幣應作為交換媒介，也就是用於購買物品和服務。數位貨幣應當可以在貿易和商品交易活動中兌換成法定貨幣。在這種環境下，金融機構應當在日本金融廳註冊。相關監管機構認為，這樣可以避免出現類似 Mt.Gox 公司的情況。

2014 年，這家日本比特幣交易公司損失了幾百萬美元，並破產倒閉。但日本監管機構也的確面臨一個兩難的抉擇，如果不把數位貨幣等同於貨幣進行管理，則數位貨幣可以完成許多貨幣所不允許完成的功能，這會讓資金監管出現一個很明顯的漏洞。但是如果把數位貨幣看作貨幣，也會面對許多法規上的問題，特別是等於給予了數位貨幣法定貨幣的待遇，也有可能會造成金融市場上的混亂，並且還會需要對許多目前的金融法規進行修改。日本又是幾乎唯一一個出現過大型數位貨幣交易所倒閉事件的國家，這讓監管機構不得不抱著極其謹慎的態度。

日本經濟產業省（Ministry of Economy Trade and Industry，METI）一直在討論區塊鏈技術對於國內金融業的潛在影響。根據 METI 2015 年 10 月 16 日互聯網金融研究小組會議記錄，政府機構已經意識到，美國已經把區塊鏈技術和分散式總帳視為金融技術的一部分，並且引起了很廣泛的興趣。METI

最新的會議紀要顯示，與會者普遍認為，區塊鏈技術有可能會對「整個金融行業產生影響」，且它的影響是巨大的，且它的重要程度類似於互聯網和谷歌的出現。該檔還指出，在會議上建議區塊鏈技術可以為金融機構顯著降低成本。儘管如此，會議上 METI 圍繞著技術進行了多方的溝通，與會者還在會議中討論了比特幣交易中存在的信譽和洗錢等潛在安全問題。

**謀求亞洲技術領導者**

FSA 代表認為亞洲應該作為區塊鏈技術的領導者。

2016 年 3 月，在東京 OECD-ADBI（經濟合作與發展組織─亞洲開發銀行研究院）圓桌會議上，關於資本市場和金融改革的專題報告中，國際事務副部長瑪莎米奇‧科諾（Masamichi Kono）認為在討論區塊鏈技術之前亞洲需要借助新型科技。他表示，亞洲的優勢之一就是可以充分利用科技創新。特別是對於這些「顛覆性」科技，如分散式總帳和區塊鏈技術，亞洲有很強的競爭優勢，並且可以為亞洲配置一些新工具，用更便宜且安全的方式來促進經濟增長。

科諾表明 FSA 相信會把增加市場訊息當作首要任務，但是也會支援可以提高透明度和責任的技術，同時加強會計創新和公司治理。對於 2008~2009 年的金融危機，亞洲金融系統就如何轉變的問題進行了廣泛的討論。科諾表示市場正在從「過度依賴少數銀行」轉變。

最新的一些聲明表明了日本最高金融管理者不僅擔當了行業領導者的角色，還發佈一系列聲明表明準備在現存的法律和框架中引入比特幣和數位貨幣。例如，FSA 最近提交了議案，關於國內經濟管理條例對日本國家立法機關帶來的改變。這個定義能讓比特幣變成一種資產，由此給交易所引進了反洗錢（AML）和瞭解客戶（KYC）的規則。

**首個區塊鏈行業組織**

2016 年 4 月，日本已經成立了首個區塊鏈行業組織──區塊鏈合作聯盟

（BCCC）。該組織由三十幾家對研究開發區塊鏈技術感興趣的日本公司組成，其目的是要增加區塊鏈技術在日本的關注度。

BCCC 主席柿谷平野（Yoichiro Hirano，Infoteria 有限公司首席執行長）4月 25 日在日本新聞發佈會上宣佈該聯盟正式成立。柿谷平野表示，區塊鏈技術不僅僅因為是互聯網金融核心而受到大眾歡迎，同時還因為其推動了每個行業資訊系統的改革。在該聯盟形成之前，區塊鏈相關的成就和資訊在日本是不會共用的，所以應用程式的應用範圍是受到限制的。因此，這些相信區塊鏈未來潛力的人，想通過共用資訊、公平競爭、推廣區塊鏈技術、積極擴展區塊鏈應用程式的應用範圍、提供資金支援區塊鏈研究的方法，來保持日本競爭力以及促進區塊鏈技術的發展。BCCC 將和世界上其他區塊鏈組織進行合作，會把從海外學到的知識應用到本國中，作為區塊鏈技術的先驅國家，也會把專業知識和經驗分享到全球。

聯盟成員公司會成立以下小組委員會，同時會在合適的時候參加活動來推廣鞏固區塊鏈技術：

- 大眾化小組委員會：促進區塊鏈技術的推廣，舉辦如會議和研討會的推廣活動。

- 實踐應用小組委員會：加速區塊鏈應用於其系統和服務，公佈實際應用案例。

- 技術小組委員會：加強對區塊鏈技術的瞭解，培養對區塊鏈技術感興趣的工程師。

- 管理小組委員會：管理整個聯盟及審查政策。

## 新加坡

2014 年 1 月，新加坡國內稅務局（IRAS）表示，在新加坡註冊的公司進行比特幣買賣或用數位貨幣換取商品和服務的交易須納稅，比特幣交易須

徵收 7% 的增值稅。

　　當比特幣用於支付商品和服務時，這些交易被視為實物交易，因為比特幣不是由政府認可的貨幣。因此，可以對所有比特幣及產品和服務的交易徵收增值稅。如果數位貨幣在虛擬的遊戲中使用是不徵收增值稅的。增值稅徵收數額取決於公司是否充當代理人或交易的主體。因此，如果代理他人公司進行比特幣交易——這種比特幣交易是把貨幣轉移到使用者錢包裡——這種情況只對傭金徵收增值稅。

　　但是，如果一家公司作為委託方，如果給用戶提供比特幣的買賣服務，那麼需要對所有的款項徵收增值稅，包括傭金。IRAS 強調未在新加坡註冊的公司進行比特幣的相關服務不在增值說的徵收範圍。

　　2015 年 11 月，新加坡總理李顯龍督促該國銀行和監管機構跟上技術的發展，特別提到區塊鏈技術。在新加坡大華銀行成立 80 周年的晚宴上，李顯龍總理提到了金融行業目前所面臨的挑戰，並強調跟上技術發展的步伐，用以保持競爭力。他說：「展望未來，銀行業正在進入一個全新的挑戰……經營環境變得更具挑戰性，但最重要的是，技術推動層出不窮的全新商業模式來破壞銀行的原有業務。例如，越來越多的人通過智慧手機進行支付。」

　　李顯龍總理還特別強調：「……還有一些其他新技術，就如區塊鏈技術，它目前被用於比特幣，但是也能夠應用在其他領域，比如即時全額結算，或者是金融交易確認。所以我們的銀行和監管機構必須要能夠跟上，能夠趕上發展的腳步。」儘管行業目前面臨著許多挑戰，李顯龍總理也說銀行過去一直處於強勢地位，但是不要自滿，要持續地關注變革機會。「我們處於亞洲崛起的心臟地帶，銀行有強大的資產負債表，並且有很強的區域存在，在周圍有許多機會可以利用，但是也需要明白這是一個充滿競爭的業務，並且始終在快速發展。因此他們必須提升自己的技術、服務和商業模式。」儘管他極大地褒獎了新加坡的銀行業，但是他也特別指出，某些海外銀行及其推廣各自數位元銀行的模式非常「傑出」。

2015 年 12 月底，新加坡資訊通信發展局（Infocomm Development Authority of Singapore），宣佈聯手新加坡星展銀行和渣打銀行共同開發首個發票金融（Invoice Financing）的區塊鏈應用，將用於讓發票金融貿易變得更加安全和簡單，包括對企業和放貸銀行。儘管這個用於加強發票融資貿易安全性的首個應用程式還處於概念階段，而且使用範圍也很有限，但是新加坡政府正在努力將自己打造為「智慧國家」（Smart Country），這肯定是其中重要的一步。

## ░ 澳大利亞

澳大利亞標準局——澳大利亞標準協會（Standards Australia）呼籲國際標準組織 ISO 制定有關區塊鏈技術的國際標準。澳大利亞標準協會是全球160 家 ISO 公認的國家標準組織成員國之一。

總部設於日內瓦的國際標準組織，是全球公認的最權威的標準組織。近日，其會員國澳大利亞呼籲制定區塊鏈技術國際標準，該技術為比特幣提供支援。

澳大利亞標準協會首席執行長阿德里安奧康（Adrian O'Connell）於 2016年 4 月提出觀點，認為該分散式分類帳技術需要 ISO 標準認證。他指出，全球區塊鏈交易者之間的互通性將是解鎖區塊鏈技術潛能的關鍵。這需要國際化標準來幫助它解鎖潛力，最佳選擇就是通過 ISO 組織。

值得注意的是，ISO 組織規定，提議只要獲得五個成員國的一致同意便可通過。因此，該提議極有可能通過 ISO 組織。

通過尋求 ISO 組織設立區塊鏈技術委員會，能夠越來越清楚地表明澳大利亞對該領域抱有極大興趣。儘管全球銀行都在 R3 財團、股票交易所、服務機構和醫療保健公司這些不同的領域研究和發展的分散式分類帳應用，但是阿德里安奧康指出，仍然缺乏互通性國際標準促進創新。

儘管目前有許多組織在開發區塊鏈技術項目，但是卻沒有人致力於建立技

術標準,這就是 ISO 存在的原因。它能夠在成員國的努力之下制定標準發展程式,同時還能與其他行業接軌。

### 🔲 各國對於數位貨幣不同態度對照

全球多個司法管轄區對於減少虛擬貨幣的潛在風險,以及監管數位貨幣相關的活動採取了不同的做法。根據附錄表 2.1 中所列出監管和政策,通過各個司法管轄區的不同態度,能夠大致看出大家的分歧。

## (2) 全球證券監管

### 🔲 美國證券交易委員會

2016 年 4 月 2 日,美國證券交易委員會主席瑪麗‧喬‧懷特(Mary Jo White)發表關於聯邦管理機構對於控制區塊鏈的目前和未來計畫的講話。這是 2016 年來 SEC 首次公開談論區塊鏈的潛力,並且明確表態正在研究基於區塊鏈技術的證券發行方式可能會帶來的影響。

簡單概括就是,在 SEC 的過去和未來與區塊鏈交易中,懷特號召尋找像區塊鏈這樣技術的公司和個人,來加速證券轉變。懷特在其公開講話中談到,最重要的是在委員會監管制度下區塊鏈的應用程式是否需要註冊,如過戶代理人或清算代理處。SEC 正積極研究這些問題及其影響。

2015 年 12 月 16 日,SEC 批准了 Overstock.com 的計畫,為使用比特幣區塊鏈技術的發行證券行提供補助。12 月 22 日,SEC 秘書長布倫特‧菲爾德(Brent Fields)發表提前聲明,發佈過戶代理人的試行條例,並詢問公眾對於聯邦證券條例下使用區塊鏈技術的想法。

附錄表 2.1 各國對數位貨幣的不同態度

| 國家 | 反洗錢／反恐：警告和監管（現有或新建） | 稅務處理 | 對消費者警告和建議 | 數位貨幣中介的牌照／註冊 | 在金融領域進行警告和禁止 | 禁止發行和使用 |
|---|---|---|---|---|---|---|
| 阿根廷 | 警告 | | 警告消費者 | | 發佈報告 警告 | |
| 玻利維亞 | | | | | | 是 |
| 加拿大 | 修訂現有監管 | 明確稅務處理 | 建議消費者 | | | |
| 中國 | | | | | 禁止 | |
| 法國 | 使用現有監管框架 | 明確稅務處理 | 警告消費者 | | | |
| 德國 | 使用現有監管框架 | | | | | |
| 義大利 | | | 警告消費者 | | 警告 | |
| 日本 | 計畫建立新的監管方案 | | 警告消費者 | 計畫建立新的監管方案 | | |
| 俄羅斯 | 使用現有監管框架 | | 警告消費者 | | | 起草方案 |
| 新加坡 | 計畫建立新的監管方案 | 明確稅務處理 | 警告消費者 | | | |
| 南非 | | | 警告消費者 | | | |
| 英國 | 使用現有監管框架 | 明確稅務處理 | | | | |
| 美國 | 使用現有監管框架（聯邦） | 明確稅務處理（聯邦） | 警告消費者 | 州許可制度（如紐約州的 BitLicense） | | |

懷特在演講最後指出，演講的主題是在急劇變化的金融市場中保護投資者。她擔憂新出現的融資管道對上市之前的創業公司來說並不是好事，新的立法條例目的在於讓公司把股權獎勵作為眾籌動力的一部分。包括對於區塊鏈在證券行業潛在影響的評論在內，懷特同樣強調了其他「互聯網金融的挑戰」，包括機器人顧問（或者機器驅動的投資顧問）和市場借貸，用軟體直接把借款人和非銀行放款人聯繫在一起。在懷特的演講中，也談論了新金融科技「有潛力在任何方面轉變市場運作方式」，這樣創新也許對於保護投資者也會有諸多的益處，所以有信心在市場中推動發展。

## ░ 德國最高證券監管機構

2016 年 2 月，德國頂級證券監管機構——德國聯邦金融監管局（BaFin）最新發佈的一篇內部刊物文章中，對分散式總帳的潛在運用展開研究，包含跨境支付、跨行轉帳以及貿易資料的存儲。雖然對監管細節輕描淡寫，但該篇新聞的出爐表明 BaFin 已看到該技術重塑金融系統中一部分因素功能的可能性，儘管結果可能依然遙遠。

2002 年 5 月 1 日，德國把德意志聯邦銀行和保險監管、證券監管機構合併，成立統一監管組織—— BaFin。BaFin 的成立，標誌著德國金融監管體系改革的又一次重大變化。聯邦金融監管局最高管理層為理事會，由財政部、司法部、內政部和銀行、保險公司等機構的人員組成。理事會一年召開三次會議，主要討論監管局的財務收支問題。聯邦金融監管局目前擁有員工 1400 多名，辦公地點分設在波恩和法蘭克福，除此之外無任何分支機構。

該機構指出，儘管目前金融業加大甚至全面運用區塊鏈技術的影響尚無定論，但該技術有潛力在金融市場建立一個新標準。BaFin 認為承認使用該技術所存在的潛在風險「比以往任何時候都大」，應該繼續呼籲全球其他監管機構加強監管。

堅守反洗錢、治理與依從及結算與精算的監管必須得以保障。該機構指出，在這些方面，缺乏中央機構對操作與規範的監管會帶來諸多問題。此前，BaFin 曾發佈有關比特幣與數位貨幣的指導文章，將它們稱為「以記帳單位為形式的金融工具，卻並無法定貨幣地位」。

### 國際證監會組織

一個由世界頂級證券交易監管機構組成的組織——國際證監會組織將開始對區塊鏈科技的研究。國際證監會組織也稱證券委員會國際組織，是由國際各證券暨期貨管理機構所組成的國際合作組織。這個 20 世紀 80 年代成立的國際證監會組織致力於加速國際證券監管機構的合作，尤其是資訊分享和標準制定方面的合作。中國證監會於 1995 年加入該組織，成為其正式會員。

在 2016 年 2 月 16 日至 18 日在馬德里舉行的 IOSCO 會議中，區塊鏈技術尤其引起人們的注意。該組織表示，會議討論研究了如何識別和應對正出現的危機狀況。討論了最近的市場發展狀況和世界資本市場的動盪，其實討論的是互聯網金融，尤其分散式網路資料庫或區塊鏈帶來的挑戰和機遇。與會者一致同意對與證券監管有關的金融科技分支機構進行深入研究，其中就包括區塊鏈技術。

證監會秘書長大衛‧萊特（David Wright）在 2015 年 12 月的採訪中，表示區塊鏈技術的透明性給證券監管機構帶來了新的機遇。

### 歐盟最高證券監管機構

歐洲證券及市場管理局（European Securities and Markets Authority，ESMA）是歐盟的最高證券監管機構。ESMA 執行董事說，區塊鏈技術可以改進交易後流程。ESMA 花了一年多，研究比特幣等數位貨幣對歐盟投資環境的影響，並呼籲獲取更多技術資訊，以便評估其對證券交易週期的影響。

2016 年 3 月初，ESMA 執行董事維蕾娜‧羅斯（Verena Ross）在英格蘭銀行和倫敦商學院組織的活動中發表講話。她指出，儘管相關技術還處於發展階段，但 ESMA 相信分散式總帳會廣泛應用於交易後環境。ESMA 認為區塊鏈技術最可能給這些領域帶來好處，包括結算、抵押品管理、所有權記錄和證券服務。而實現這個目標需要特殊的參考資料庫、所有參與者之間瞬時統一、不可更改的記錄共用和透明的即時資料。

當然 ESMA 也看到這些應用潛在的風險，尤其是在擴展性和安全性方面，以及與現有金融系統之間的互通性。ESMA 尤其關注分散式總帳技術大體量操作的能力，管理隱私問題的能力以及保證高安全性的能力。並且，預期逐步採用分散式總帳技術，所以它需要展示與其他系統互動的能力。因為這些系統必須與分散式總帳共存，比如交易平臺。

該董事表示，如果出現壟斷的情況，該技術的使用可能引起競爭問題。ESMA 相信這可能導致私人區塊鏈系統失去監管透明性。儘管這個系統是為了提高透明度，但是複雜加密技術的使用可能潛在影響透明性和監管。不過，如果區塊鏈技術成功克服了這個障礙，利益將會是非常明顯的。比如降低成本、減少去中心化引起的網路犯罪、提高市場整體效率。

不過，該技術的評估還在進行中，ESMA 表示會繼續研究分散式區塊鏈技術，最終確定是否需要採取監管措施。

### ◤ 澳洲證券投資委員會

澳大利亞最高證券監管機構──澳大利亞證券和投資委員會（Australia Securities and Investments Commission，ASIC）主席葛列格‧梅德哥拉夫特（Greg Medcraft）在 2016 年 2 月初表示，區塊鏈技術將在政府市場活動監管中產生深遠影響。澳大利亞證券投資委員會的基本職能體現在維護市場誠信和保護消費者權益方面。

　　梅德哥拉夫特從 2011 年開始任職澳大利亞證券和投資委員會主席。他在 2016 年 2 月 15 日倫敦的一次會議上發表講話。講話中，他討論了資本市場即將來臨的數位化技術顛覆性變革，其中特別強調了區塊鏈技術並就監管機構該如何看待和應對這個變革發表了自己的看法。「鑒於變革的速度，我們需要考慮使用那個工具了。」梅德哥拉夫特這樣説道。

　　資本市場運用區塊鏈技術可能提高市場效率，降低交易成本，提高市場透明度，並給希望進入融資市場的投資者和公司提供途徑。區塊鏈技術可能會重塑 ASIC 等監管機構的運作方式，同時提醒注意適當的監管力度。作為對世界監管機構和自己此前講話的回應。區塊鏈技術對政府監管行為會產生很大的影響。監管機構需要找到監管力度和企業管理之間的平衡點。作為監管機構和政策制定者，需要確保抓住經濟更快發展的機遇，而不是阻礙創新和發展。

　　ASIC 希望幫助企業抓住發展機遇，不管是區塊鏈技術還是其他創新科技，其前提都是要保障經濟利益。

　　ASIC 主席講述了澳大利亞證券監管機構的一些應對措施，包括監控公司和產品市場以及區塊鏈監管方法的制定。ASIC 正試圖找到監控區塊鏈記錄的國內外交易的方法。監管機構需要找到恰當的平衡點。

　　從一系列事件來看，澳洲在區塊鏈上的投入已經遠遠領先於其他國家，特別是澳洲證券交易所已經投資區塊鏈初創公司 DAH 超過千萬美元，並且正在尋求基於區塊鏈的證券交易解決方案，希望全面升級自己的證券交易系統。而從 ASIC 的態度來看，他們對於區塊鏈技術持有相當開明的態度，也許能極大地加快區塊鏈技術在澳洲證券交易系統領域和監管領域的發展。

## ▨ 數位貨幣證券監管框架

　　在 2016 年 1 月，Coin Center 發佈全球首個《數位貨幣證券監管框架》。

Coin Center 是在美國的數位貨幣非營利研究和宣傳中心，其發佈了一份關於對於將數位貨幣作為證券情況下的報告，提供相應監管的指導框架。本報告的作者彼德・範・瓦爾肯伯（Peter Van Valkenburgh）是 Coin Center 的研究中心主任。報告提出了一種基於豪威檢測（Howey Test）的投資合約框架，以及關於證券管理的基本政策目標。

瓦爾肯伯描述説，Coin Center 的工作是發現基於數位貨幣的幾個「關鍵變數」，並且通過運行和維護相關軟體的社區，顯示出投資者或者使用者的風險。該報告考察了這些變數，並且解釋了它們的深度。更進一步映射到豪威檢測的「四要素」，來確定數位貨幣是否類似於一種證券，並因此是否需要被監管。

1946 年，美國證券交易委員會在豪威公司（W.J.Howey Co.）一案確立了判定「投資合約」的標準。被告豪威公司是佛羅裡達州的一個公司，每年大約種植 500 畝橘子，將其中一半賣給各地的投資人。豪威公司與投資人簽訂了土地銷售合約和服務合約。聯邦最高法院認為，判斷證券是否存在，不需要找到正式的股票證書，只要存在有形資產的正式收益，例如對橘園的實際擁有就可以了。同時認為應該放棄形式而注重實質，把判斷的焦點放在經濟實況上（Economic Reality Test）。

法院提出了一個包括四個要素在內的檢驗方法，即所謂的「Howey Test」：「證券法律中所謂的投資合約是指在一宗合約、交易或計畫中，某人（1）利用錢財進行投資；（2）投資于一個普通企業；（3）僅僅由於發起人或協力廠商的努力；（4）期望使自己獲得利潤。」將此標準適用於本案，最高法院支持 SEC 的主張，認為三者構成了《證券法》下定義的「投資合約」進而是「證券」，應按照有關規定登記發行。

在這個案件之後，投資合約被視為確定「證券」定義的靈丹妙藥，那些在「是否屬於證券法律管轄」問題上存在爭議的交易被原告以「投資合約」的名義訴諸證券法律來解決。根據司法實踐，被認定為「投資合約」的，有威

士忌酒存庫單據、金銀投資計畫以及會所會籍等。

Coin Center 報告主要的觀點是，類似於比特幣這樣的更大、更去中心化的數位貨幣，被類似於側鏈這樣的數位貨幣錨定，以及類似於乙太坊這樣的分散式運算平臺，並不能輕易符合證券的定義，以及並不代表需要通過證券監管來解決會給消費者帶來某種風險的可能性。

瓦爾肯伯補充説，可以發現，一些小規模的、比較可疑的，或者某些特定設計的數位貨幣可能確實是符合證券定義的。本報告的目的是，幫助證券監管者將那些「打著創新名義的騙局」識別出來。報告充滿了注釋和參考文獻，提供了關於數位貨幣和相關技術的概述，並且對它們的功能、優勢和劣勢進行了細緻的討論，還分別提供了相關監管指導意見。報告還覆蓋了可能會影響使用者和投資者風險的變數，以及軟體和社區的變數，包括透明度、去中心化和開發利益等。

# 寫給未來社會的新帳本——

人類的新型貨幣、終極信任機器與分散治理革命

# 區塊鏈

Decoding Global Blockchain and Investment Cases

龔鳴（暴走恭親王）■ 著

© 龔鳴 2016

本書中文繁體版由中信出版集團股份有限公司授權

大雁文化事業股份有限公司 大寫出版在台灣香港澳門地區

獨家出版發行

ALL RIGHTS RESERVED

Complex Chinese copyright © 2016

by Briefing Press, a Division of AND Publishing Ltd.

All rights reserved.

大寫出版 書系 ■ 知道的書 In-Action　書號 ■ HA0079

行銷企畫　郭其彬、王綬晨、邱紹溢、陳雅雯、張瓊瑜、蔡瑋玲、余一霞、王涵

大寫出版　鄭俊平

發行人　蘇拾平

出版者　大寫出版 Briefing Press

發行　大雁文化事業股份有限公司

地址　台北市復興北路 333 號 11 樓之 4

電話　24 小時傳真服務（02）27181258

讀者服務信箱 E-mail: andbooks@andbooks.com.tw

地址　台北市復興北路 333 號 11 樓之 4

電話　24 小時傳真服務（02）27181258

大雁出版基地官網　www.andbooks.com.tw

初版 8 刷　2019 年 7 月

定價　380 元

ISBN　978-986-5695-75-0

大雁出版基地官網：www.andbooks.com.tw

國家圖書館出版品預行編目 (CIP) 資料

寫給未來社會的新帳本——區塊鏈：新型貨幣、終極信任機器與分散治理革命 / 龔鳴著

初版 | 臺北市：大寫出版：大雁文化發行，2017.06

352 面 ;16*22 公分 (使用的書 In-Action ; HA0079)

ISBN 978-986-5695-75-0( 平裝 )

1. 金融管理 2. 金融自動化

562.029　106001190